高等职业院校“双高计划”建设教材
高等职业教育“十四五”规划教材

汽车维修企业管理

李 莹 刘德发◎主 编
代丽丽 丁 玎 郭 旭 黄凤阁◎副主编
王海涛 王淑桢◎主 审

采用企业真实案例，融入课程思政目标

中国铁道出版社有限公司
CHINA RAILWAY PUBLISHING HOUSE CO., LTD.

内 容 简 介

本书针对汽车维修企业的经营管理特点和课程思政目标，以汽车维修企业各管理项目为主线进行编写。全书设置了汽车维修企业概况、汽车维修企业管理和经营策略等十个学习项目。每个项目设置若干学习任务，每个学习任务均包括任务导入、任务目标、相关知识、思政内涵。除此之外，每个项目还设有能力训练、评价反馈、思考与练习、知识拓展等环节。通过十个项目的学习，可帮助学生全面了解汽车维修企业各岗位的工作任务、所需专业知识及技能，培养学生的职业技能、职业素养和学习能力，同时提高学生的思想道德情操和爱国情怀。

本书采用现代汽车维修企业真实管理项目和内容，融入课程思政目标，培养德技双馨的优秀汽车企业管理人才，具有很强的实用性、科学性和有效性。

本书适合作为高职高专院校汽车制造类、道路运输类、工商管理类专业的教材，也可作为应用型本科汽车服务工程技术专业教材和汽车维修行业的岗位培训教材，亦可作为汽车维修企业管理人员工具书。

图书在版编目（CIP）数据

汽车维修企业管理/李莹，刘德发主编. —北京：中国铁道出版社有限公司，2021.12（2024.7 重印）
高等职业教育“十四五”规划教材
ISBN 978-7-113-28524-1

Ⅰ. ①汽… Ⅱ. ①李…②刘… Ⅲ. ①汽车-修理厂-工业企业管理-高等职业教育-教材 Ⅳ. ①F407.471.6

中国版本图书馆 CIP 数据核字（2021）第 227986 号

书　　名：汽车维修企业管理
作　　者：李　莹　刘德发

责任编辑：张松涛　包　宁　　**编辑部电话：**（010）83527746
封面设计：刘　颖
责任校对：焦桂荣
责任印制：樊启鹏

出版发行：中国铁道出版社有限公司（100054，北京市西城区右安门西街 8 号）
网　　址：https://www.tdpress.com/51eds/
印　　刷：北京联兴盛业印刷股份有限公司
版　　次：2021 年 12 月第 1 版　2024 年 7 月第 2 次印刷
开　　本：787 mm×1 092 mm　1/16　**印张：**13.5　**字数：**335 千
书　　号：ISBN 978-7-113-28524-1
定　　价：53.00 元

序

黑龙江农业工程职业学院经历国家示范性高职学院建设,2019年又被教育部、财政部列入“高水平专业群建设单位”。校企合作、产教融合是职业教育的精髓,教师、教材、教法改革(“三教”改革)是推进、承接和展现高职教育精髓的重要载体,其中教材改革是基础,是改革最重要的支撑,能够助推高职教育培养出行业企业需要的高素质技术技能型人才,为此我们编写了本套教材。

本套教材作为黑龙江农业工程职业学院“国家高水平专业群”主要成果,是产教融合、课程思政、创新创业和提升人才培养质量的重要体现。本套教材将从以下几个角度展现职教特点和教材特色:

(1)课程类型覆盖面广

本套教材将涵盖专业基础课、专业群平台课、专业课、专业核心课和专业拓展课,形成课程类型全覆盖,有效保障科学性、示范性和推广价值。

(2)教材展现形态丰富

创新教材形态,秉承科学严谨、深入浅出、图文并茂、形式多样的宗旨,开发活页式、工作手册式、立体式融媒体教材,满足不断变化的高职学情,为教师与学生提供有效、有用、有趣的教材。

(3)教材内容紧跟行业需求

教材开发吸纳行业企业精英参与,将行业企业发展的新知识、新技术、新工艺、新方法提炼归纳为知识点、技能点和能力点融入教材,提升教材的时代性和先进性。校企合作共同开发是本套教材最根本的立足点,教材中引入了国家已经公布的1+X证书的内容,将证书考核内容和标准融入教材,致力于提高学生的就业竞争力和职场实践力。

(4)思政要素与知识点、技能和能力相融合

素质教育是高职教育当下乃至未来一段时间的侧重点,但如果政治素质教育停留在说教层面,那会事倍功半。本教材在讲解专业知识、技能和能力的同时,提炼并升华思政点,总结确认思政要素,通过各类思政资源润物细无声地将政治素质教育融入教材和教学中,实现课程思政的目标,进而培养出高素质技术技能型人才。

(5)教材设计满足“线上+线下的混合式教学模式”和“纯线下教学模式”的使用需求

教师可以按学情分析确定教学目标和教学计划安排后,根据教学场景和学生接受知识的程度选择“线上”“线上+线下”等多样化的教学组织,以达到最佳的教学效果。

(6)配套资源丰富

教材配套丰富的试题库,为无纸化考核和过程考核提供支持。教材案例形式丰富,既有纯文本的案例资源,又配套二维码引入形式多样的多媒体资源,提升教材的易学性,规避传统教材以文字为主的知识性描述,激发学生的学习兴趣。

(7)教材的整体设计体现“以学生为中心,以行动为导向”的原则

教材内容组织形式丰富,满足教法改革的需求,根据教材服务的知识、能力和岗位的需求,采用项目式、任务式、工作流程式等符合高职学生认知规律和学情的教材形式,旨在保证教材对教学质量提升的有效支撑。

高等职业教育不再是普通高等教育的补充,而是具有独立特色和性质的教育,在国家经济发展中有着不可替代的作用。高等职业教育的教材同样应该具有独立特色和组织形式,本套教材从多个专业、多个岗位视角尝试在教材内容上、教材展现形式上、教材体例上、教材知识载体上形成具有职教特色的范例,为其他教材开发者提供经验,助推高职院校培养出更多高素质技术技能型人才。

黑龙江农业工程职业学院
2021 年 2 月

前言

汽车维修行业是我国经济发展中的重要产业，现代汽车维修企业管理对行业和企业的发展产生巨大的推动作用，企业发展的成败，关键在于企业生产经营管理者的经营理念和管理水平。为了培养汽车专业复合型、实用型人才，让学生在掌握汽车维修技术的同时，也懂得汽车维修企业管理知识，并成为一名有责任、有担当的能工巧匠、大国工匠，本书采用创新形式，将专业知识内容与思政目标有效融合。本书以学生掌握汽车维修企业管理相关知识为核心，系统讲述汽车维修企业概况、汽车维修企业管理和经营策略、汽车维修企业服务管理、汽车维修企业客户关系管理、汽车维修企业生产现场管理、汽车维修企业维修质量管理及技术管理、汽车维修企业文化建设管理、汽车维修设备及配件管理、汽车维修企业人力资源管理、汽车维修企业财务管理共十项内容，贯穿了汽车维修企业管理的全流程，覆盖了汽车维修企业全部管理内容及规范制度，使学生在掌握汽车维修企业管理的基本知识的同时，了解国内外汽车维修企业发展概况以及企业管理的不同特色，为进入社会参加实际的经济活动及企业管理工作提供必要的知识储备，并以“精益求精、大国工匠，学成报国、使命担当”为人才培养目标，将“爱国情怀教育、爱岗敬业教育、工匠精神教育、至臻诚信服务教育、安全法治教育”等思想意识通过实际案例的形式与课程内容相融合。

本书由李莹、刘德发任主编，代丽丽、丁玎、郭旭、黄凤阁任副主编，参与编写的还有王娜、曹乃悦、李荣荣、季海成、王迎迎，全书由王海涛、王淑桢主审。其中，项目一由代丽丽编写，项目二、项目三由郭旭编写，项目四、项目七由黄凤阁编写，项目五、项目六由丁玎编写，项目八由李荣荣编写，项目九由曹乃悦编写，项目十由李莹编写，全书统稿由李莹和刘德发完成。在本书编写过程中，部分资料素材由王娜和季海成提供，思政元素部分由黑龙江农业职业学院思政教研室王迎迎做出指导和帮助，同时，本书得到了黑龙江省华之诚万家汽车销售服务有限公司王海涛总经理的支持和协助，在此表示衷心的感谢。

由于编者水平有限，书中难免有疏漏和不足之处，恳请读者批评指正。

编　者

2021 年 8 月

目录

项目一 汽车维修企业概况

学习目标

知识目标

(1)了解我国汽车维修企业的现状及存在的问题。

(2)了解我国汽车维修企业的未来发展前景。

(3)掌握企业形象的基本含义。

(4)掌握企业形象的构成因素和存在的突出问题。

能力目标

(1)掌握我国汽车维修企业基本情况。

(2)能够自主学习,强化专业技能。

(3)掌握塑造良好的企业形象的方法。

(4)理解企业形象的主要内涵。

思政目标

(1)强化爱国主义精神,加强家国情怀。

(2)加强团队协作,融入爱国主义情怀。

(3)强化爱岗敬业、维护企业形象的意识。

(4)树立团队精神、奋斗精神和爱国情怀。

学习方案

调查、了解我国汽车维修企业的现状、发展趋势及特征。

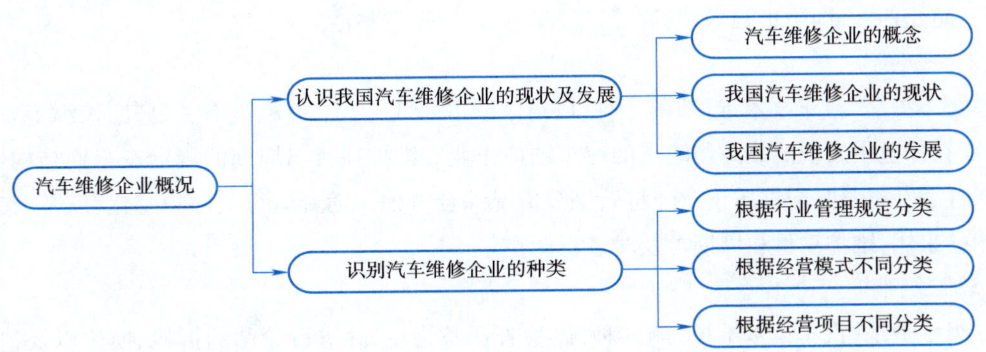

任务一　认识我国汽车维修企业的现状及发展

任务导入

进入21世纪，随着生产力的进一步发展，经济水平不断提高，我国汽车保有量急剧增长，汽车快速进入普通百姓家庭，这就迫切需要汽车维修企业不断加强自身的整体实力以适应新形势下的新变化。在国内汽车保有量不断增加的背景下，汽车维修企业的发展有了可靠的市场基础，而该类企业想要谋求更好的发展，就必须加强对自身发展现状的分析，进而结合国内汽车维修企业的主流发展趋势，完成对自身的持续性优化，只有这样才能切实提高自身的竞争能力。目前，我国汽车维修企业存在的问题及发展前景如何，这是我们首先需要了解的行业现状。

任务目标

◎掌握汽车维修企业的概念。

◎了解我国汽车维修企业的现状及存在的问题。

◎了解我国汽车维修企业的未来发展前景。

相关知识

一、汽车维修企业的概念

汽车维修企业是指从事汽车维护、修理工作的经济实体。汽车维修企业通过对车辆的修理和维护来恢复和维持车辆技术状况，延长车辆使用寿命。可以将汽车维修企业的具体工作分为两个方面，分别是车辆维护和车辆修理工作。

车辆维护包括日常维护、一级维护、二级维护，还有一些不定期维护，即季节性维护、走合期维护和封存期维护等。

(1)日常维护

日常维护是“汽车技术维护”的一种，以保持车辆的优良外表、保证行车安全等为目的，由驾驶员完成的日常性的维护工作。主要内容有：坚持三检，即出车前、行车中、收车后检视车辆的安全机构及各部连接的紧固情况；保持四清，即保持机油滤清器、空气滤清器、燃油滤清器和蓄电池的清洁；防止四漏，即防止漏水、漏油、漏气、漏电，保持车容整洁。

(2)一级维护

一级维护是“汽车技术维护”的一种，以清洁润滑、紧固为主，并检查有关制动、操纵等安全部件，消除在作业中发现的故障与隐患的汽车维护作业。维护项目与周期的规定按车辆结构性能、使用条件、故障规律、配件质量及经济效果等情况综合考虑。随着运行条件的变化，以及新工艺、新技术的采用，维护项目和周期可及时进行调整。

(3)二级维护

二级维护是“汽车技术维护”的一种，以检查调整为主，并进行轮胎的拆检、换位以及包括一

级维护的作业内容。作业前要求进行技术检测,完成规定的诊断和技术评定,根据结果确定附加作业和小修项目,并结合规定的作业项目一并进行。二级维护作业周期和项目的规定根据车辆结构、性能、使用条件、故障规律、配件质量及经济效果等情况综合考虑。随着运行条件的变化,以及新工艺、新技术的采用,作业项目和周期可进行调整。

车辆修理包括汽车大修和汽车小修。

汽车大修是指新车或经过大修后的汽车在行驶一定里程或时间后,经过检测诊断和技术鉴定,用修理或更换汽车零部件的方法,完全或接近完全恢复车辆技术性能的恢复性修理的统称。

汽车小修是一种运行性修理,主要消除汽车在运行中或在保养作业中发生的故障隐患或局部损伤。有些按自然磨损规律或根据总成的外部迹象能预先估计到小修项目,可集中组织计划性小修。

二、我国汽车维修企业的现状

汽车的根本属性是用于代步的工具。近年来,随着我国经济实力的不断增强,国内汽车保有量不断增加,汽车行业也得到了极为迅猛的发展。在该背景下,国内的汽车维修企业数量也得以不断增加,走向了高速发展的道路。而在国民物质生活水平不断提高的背景下,对汽车维修也提出了更高的标准,这就促使我国的汽车维修企业朝着规模化的方向不断发展。目前国内汽车维修企业主要可划分为一类、二类、三类三大类别,其中:一类企业主要是对汽车进行大修的企业,能够较好地完成汽车较大故障的修复;二类企业指的是能够完成汽车日常维护修理的维修企业;三类企业主要是对汽车小问题进行修理的企业,例如补胎以及汽车美容等。虽然我国汽车维修企业已经步入了高速发展的阶段,但受多种因素影响,仍然存在不少问题。首先,在专业人才方面较为匮乏,由于汽车维修企业对人才的不重视,导致人才流失问题严重,专业化水平较低。其次,国内汽车维修企业的品牌意识不强,自动化程度不高,导致汽车维修企业在市场中地位仍旧不高,严重制约了汽车维修企业的发展。针对国内汽车维修企业的现状,必须结合其发展的主流趋势,进行企业的重组与升级,只有这样才能切实推动中国汽车维修企业的可持续发展。

1. 汽车维修企业管理现状

(1)维修制度管理现状

目前,我国汽车维修行业中现行的是“以预防为主”的管理制度,即定期检测,强制维护,视情修理。但是,这种管理制度存在一定的局限性,车辆的使用寿命是通过大量的试验数据确定的,而这种管理制度只考虑了正常磨损情况下所产生的故障,没有考虑非磨损机件产生的故障和人为差错造成的故障。车辆维修周期及维修作业内容所依据的机件磨损管理标准与车辆实际技术状况相差较大,因此容易出现过度维护和维护不足两种情况。

(2)企业内部管理现状

汽车维修企业内部员工竞争激烈,缺乏团队合作意识,这是企业内部管理混乱的主要原因。此外,汽车维修企业内部缺少流程或管理,企业的运作只依靠一两个维修技术人才,一旦出现人才流失,企业运行会在半年内处于动荡阶段。

(3)从业人员管理现状

目前,国内许多汽车维修企业人力资源已经无法满足现代汽车维修的需要,其原因主要有:

汽车维修行业从业人员的整体学历偏低，尤其是钣金、喷漆作业，从业人员的学历水平在整个维修企业中最低；接受过专业训练的技术人员比例偏低；高技能人才比例偏低，甚至多数技术人员不具备任何职业资格。

2. 汽车维修企业经营现状

我国现有汽车维修企业多数是通过所经营的零部件品牌来获得期望的收益的。汽车维修企业对外合作形式过于单一。大多数汽车维修企业主要是与上游的生产厂家合作，而忽略了与其他行业内同业者的合作。汽车维修企业应该多与同一区域、同一品牌、不同经营模式的企业展开合作关系，通过合作设定经营计划，选择适合自己企业的措施和方法，促进企业快速进步。

3. 汽车维修企业技术现状

随着汽车新结构、新技术的发展，车辆修理和维护的方式也发生了巨大的变化。汽车电子技术的应用，大大延长了车辆的使用寿命，但同时也为车身维修增加了难度。为了满足飞速发展的汽车电子技术，在进行车辆维修时，应提高汽车技术含量，促进汽车维修方式的变化。为了改进维修方式，现代汽车维修企业着力发展和应用汽车故障检测技术和设备。随着车载微机控制自动化的实现，现代汽车维修从过去的机械修理为主逐渐转变为依靠电子设备和信息数据进行诊断及维修的现代维修方式。

但是，快速发展的汽车维修方式与技术人员的专业素质之间还存在一定的差异，维修人员的技术水平具有一定的滞后性。因此，出现了进口车辆、车型复杂的车辆很难凭借技术人员的经验进行修理的现象。

三、我国汽车维修企业的发展趋势

1. 专业化发展

伴随着国内科学与技术的不断发展，汽车结构越来越复杂，且运用了越来越多的现代技术，紧密程度相较于以往已经有了较大水平的提升。在该背景下，国内的汽车维修企业如果仍然采用传统的维修方式，显然是不能满足市场实际需求的，为了适应市场的变化，汽车维修企业必须朝着专业化的方向不断发展。国内汽车维修企业应该以专业化发展为立足点，加强技术革新，落实对全新维修技术的学习，进而确保维修的专业化。另外，依托于既有的信息化技术，汽车维修企业还应加强自动化技术在汽车维修领域的应用，充分利用计算机，实现对汽车维修过程的有效控制，进一步发挥各类电子仪器设备的作用，以数据化的方式实现对汽车维修过程的有效控制，以此进一步推动汽车维修企业的专业化发展。

2. 品牌化发展

国内汽车维修企业要想持续性高速发展，摆脱汽车维修行业市场地位不高的现状，就必须走品牌化发展的道路，只有这样才能更好地发挥汽车维修企业的现实作用。对此，国内汽车维修企业必须对当下的市场环境进行全面分析，要充分利用既有的宣传途径加强宣传工作，在民众心中树立全新的形象，依托品牌效应，创造更多的经济效益，提高自身在市场中的核心竞争力。另外，汽车维修企业还需要做好品牌维护工作，要从服务、管理以及技术等多方面入手，不断实现对企业自身的优化，提高服务与维修质量，通过为消费者提供更为优质的服务，建立起良好的口碑，维护企业自身的品牌形象，以此保障企业品牌化发展的进程。

3. 创新性发展

为切实保障汽车维修企业的可持续发展，必须以创新为立足点，通过企业内部的不断创新，推动自身的良好发展。而就具体的创新来看，主要可以从技术与人才培养两大方面入手。首先，汽车维修企业可以从技术创新入手，加大科技创新，不断提高自身的创新能力。其次，还需要加强与其他企业的技术交流，以技术交流的方式完成对资源的充分整合，并最终将其转化为生产力。另外，还应积极学习先进的维修技术，完成对专属于自身知识产权的创造，切实提高汽车维修的技术水平。而就人才培养创新来看，汽车维修企业必须提高自身对人才的重视，加强对优秀人才的吸纳工作，以此积累一批优秀的技术人才。同时企业还可以以现有技术人才为基础，建立相应的培训小组，加强对既有员工的培养与继续教育工作，以此全面提高企业维修人员的技术水平。另外，企业还应加强与高职院校的校企合作培养工作，并吸纳优秀高职人才，为企业注入新鲜的血液，推动企业的可持续发展。

思政内涵

【思政元素】

实现国情教育和主流价值引领；弘扬爱国精神、奉献精神和创新精神；利用学校自身的厚重底蕴和文化积淀，将育人和育才相结合；帮助学生坚定文化自信，并引导他们将所学知识服务于国家需要和民族发展；引导学生关心国家宏观环境发展的最新动向，激发学生的爱国热情。

【案例】

女劳模梁军堪称新中国劳动妇女的代表，她驾驶拖拉机奔驰在黑土地上的故事，激励了万千女性劳动者。

1948 年 2 月，中央决定从苏联进口拖拉机，在北大荒垦地种田，以恢复经济。梁军再三请求，说服校长，参加了北安拖拉机手培训班。在 70 多名学员中，只有她是女性。白天她和男学员一样在机车上锻炼，晚上点着小油灯整理笔记。两个月后，她不仅学会了开拖拉机，还学会了简单的修理和保养，考上了拖拉机驾驶员，成为中国第一位女拖拉机手。

1948 年 5 月，梁军和同学驾驶着三台苏式“纳齐”拖拉机驶进了北大荒，为拓荒种粮，他们每天工作 12 个小时。在荒原开发的紧张战斗中，梁军信念坚定，意志顽强，和所有的男拖拉机手一样住窝棚、开夜车，在荒无人烟的野地里昼夜不停地开荒。仅一年的时间，梁军所在的机耕队便开荒 3 400 亩，播种 1 950 亩小麦，收获 1.5 万多公斤粮食。

1950 年 6 月，以梁军命名的新中国第一支女子拖拉机队成立，梁军任队长，率领女子拖拉机队开始了在北大荒的耕耘。同年 7 月，《人民画报》创刊，创刊号封面是毛主席挥手的彩色画像，而 8 月出刊的第二期封面，就是梁军和助手驾驶拖拉机的彩像。她的形象也构成了 20 世纪 50 年代农场女工的经典形象。当年，梁军被选为全国劳动模范，受到了毛泽东等国家领导人的接见，《人民日报》也发表了通讯，新中国第一位女拖拉机手的事迹传遍了全国。就这样，作为新中国第一位女拖拉机手，梁军迅速成为新时代女性的杰出代表和闻名全国的劳动模范。在她的影响下，很多年轻姑娘都将当一名拖拉机手作为自己崇高而光荣的理想。

梁军作为北大荒第一位女拖拉机手，带动了许多妇女加入农业生产的建设，以梁军为首的女拖拉机手和“女子拖拉机队”，肩负着妇女解放和国家建设的双重历史使命。梁军及此后大量涌现的女驾驶员，既为新中国农业生产的恢复和发展、国民经济的好转以及农业的机械化做出了极大贡献，也在一定程度上缩小了性别分工的鸿沟。而梁军等女驾驶员作为一种文化符号大量出现在课本、报纸、电影、人民币中，更蕴含着主流社会的文化建构。梁军不只是一位女拖拉机手，她的职业范围后来也得到了拓展。在哈尔滨工作期间，梁军主持引进的汽车检测维修生产线，业务辐射至黑龙江全省及内蒙古部分地区，为解决当时这些地区该方面的社会急需起了关键作用。

【案例分析】

家国情怀是中国传统文化中富有生命力的精神资源。“家是最小的国，国是千万家”，个人的前途命运同国家和民族的前途命运紧密相连。中华民族自古以来就重视家庭、重视亲情，中华儿女也将“知道怎样爱国”作为做人最基本的准则。家国一体的爱国情、经邦济世的报国志和荣辱与共的兴国心是我们植根血脉的基因，要彰显出来、传承下去。

任务二　识别汽车维修企业的种类

任务导入

马先生早上开车上班，起动发动机的时候，仪表盘剧烈闪动，能够在驾驶室内听到“哒哒哒”的声音，发动机无反应。原本想等周末休息时将车送到4S店更换蓄电池，并进行车辆检测，但等待时间太长，影响马先生的正常使用。于是他在网上找到了一家车辆维修上门服务机构，并说明车辆故障现象以及现用蓄电池品牌和型号。很快维修人员就到达了指定地点并为马先生的车辆更换了新的蓄电池，保证车辆能够正常使用。

汽车维修企业根据作业内容和经营项目的不同，可以分为一类、二类和汽车专项维修三种类型。随着汽车消费市场保有量的增加，消费者对于汽车维修服务的要求越来越高，不仅要保证高质量，还要保证高效率。车辆上门服务的目的就是在满足维修技术需求的前提下，尽可能地为顾客节省时间和精力，避免因车辆故障而影响车主的正常使用。

任务目标

◎了解汽车维修企业的分类标准。

◎掌握汽车维修企业的分类情况。

相关知识

一、根据行业管理规定分类

1. 汽车整车维修企业

根据规模和竣工检验设备条件不同，将汽车整车维修企业分为一类汽车整车维修企业和二类汽车整车维修企业两类。一类、二类汽车整车维修企业的主要区别见表1-1。

表 1-1　一类、二类汽车整车维修企业的主要区别

比较内容		一类汽车整车维修企业	二类汽车整车维修企业
设施条件	接待室面积(m^2)	≥40	≥20
	停车场面积(m^2)	>200	>150
	维修厂房面积(m^2)	>800	>200
专用设备条件	汽车举升机(台)	—	>1
	地沟设施(个)	>2	>1
	车架校正设备	必须具备	允许外协
主要检测设备条件	悬架试验台	必须具备	允许外协
	汽车前照灯检测设备	必须具备	允许外协
	侧滑试验台	必须具备	允许外协
	制动检验台	必须具备(仅修理大型货车允许外协)	允许外协
	车速表检验台	必须具备	允许外协

2. 汽车专项维修业户

汽车专项维修业户又称为三类汽车整车维修企业，主要从事车辆维修、车身维护两个方面的专项维修工作。具体工作内容包括：发动机、车身、电气系统、自动变速器维修；车身清洁维护、涂漆、轮胎动平衡和修补、四轮定位检测调整、供油系统维护及油品更换；喷油器、喷油泵维修，曲轴、气缸维修，散热器和空调维修；汽车装饰、美容，车窗玻璃安装。

二、根据经营模式不同分类

1. 综合性汽车维修厂

综合性汽车维修厂具备维修所有类型车辆的能力，无论何种品牌和车型，也不管是大修、小修还是维护，都能很好地满足客户的需求。随着消费者对汽车维修质量要求的提高，作为综合性维修厂，必须引进各类检测维修设备才能满足车辆维修需求。由于加大了设备购入成本，维修费用相对也会较高。

2. 4S 店特许经营

4S 店特许经营是一种以整车销售、零配件销售、售后服务和信息反馈为核心的特许经营模式。其中售后服务环节主要是对经营品牌车辆进行维护和修理。作为售后服务顾问，主要的工作内容包括业务接待、单据管理、客户档案管理、客户跟踪、提醒服务和客户投诉处理等。4S 店售后服务部门要想提高服务质量，首先要提高部门的整体素质，合理选人、用人、留人，重视加强与员工多层次、多内容的沟通，共享业务信息和发展策略。其次，随着汽车行业的不断发展，汽车技术不断更新，要重视对维修服务人员的技术培养和业务流程培训，以满足客户需求。除此之外，技术服务人员在对车辆进行检查时，要严格按照车辆厂商要求进行，消除车辆安全隐患和故障盲点。

3. 汽车快修连锁经营

汽车快修连锁经营是指在总部的统一管理下，经营同一类商品或者服务的若干个企业必须按照统一的经营模式进行经营活动。连锁经营具有规模优势，在经营过程中能够形成规模效益。与传统的汽车维修企业相比，汽车连锁经营具有经营成本低、维修速度快、适应性强、可以共享维修技术和专用设备等特点。汽车快修连锁店属于汽车维修发展的新兴模式,所有连锁店的内外装潢设计、店面标志、工作人员服装、服务规范等都有统一的要求,所有服务项目的价格统一、透明。

汽车快修快保店是汽车快修连锁经营的一种,它是一类连锁化、规范化的便利店式服务机构。与4S店相比,它更贴近车主的需求,维修便捷,维修成本低。

4. 汽车维修上门服务机构

随着"互联网+"时代的到来,养车、修车也可以像快递、外卖一样实现上门服务。上门修车服务既可以满足汽车维修企业降低运营成本的需求,又可以减少顾客车辆维修的时间成本和价格成本。如图1-1所示为目前国内从事汽车上门维修服务的网站,车主只需要下载上门修车服务的App,在线下单、在线支付,就可以享受上门取车、上门修车、上门维护的服务。

图1-1 汽车上门维修服务网站

三、根据经营项目不同分类

现代汽车维修企业的经营项目主要包括车辆专项维修服务、汽车美容维护、汽车装饰和汽车改装等。

1. 汽车专项维修服务

汽车专项维修服务项目根据汽车整体构造进行划分,包括发动机维修服务、底盘维修服务、电气设备维修服务、车身钣金喷漆服务和易损件修复与更换服务。

2. 汽车美容与维护

汽车美容从细节开始,不仅有打蜡、除味、吸尘、车内外清洁等服务,还包括利用专业美容系列产品和专业技术设备,通过一定的工艺和方法,对漆面增光、镀膜,对划痕进行处理,以及底盘装甲、发动机表面翻新等服务。

汽车维护是指定期对车辆的相应部位进行检查、清洁、润滑、调整,对于易损件定期进行更换。汽车维护服务包括常规维护、季节性维护和深度维护。

3. 汽车装饰

汽车装饰是指通过附属装饰品,提高车辆表面和内饰的美观度。对于新车来说,车主通常会通过贴膜、铺地胶、安装转向盘套和座椅套等来提高车内外的美观度。

4. 汽车改装

汽车改装是根据车主要求,对原车的外部、内部造型以及机械性能等进行改动。常见的改装包括车身外观改装、车辆动力性能改装、音响设备改装和电子装置改装等。

车身外观改装是目前汽车改装中最常见的一种形式。车主通常会在车身外部加装空气动力

套件,包括进气格栅、车侧扰流板、后包围以及后扰流板等。通过加装空气动力套件可以提高车辆行驶的稳定性。

车辆动力性能改装是指通过改装发动机提高发动机输出功率。通常可以通过提高压缩比、增加气门数或者加装涡轮增压装置来提高发动机动力性。但是,发动机改装具有一定的危险性,一旦出现意外就会造成重大交通安全事故,因此不提倡改装发动机。

音响设备改装通常是改装扬声器和功放,以及重新布置音响器材的安装位置,还可以加装车载电视、显示器等。

电子装置改装包括加装倒车雷达、倒车影像、车载蓝牙和 GPS 导航等。

思政内涵

【思政元素】

增强学生的爱国情怀、社会责任、人文精神与奉献精神,努力培养担当民族复兴大任的合格建设者和可靠接班人。

【案例】

2020 年初,新冠肺炎疫情袭来。2020 年 1 月 25 日,中国邮政开通防疫物资绿色通道。47 岁的王小平和 44 岁的孙金刚已往返这条“防疫专线”5 趟,累计行程超过 9 000 千米,相当于从北京一路向西直达亚欧大陆最西端。

1 月 28 日,大年初四,卡友周金胜 16 点半从北京海淀区拉着一车救援物资奔向湖北,目的地是湖北黄冈慈善总会。车上装载的是医院所需的 10 台呼吸机,他说这趟活儿是他自愿接的,不收运费,不能挣国难时候的钱!

1 月 28 日,武汉火神山医院正在建设当中,家住合肥经开区的货车运输司机李俊载着满满的援助物资驶向湖北。从湖北回来后,李俊按照要求要隔离 14 天,解除隔离后他又立即申请向武汉方舱医院运送空调,又接连驶往江汉区和东西湖区运送大米、蔬菜等物资。整整一个月,李俊没有回过家,除了刚从湖北回来在宾馆隔离了 14 天,剩余的时间李俊吃睡都是在车里,尽管很辛苦,李俊表示,国家有难,他会一直干到疫情结束。

【案例分析】

在这场没有硝烟的抗疫战争中,汽车发挥了巨大的作用。汽车运输是构成交通运输动员的重要组成部分。如果说战略运输是维持国家运转的“动脉”,那么这些“毛细血管”则负责将血液输送到每一个角落,自年初至 2020 年 3 月,全国公路货物运输量累计 528 831 万吨,2 月为 82 736 万吨,3 月为 235 348 万吨。特别是在火神山、雷神山医院的建设中,来自全国各地的车辆集中到武汉,运来急需的建筑材料和医疗设备。这其中包括我们熟悉的顺丰、韵达、京东物流等物流公司在国家的统一协调动员下也贡献了非常大的力量。一幕幕动人的画面,一个个感人的故事,凝聚了无坚不摧的中国力量,诠释了逆行而上的中国精神,让世界为中国赞叹。这样的中国力量,需要青年大学生传承;这样的中国精神,需要青年大学生发扬光大。

能力训练

假如你毕业后想自主创业开一家专门从事汽车维修与维护的小型维修企业,请对企业的经营地点、经营模式、经营规模、人员素质要求、同类型企业数量和发展状况等分组进行市场调研和分析，并完成一份调研报告。

评价反馈

根据能力训练阶段所完成的调研报告内容，以小组为单位进行发言和讨论，通过学生自评、小组互评和教师评价的方式，对每组的完成情况进行打分，完成表1-2。

表1-2　评　价　表

考核项目	评价标准	分　值	学生自评	小组互评	教师评价
内容	全面、合理	30			
活动参与	积极、认真	30			
表达能力	强	20			
沟通能力	强	10			
开拓能力	灵活、机动、创新	10			
合计		100			
总评(学生自评×20%+小组互评×20%+教师评价×60%)					

思考与练习

1. 简述我国汽车维修企业的现状及发展趋势。
2. 根据经营模式不同，可以将汽车维修企业分为哪几类？
3. 汽车快修连锁经营的特点和优势有哪些？
4. 根据行业管理规定，在设施条件方面对于一类和二类汽车维修企业的要求是什么？

知识拓展

智能网联汽车

中国汽车工业协会对智能网联汽车定义为搭载先进的车载传感器、控制器、执行器等装置，并融合现代通信与网络技术，实现车与X（人、车、路、后台等）智能信息交换共享，具备复杂的环境感知、智能决策、协同控制和执行等功能，可实现安全、舒适、节能、高效行驶，并最终可替代人来操作的新一代汽车。这是联合国内专家得出的定义，我们称之为ICV。图1-2所示为搭载了网联终端的汽车。

对于智能网联汽车的分级，不同地区和国家分法各不相同，中国汽车工业协会提出五级分级，第一级是驾驶资源辅助阶段（DA），第二级是部分自动化阶段（PA），第三级是有条件自动化阶段（CA），第四级是高度自动化阶段（HA），第五级是完全自动化阶段（FA），这五级分级名称是与英文缩写相对应的。

研究表明，先进驾驶辅助（ADAS）、车-车/车-路协同（V2X）、高度自动驾驶等车辆智能化、网联化技术，可减少汽车交通安全事故50%～80%，提升交通通行效率10%～30%，同时极大地提高

图 1-2　搭载网联终端的汽车

驾驶的舒适性。

智能网联汽车本身具备自主的环境感知能力。此外，它也是智能交通系统（ITS）的核心组成部分，是车联网体系的一个结点，通过车载信息终端实现与人、车、路、互联网等之间的无线通信和信息交换。

一、智能网联汽车的体系架构

智能网联汽车集中运用了计算机、现代传感、信息融合、模式识别、通信网络及自动控制等技术，是一个集环境感知、规划决策和多等级驾驶辅助等于一体的高新技术综合体，拥有相互依存的技术链和产业链体系。

1. 智能网联汽车的技术链

智能网联汽车的技术体系由传感、决策、控制、通信定位及数据平台等关键技术组成，主要包括：

- 先进传感技术，包括利用机器视觉的图像识别技术、利用雷达（激光、毫米波、超声波）的周边障碍物检测技术、利用柔性电子/光子器件检测和监控驾驶员生理状况技术等。
- 通信定位和地图技术（DSRC、3G/4G/5G、GPS/北斗），包括数台智能网联汽车之间信息共享与协同控制所必须的通信保障技术、移动自组织网络技术，以及高精度定位技术、高精地图及局部场景构建技术。
- 智能决策技术，包括危险事态建模技术、危险预警与控制优先级划分、多目标协同技术、车辆轨迹规划、驾驶员多样性影响分析、人机交互系统等。
- 车辆控制技术，包括基于驱动、制动系统的纵向运动控制，基于转向系统的横向运动控制，基于悬架系统的垂向运动控制，基于驱动/制动/转向/悬架的底盘一体化控制，以及利用通信及车载传感器的车队列协同和车路协同控制等。
- 数据平台技术，包括非关系型数据库架构、数据高效存储和检索、大数据的关联分析和深度挖掘、云操作系统、信息安全保障机制等。

2. 智能网联汽车的产业链

智能网联汽车产业链主要包括：

- 先进传感器厂商,开发和供应先进的传感器系统,包括机器视觉系统、雷达系统(激光、毫米波、超声波)等。
- 汽车电子供应商,能够提供智能驾驶技术研发和集成供应的企业,如自动紧急制动(AEB)、自适应巡航(ACC)等。
- 整车企业,提出产品需求,提供智能汽车平台,开放车辆信息接口,进行集成测试。
- 车联网相关供应商,包括通信设备制造厂商、通信服务商、平台运营商以及内容提供商等。

二、智能网联汽车的三个发展阶段

智能网联汽车发展的第一阶段是基于自车感知与控制的驾驶辅助系统(ADAS),这是智能网联汽车发展的基础阶段;第二阶段是应用信息通信技术(ICT)实现车—X 之间的信息共享与控制协同,即网联化技术的应用;第三阶段是自动驾驶和无人驾驶的实现,这是智能汽车发展的最终目标。

目前在全球范围内,基于 ADAS 技术的产品已经开始大规模产业化,网联化技术的应用已经进入大规模测试和产业化前期准备阶段,而自动驾驶正处于样车开发与小规模测试阶段。

项目二 汽车维修企业管理和经营策略

学习目标

知识目标

(1)了解现代汽车维修企业的管理职能。

(2)了解现代汽车维修企业管理者应具备的素质。

(3)掌握现代汽车维修企业组织机构如何设置。

(4)掌握现代汽车维修企业组织机构形式。

能力目标

(1)能够根据所学内容总结归纳现代汽车维修企业管理职能和管理者素质。

(2)能够探讨现代汽车维修企业如何进行有效地实施。

(3)能够根据所学内容总结归纳现代汽车维修企业的经营战略。

思政目标

(1)培养学生民族自豪感和文化自信心。在执业过程中时刻谨记爱国主义理念,强化爱国意识。

(2)强化学生爱岗敬业、无私奉献的职业精神,并注重将社会主义核心价值观落实在个人行为的各个方面。

(3)增强学生社会责任感,激发民族自豪感,热爱伟大祖国。

(4)培养学生创新精神,并注重将创新精神应用在学习中。

学习方案

结合某家汽车维修企业实际情况进行分析和学习。

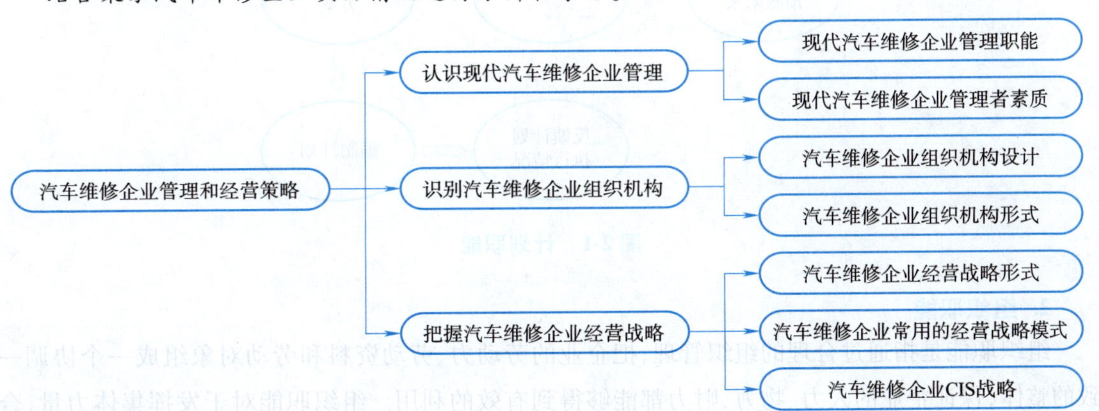

任务一　认识现代汽车维修企业管理

任务导入

2018年春节前，烟台威海地区降下了一场大雪，某修理厂接到客户救援电话，因发生多车相撞交通事故，需要拖车，修理厂马上派王经理和拖车驾驶员前往救援。路上他们遇到一辆救援车陷在雪坑里，司机挥手请求帮忙。王经理示意驾驶员停车，驾驶员说："这么大的雪，又是竞争对手，就别管了"。王经理说："大家是同行，有困难更应帮忙。"王经理下车问清原因后，与等待拖车的客户联系说明要晚一会到，然后用拖车将陷在雪坑里的车拖了出来。原来请求帮忙的是一家专业救援公司的拖车，也要到多车相撞的交通事故现场救援，而且他们要拖的车还需要他们帮忙找修理厂。救援公司负责人表示，王经理帮了他们，他们就介绍这台车到王经理所在修理厂维修。

这样，王经理既帮助了别人，又多了一个客户，真是一举两得。后来，救援公司经理还专程到修理厂表示感谢，双方结成了合作伙伴，修理厂拖车不足时用救援公司的拖车，救援公司给予优惠。救援公司还将客户介绍给修理厂，双方共赢。

任务目标

◎了解现代汽车维修企业管理职能。

◎掌握现代汽车维修企业管理者应具备的素质。

相关知识

一、现代汽车维修企业管理职能

1. 计划职能

计划职能是指企业管理者根据所指定的目标，做出实现目标的方案，并对方案的实施情况进行说明和解释。我们可以从图2-1来了解计划职能的具体工作内容及实现步骤。

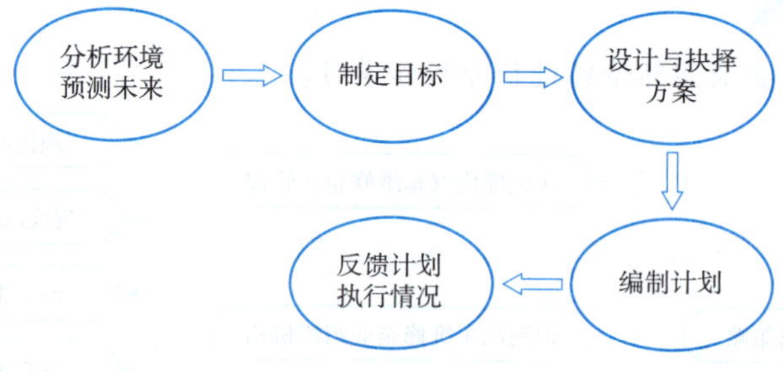

图2-1　计划职能

2. 组织职能

组织职能是指通过合理的组织管理，把企业的劳动力、劳动资料和劳动对象组成一个协调一致的整体，保证企业的人力、物力、财力都能够得到有效的利用。组织职能对于发挥集体力量，合

理分配资源，提高劳动生产率具有重要的作用。

3. 领导职能

领导职能是指领导者通过合理行使权力，引导、影响和激励企业员工为实现既定目标而努力的过程。企业的生产经营活动必须遵循统一性原则，即有统一的领导，以保证企业能够有计划、有组织地运转。领导职能的主要内容包括规划、指导、协调、监督四个基本职能。

4. 协调职能

协调职能是指企业通过垂直协调和水平协调，保证领导与各职能部门之间以及部门与部门之间建立良好的配合关系，从而保证能够按计划完成企业的实际生产任务。

5. 控制职能

控制职能具有较强的规范性和政策性。当实际生产经营活动或生产成果与计划或标准之间存在差异时，通过控制职能找出产生差异的原因，并及时纠正。对企业生产经营活动进行控制的过程包括制定控制标准、衡量实际结果、比较分析差异和采取纠正措施。

6. 创新职能

创新职能是指在企业生产经营过程中，根据区域经济发展需求和消费市场需求，对企业的经营项目和经营目标进行动态调整的过程。通过调整，调高经营者从事生产经营管理系统的效率。

二、现代汽车维修企业管理者素质

1. 基本素质

(1)管理者的道德素质

正确的世界观和价值观。作为社会主义企业的管理者，必须树立正确的、科学的马克思主义世界观和人生价值观。企业的目的是盈利，但盈利不等于唯利是图，不等于置国家利益和社会责任于不顾，甚至为了小团体的利益而损害集体的利益、国家的利益。具有正确的世界观和价值观要求企业管理者必须加强理论知识的学习和理论素养的修养，用马克思主义思想去武装自己的头脑。

高尚的道德情操和修养。道德是为了社会建立良好的伦理秩序而形成的行为规范。企业管理者是企业的领袖人物，是企业"上行下效"的对象，我们很难想象一个道德败坏的管理者能在企业管理中施展才华。近年来，一些迅速发展的民营企业遇到了管理上的瓶颈，在寻求"职业经理人"的过程中，第一个担心的问题就是职业经理人的人品问题，也就是道德问题，这也直接反映了道德情操与经营企业的紧密关系。对民营企业家来讲，道德风险是最大的风险。

良好的职业道德和信誉。职业道德是道德的一部分，但更明确地对企业管理者提出了职业上的要求。企业管理者是企业的中坚，也是社会的重要阶层，中国社科院发表的《当代中国社会阶层研究报告》专门就经理人阶层，也就是企业中高层管理人员阶层进行了论述。如果没有职业道德和信誉，将是对企业管理基石的最大侵蚀。

(2)管理者的心理素质

宽广的胸怀。企业管理者在发挥企业的领袖作用时必须具有宽广的胸怀。企业管理者在工作中会面临内外环境中不同的声音、不同的观点，甚至是批评的声音和压力，在面对来自行业、媒体、其他组织的批评与指责时，一定要以"有则改之，无则加勉"的方式来对待，以平常心态处理。

开放的心态。面临不断发展的社会和日新月异的科技，管理者应具有开放的心态，积极了解新事物，接纳新事物。要在企业中建立吐故纳新的机制，管理者个人也应建立相应的思维习惯、行为习惯，及时跟上外界的变化，与时俱进。开放的心态要求管理者改变故步自封和安于现状的守旧心理，不断实现自我的突破和发展。

坚韧的毅力和意志力。企业的经营存在各种各样的风险，如商业风险、市场风险、政策风险、信用风险、管理风险等，企业经营本身就是与风险同在。众多的风险要求企业管理者必须对风险有清醒的认识，在遭遇风险时，要有坚韧的毅力去面对，积极采取措施，解决问题。企业管理者在经营实践中必须锤炼出坚忍不拔的精神，体会“笑到最后才是胜利者”境界。

个人的自我控制力。企业管理者是企业和社会的中坚力量，是具有一定社会地位的人。在工作和生活中，企业管理者难免会遇到各种不正常、不正当甚至是违反道德、触犯法律的诱惑。企业管理者在面对诱惑时一定要正确对待，必须有良好的自制力。“无欲则刚”当然是至高境界，但“取之有道”未尝不是明智的选择。

2. 专业素质

(1)对企业管理的专注和热情

对企业管理的专注和热情是对每一个希望走向成功的管理人员的重要要求。企业管理者只有具有这种精神和态度，才能把自己的精力最大限度地投入工作中，挖掘自身潜力，贡献自己的聪明才智。同样，一个热情洋溢的企业管理者才会感染广大员工，让员工用同样的热情去对待工作，只有这样企业才会充满生机和活力。

(2)扎实的企业管理知识

企业管理者的工作对象是企业，工作行为是管理，所以作为一名合格的企业管理者，必须具有扎实的企业管理知识。企业管理是一门综合性的学科，也是一门实践性很强的学科，企业管理者必须不断钻研和了解企业管理知识，为实践打好基础。

(3)灵活的企业管理技能

企业管理技能指的是企业管理者根据企业所处环境、企业本身的实际情况，为了达到企业管理的目标而使用的各种管理方法、工具及技巧。企业管理者具备管理知识还不够，还必须具备在企业管理实践中解决问题的技能，做到知与行的统一，企业管理才能有效，才能实现企业管理的目标。

3. 特质性素质

特质性素质是指企业管理者具有基本素质和专业素质之外，在管理实践中形成的具有比较突出的个体性优势的素质。特质性素质是不同的管理者相互区别的重要标志，不同的企业管理者具有不同的特质性素质，决定了不同管理者的能力优势、管理作风、管理风格。

(1)建立有利的个人优势是企业管理者的必修课

企业管理者必须对自我有清晰和正确的认识，一定不要形成自己是天才、是全能冠军的思想。每个人都有自己的长处和优势，相应地每个人也都会有自己的短处和劣势。发挥自己的长处，在擅长的领域不断提升自己的能力，不断扩充自己的管理优势，这样的管理者才能带领企业稳步前进。

(2)优异的管理团队是不同特质性的管理者的有机结合

如果管理团队的成员中每个人的管理水平、管理能力都一样,那么管理团队可供挖掘的优势也有限。如果管理团队中的成员具有不同的管理优势和不同的能力结构,那么这个团队就具有人力资源整合优势。一支由不同特质性管理者合理组合的团队一定会做出优异的成绩,显示其强大的竞争力,这就是优势互补的效力之所在,纵观国内外成功的团队,大多都是优势互补的结果。

思政内涵

【思政元素】

爱国精神:通过举例现代优秀汽车企业管理者的管理事迹,让学生感受现代汽车企业管理者如何在企业管理当中,将社会主义核心价值观、6S 管理理念等现代化管理手段进行全面运用;使学生感受以人为本思想在管理中的功用,培养高尚的道德情操;加强学生的爱国主义教育、提高学生的道德品质、培养学生成为社会主义事业合格建设者和可靠接班人。

【案例】

中国自主品牌汽车企业之一的奇瑞汽车有限公司成立于 1997 年 1 月 8 号。1999 年 12 月 18 日,第一辆奇瑞轿车下线。奇瑞公司以打造“国际品牌”为战略目标,经过 20 多年的创新发展,现已成为国内最大的集汽车整车、动力总成和关键部件的研发、试制、生产和销售为一体的汽车制造企业,以及中国最大的乘用车出口企业。“自主创新”是奇瑞的动力之源,也是其奉行的“大技术”战略的核心。此外,奇瑞公司还高度重视观念创新、管理创新,不断完善体制机制,激发企业的创造活力,吸引并留住了一大批技术和管理人才。2008 年,奇瑞公司成为我国首批“创新型企业”,“节能环保汽车技术平台建设”项目获得国家科技进步一等奖,“轿车整车自助开发系统的关键技术研究及其应用”项目获得国家科技进步二等奖。

【案例分析】

通过例举中国自主品牌汽车企业之一的奇瑞公司的管理成功案例,给课程内容带来生动、形象的活力,并能增强学生的民族自信心和自豪感。同时也通过优秀案例的分享,为学生树立自强不息、奋斗不止、精益求精的职业精神。

任务二　识别汽车维修企业组织机构

任务导入

我国汽车市场早期起源于汽车的售后服务和汽车维修服务体系,伴随着汽车的多元化发展,原有单纯的维修服务不断延伸,各种新型服务方式不断出现,客户对于健全满意的维修服务体系中整体的服务管理与质量要求更多元化,汽车维修企业级别与服务体验要求更高,这就需要汽车维修企业有更好的组织机构与管理模式。

任务目标

◎掌握现代汽车维修企业组织机构如何设计。

◎掌握现代汽车维修企业组织机构形式。

相关知识

一、汽车维修企业组织机构设计

1. 汽车维修企业组织机构设置简介

对汽车维修企业各部门进行划分，依据分工协作、效率优先的原则进行。根据分工不同，可将维修企业分为维修接待部门、汽车维修部门、质量检验部门、配件采购管理部门、会计结算部门等。

维修接待主要负责客户的接待工作，以及客户来电咨询的接听和解答，仔细问诊并安排好维修工作，做好维修人员和客户之间车辆信息的及时反馈，与客户交谈并向客户推荐定期保养及精品服务，定期对客户进行回访。

汽车维修是汽车维护和修理的泛称，就是对出现故障的汽车通过技术手段排查，找出故障原因，并采取一定措施排除故障，使其恢复并达到一定的性能和安全标准。汽车维修包括汽车大修和汽车小修，汽车大修是指通过修理或更换汽车任何零部件(包括基础件)，恢复汽车的完好技术状况和完全(或接近完全)恢复汽车寿命的恢复性修理。汽车小修是指通过更换或修理个别零件的方法，保证或恢复汽车工作性能的运行性修理。

汽车维修企业的分类如下：

(1)一类汽车维修企业

一类汽车维修企业是从事汽车大修和总成修理生产的企业，此企业也可从事汽车维护、汽车小修和汽车专项修理生产。

(2)二类汽车维修企业

二类汽车维修企业是从事汽车一级、二级维护和汽车小修生产的企业。汽车维护是指为维持汽车完好技术状况或工作性能而进行的作业。汽车小修是指通过更换或修理个别零件的方法，保证或恢复汽车工作性能的运行性修理。

(3)三类汽车修理企业

三类汽车修理企业是指专门从事汽车专项修理(或维护)生产的企业和个体户。业务项目包括车身修理，涂漆、篷布、坐垫及内装装饰修理，电器、仪表、蓄电池、散热器、油箱修理，轮胎补修，安装汽车门窗玻璃，空调器、暖风机、喷油器、化油器修理，曲轴修磨，汽缸镗磨，车身清洁维护等。

汽车采购部门主要负责筛选合作的供应商；慎选适合本公司客户群的产品；与供应商采购最有利的供货条件，包括质量、包装、品牌、折扣、价格、进货奖励、广告赞助、促销办法、订货办法、订货数量、交货期限及送货地点等；订定最有竞争力，同时又有合理利润的售价；与各卖场做最有效的沟通，确保商品畅销；收集市场资讯，掌握市场的需求及未来的趋势，为公司创造最高的业绩及利润回报股东，并为全体员工谋求最佳的福利。

2. 汽车维修企业组织机构设计的具体步骤

为了保证汽车维修企业高效运行，对组织机构进行设计时，必须按照一定的步骤和程序进行。无论企业规模大小，经营方式是否相同，其组织设计步骤大致相同，可分为确定总体业务流程、设计各个岗位、确定岗位要求和设计控制机构四个步骤，如图 2-2 所示。

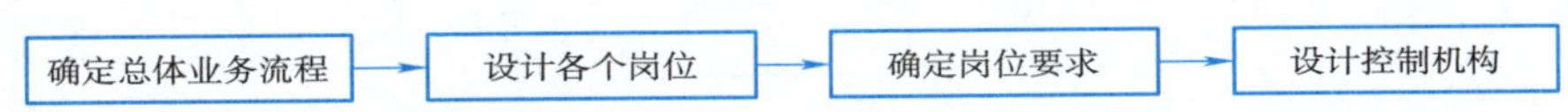

图 2-2　汽车维修企业组织机构设计的具体步骤

二、汽车维修企业组织机构形式

1. 一类汽车整车维修企业组织机构

根据 GB/T 16739. 1—2014《汽车维修业开业条件》第 1 部分《汽车整车维修企业》的规定，汽车维修企业可分为汽车整车维修企业和汽车专项维修业户。其中，整车维修企业按照企业规模大小，又分为一类汽车整车维修企业和二类汽车整车维修企业。

对于企业规模较大、人员多、专业化程度高的一类汽车整车维修企业，机构组成包括厂长、副厂长、各部门主管以及各个工作班组或部门，具体分工如下：

厂长：负责指挥、协调公司整体运作的人。参与、讨论企业的各项管理工作，负责建立健全汽车维修企业各项规章制度，协助各部门主管做好企业的各项具体工作，配备企业生产员工及管理人员。

副厂长：作为具体工作的负责人，主要对维修企业的具体维修管理工作进行协调和指导，确保企业日常工作有序、安全地进行，保证为前来维修车辆的顾客提供满意的服务。负责对车辆维修具体执行情况进行检查、监督；负责安全工作，降低工伤率和设备事故率，定期对维修设备、车间内消防设施进行检查；协助厂长完成其他各项工作。

业务主管：主要负责汽车维修厂的日常维修业务，对工作进行安排、指挥和相互协调。在日常维修工作中，完成维修业务接待工作，受理客户的维修订单，及时安排车辆维护和修理工作，并与相关部门协调，保证维修工作正常进行。

配件主管：主要负责管理和督促配件人员做好配件工作，并根据汽车维修企业的需求，合理调整库存，以确保维修工作能够顺利开展。除此之外，配件主管还需要按时审核、签发配件订单。

车间主管：负责对具体的车辆维修、维护工作进行管理。车间主管是一个车间的最高管理者，负责整个车间的车辆维修服务、维修品质控制等实务。车间主管对汽车维修企业的效益与效率、产品的品质、人员和财产安全、员工工作安排负有直接责任。

技术经理：负责制定各种维修企业技术标准和技术规范，并保证其能够顺利实施。技术经理参与车辆维修质量检验和维修设备日常维护及管理工作。

财务主管：负责企业财务会计工作；制定并完成财会制度、规定和办法；审核公司原始单据和日常的会计业务；编制、核算每月的工资、奖金发放表等。

综合部经理：主要负责维修企业的日常各项行政、人力资源和法律事务等工作；负责管理后勤各部门。

一类汽车整车维修企业组织机构如图 2-3 所示。

2. 二类汽车整车维修企业组织机构

二类汽车整车维修企业主要从事车辆一级、二级维护和车辆小修工作。从企业规模来看，二类汽车整车维修企业规模较小。图 2-4 所示为一汽大众 4S 店售后服务部组织机构图。

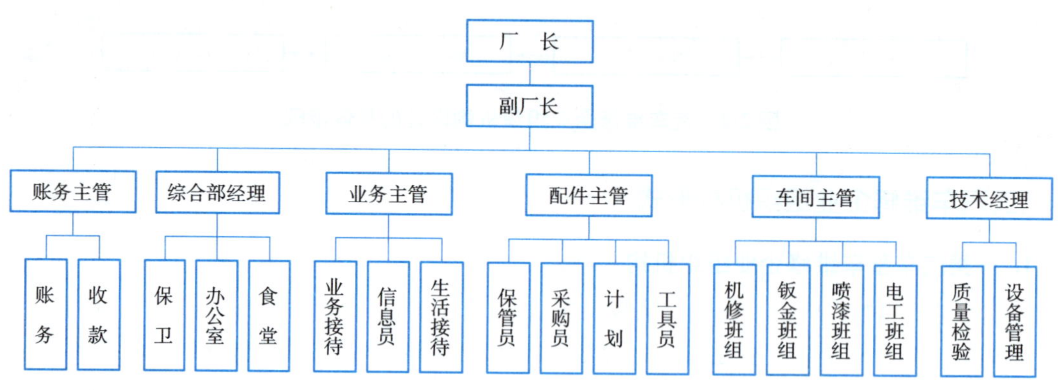

图 2-3　一类汽车整车维修企业组织机构图

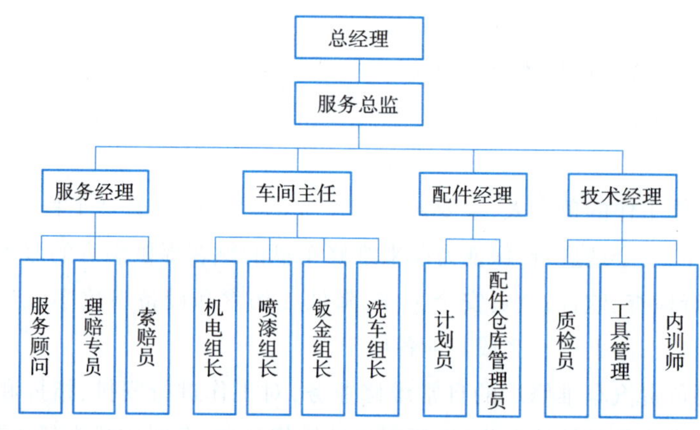

图 2-4　一汽大众 4S 店售后服务部组织机构图

3. 汽车专项维修业户的组织机构

汽车专项维修业户主要从事专项维修和维护。专项维修业户的组织机构由会计、保管兼结算员、检验员和维修班组组成。图 2-5 所示为汽车专项维修业户组织机构图。

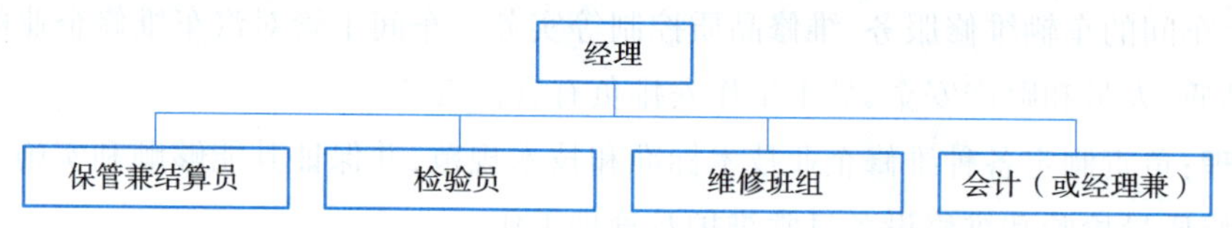

图 2-5　汽车专项维修业户组织机构图

4. 4S 特约服务店常见组织机构

4S 特约服务店一般采取的是总经理负责制，其职能部门包括销售部、业务部、市场部、客户服务部、采购部、配件部、维修部、财务部等。各部门具体分工如下：

销售部：主要负责大厅内车辆的展示工作，向客户介绍具体车型、技术参数、购买手续等，协助顾客购买喜欢的车型。

业务部：负责对老客户的信息进行管理和维护，保证每一位到店维修的顾客都能够得到最佳的服务。

市场部：主要是对当地品牌车辆进行调研，负责潜在客户市场的开发和管理。

客户服务部：为顾客提供售后验车、申领牌照等服务，负责管理客户合同、车辆相关信息，为顾客提供还款依据、资料和贷款咨询。

采购部：在4S店采购部门主要负责对品牌车辆进行采购，为顾客提供提车服务，并负责配件的采购工作。

配件部：主要负责品牌车辆的配件经营和管理工作，同时负责配件销售网络的维护管理工作。

维修部：主要负责品牌车辆的售后维修和维护工作，同时负责对新入职员工进行培训。

思政内涵

【思政元素】

敬业奉献精神：通过举例介绍现代优秀汽车企业的卓越组织架构，让学生感受现代汽车企业组织架构是何种形式，并分析这样的架构给企业带来哪些益处；使学生感受精益求精、人尽其才的古语如何在现代企业中运用，培养自信、敬业的精神；加强学生的爱国主义教育，提高学生的道德品质，培养学生成为社会主义事业合格建设者和可靠接班人。

【案例】

国产新能源汽车领跑者——比亚迪汽车在2021年发布了新的组织架构调整策略，具体组织架构调整如下：成立王朝网销售事业部，由路天任总经理；成立e网销售事业部，由张卓任总经理；成立品牌及公关事业部，由李云飞任总经理；成立售后服务事业部，由高子开任总经理；比亚迪汽车销售总经理赵长江将调任高端品牌事业部，负责筹建工作。比亚迪全新高端品牌的车型将基于EV2.0平台打造，首款车型内部命名为“海豚”，主打年轻化，计划于2023年上市。“比亚迪DM-i超级混动车型竞争对手不是插电式混动汽车，而是同级别燃油车。DM-i超级混动车型将助力比亚迪成为燃油汽车的颠覆者。”2021年1月11日，比亚迪集团董事长兼总裁王传福表示，“我们要让DM-i超级混动车型进入紧凑型车、中型及中大型SUV细分市场，在红海中杀出一片蓝海，加速新能源车对传统燃油车的替代。”

【案例分析】

自1995年国产品牌——比亚迪诞生以来，业务横跨汽车、轨道交通、新能源和电子四大产业，2003年成长为全球第二大充电电池生产商，同年组建比亚迪汽车，比亚迪汽车遵循自主研发、自主生产、自主品牌的发展路线，矢志打造真正物美价廉的国民用车，产品的设计既汲取国际潮流的先进理念，又符合中国文化的审美观念。比亚迪始终坚持“技术为王，创新为本”的发展理念，凭借研发实力和创新的发展模式，获得了全面的发展，并在电池、电子、乘用车、商用车和轨道交通等多个领域发挥着举足轻重的作用。同时在2021年宣布最新组织架构调整，目标走向高端市场。通过这一经典案例，使学生很容易理解组织设计的重要性；由远及近，深入浅出地将企业组织架构管理的重要性和核心性帮助学生加深印象。同时帮助学生树立民族自信心以及严谨求实、精益求精的职业态度。

任务三　把握汽车维修企业经营战略

任务导入

小王在一家4S店干了5年汽车修理工，手里存下10万元，他想开个汽车修理厂，但开个什么样的好呢？是利用手里的10万元开个小型汽车修理厂，还是筹集资金开个大中型的呢？或者开个轮胎店，抑或开个汽车换油中心呢？还有这个汽车修理厂要有什么特色，如何获得客户，应采取什么样的经营战略呢？

任务目标

◎了解汽车维修企业经营战略形式。

◎掌握汽车维修企业经营战略模式。

◎掌握汽车维修企业CIS战略的概念和具体内容。

◎能够根据所学内容总结归纳汽车维修行业的经营战略形式。

◎能够探讨如何进行CIS战略的实施。

相关知识

一、汽车维修企业经营战略形式

美国哈佛大学波特教授的企业竞争理论揭示：在竞争格局下，可以通过实行成本领先战略、差异化战略、专一化战略等三大战略确立企业优势。我国目前所处的社会是市场经济社会，依市场开拓方式划分的战略形式有市场渗透战略、市场开发战略、产品开发战略、多样化经营战略。

1. 市场渗透战略

市场渗透战略是指企业在利用现有市场的基础上，采取各种改进措施，逐渐扩大经营业务，以取得更大的市场份额。这种战略的核心是提高原有的市场占有率，其具体的实施方法主要有以下两种：

①通过扩大宣传等促销活动，增加产品的知名度，使客户对本企业有更多的了解。一方面，让老客户多享受企业的服务；另一方面，不断增加新的客户。

②通过降低生产成本采取降价的办法吸引新客户，刺激老客户更多地消费。这种战略一般适用于市场需求较稳定、产品处于成长或刚进入成熟阶段的企业。

2. 市场开发战略

市场开发战略是企业利用原有产品来争取新的市场和消费者群体，以达到发展的目的。这一战略的目的是在保持现有产品生产及销售的前提下另辟蹊径，为现有产品寻找新客户、新市场。其具体的实施方法主要有以下两种：

①寻找新市场。将原有的产品投放到更广阔的地区，如原来主要在城市销售，可以开辟农村市场。采取的措施有在当地开辟新的销售网点和渠道，企业产品由城市推向农村，由北方推向南方等。

②在当地寻找潜在客户。通过对客户群的研究分析,寻找可能成为本产品的消费者群体。

3. 产品开发战略

产品开发战略是以不断改进原有产品或开发新产品的方法扩大企业在原有市场上的销售量的战略。其主要方法有以下两种:

①改善老产品。随着经济的发展,人们的需求层次不断提高,产品的需求日益多样化,产品更新速度加快。企业只有不断改进产品,以新的外包装、质量和性能来满足人们的需要,才能巩固并发展市场。例如,在竞争激烈的电视机市场,从黑白电视机、彩色电视机,到平面直角、数码彩电,功能不断增加,技术不断提高,品种和规格不断增多。

②开发新产品。企业通过自己的研发能力或引进外来技术开发新产品,然后利用老产品的销售网和渠道及老产品的品牌效应进入市场。例如,海尔开始是以生产冰箱、空调、洗衣机而闻名的,后来利用其品牌效应又开发了电视机等。这一战略一般适用于企业具有一定的技术开发和创新能力,或原有产品已进入成熟期后期和衰退期,很难找到新的发展机会,开拓新的市场又有很多困难的情况。

4. 多样化经营战略

所谓多样化经营,是指企业同时提供两种以上的服务,以求达到最佳经济效益的一种经营战略。也就是说,采用多样化经营的企业涉及业务领域是多元的,市场也是多元的,这就要求企业具有较强的经济实力,包括资金、人员和管理能力。只有大规模的企业才有条件这样做,它在带来规模效益、分散经营风险的好处的同时,也蕴藏着巨大的危机,如果企业的实力跟不上,失败将是惨重的。汽车维修行业的经营项目很多,有汽车专项维修、汽车养护、汽车美容、汽车装饰、汽车改装等,与汽车维修相关的行业有汽车销售、汽车俱乐部、汽车租赁、二手车经营等,这些都是汽车维修企业可以涉猎的。尤其是汽车销售,目前很多4S店都是从汽车维修起家的。

二、汽车维修企业常用的经营战略模式

1.“精、专”战略模式

“精、专”战略模式是指企业的专业化经营,也就是单一产品经营战略。

2. 寻找市场空隙战略模式

寻找市场空隙战略模式是采取机动、灵活的经营方式,进入那些市场容量小,其他企业不愿意、不便于或尚未进入的行业或地区进行发展。

3. 经营特色战略模式

经营特色战略模式是企业充分发挥自身的优势,突出自身产品和服务的某一方面特色、个性和风格,以独具特色的经营来吸引客户的战略。

4. 联合经营战略模式

联合经营战略模式是企业间实行多种形式合作的战略,具体可分为松散型联合和紧密型联合两种形式。

5. 连锁经营战略模式

连锁经营战略模式是指经营同类商品或服务的若干个企业,在总部管理下,按照统一的经营模式进行共同的经营活动,以求得规模优势和共享规模效益的经营形式和组织形态。

三、汽车维修企业 CIS 战略

CIS(Corporate Identity System),即企业形象识别系统,它是由企业理念识别系统(Mind

Identity System,MIS)、企业行为识别系统(Behavior Identity System,BIS)和企业视觉识别系统(Visual Identity System,VIS)三个层面组成。企业通过形象策划塑造企业形象,将企业文化形成一个统一概念,通过个性化、鲜明的视觉形象(图形、图案)表达出来,再传导给社会、公众和企业员工,并使之在公众心目中留下良好的印象。

1. 企业理念识别系统(MIS)

企业理念识别系统是CIS的基本精神所在,是整个形象识别系统的最高决策层,它的基本要素和应用要素如下:

(1)基本要素

经营理念。不同的企业有不同的经营理念。例如,美国国际商业机器公司(IBM)的经营理念是:尊重人、信任人;客户至上,一切为客户;追求卓越的工作。沈阳华晨金杯汽车有限公司的经营理念是:不断创新,最大限度地满足客户需求。丰田汽车公司将所有理念的精髓归纳为一个理论,也就是丰田的服务理念:挑战、改善、现地现物、尊重和团队精神。挑战是为实现梦想用勇气与创造力去挑战;改善是经常追求革新并不断地致力于改善;现地现物是到现场、抓住事物的本质,找到真正的原因;尊重是尊重他人、致力诚信、相互理解;团队精神是大家团结协作、共同提高,为实现共同的目标而努力。

发展战略。每个企业都为了长远经营和兴盛发达而制定发展战略。

企业精神。企业精神是指企业职工在长期生产经营的过程中,在正确的价值观念体系的支配和滋养下,逐步形成和优化出来的群体意识。

价值追求。在企业里,全体成员应形成明确的、共同的价值追求。

行为准则。企业应制定行为准则,更好地规范和约束企业行为。

发展目标。发展目标确定企业的发展方向,也决定企业成员成长和发展的目标。

(2)应用要素

应用要素具体包括信念和信条、警语、口号,标语、守则、企业歌6项内容。

2. 企业行为识别系统(BIS)

企业行为识别系统是指在其经营理念的指导下形成的一系列经营活动,由于企业行为识别系统是在不同于其他企业的经营理念指导下形成的,所以在经营活动的重点和具体方法上明显有别于其他企业。

企业行为识别系统分为内部行为活动和外部行为活动。

(1)内部行为活动

内部行为活动主要包括以下内容:

- 教育培训。企业必须注重对员工服务态度、工作精神、迎接技巧、电话用语等方面进行培训。
- 礼仪。
- 服饰。
- 身体语言。
- 福利待遇。
- 工作场所。
- 环保观念。

- 研究发展。

(2)外部行为活动

外部行为活动主要包括以下内容：

- 营销观念。
- 公共关系。
- 银企关系。
- 公益活动。
- 促销活动。

3. 企业视觉识别系统(VIS)

企业视觉识别系统是在企业经营理念的基础上,根据经营活动的要求,设计出识别符号,以刻画企业的个性,突出企业的精神,凸显企业的特征,目的是使企业员工、消费者和社会各界对企业产生一致的认同感。

(1)基本要素

企业视觉识别系统的基本要素具体包括以下内容：

- 企业名称,包括企业全称、简称。
- 企业品牌标志。
- 企业和品牌标准字体。
- 企业标准色。
- 企业造型、印象图案。
- 宣传标语、口号。

(2)关系要素

企业视觉识别系统的关系要素具体包括以下内容：

- 办公用品,包括变通信封、印刷品专用信封、信纸、专用便笺、函、便条、介绍信、名片、名片簿、名片盒、公司专用笔记本。
- 事务用品类,包括公司简介、企业证照、文件类、各类规章文件、公司专用请柬。
- 交通运输工具类,包括各类货运车辆、大中小型客车、班车、小轿车、专用宣传广告车、特种车辆。
- 指示、标识类,包括公司招牌,旗帜,各部门、科室铭牌,大门、各种入口、楼层指示牌,路牌,禁令标志,建筑物外观,室外照明,铭牌霓虹灯。
- 广告展示陈列类,包括广告礼品,展览会展位设计、陈列,业务洽谈室风格,报纸、杂志、电视等传媒广告编排,广告片头片尾设计、图案,单页广告宣传资料,广告海报,邮寄广告,广告手提袋,广告横幅等。
- 商品及包装类,包括各种包装纸、袋,办公、营业场所、车间内部装潢等。
- 服饰类,包括工作服、工作鞋、帽、领带、胸针、皮带、广告衫、T 恤衫。
- 公司网页。
- 音乐。
- 礼品,包括贺卡、打火机、挂历等。
- 其他,包括公司出版物、接待客户用家具、桌椅、茶具、餐具、烟灰缸。

思政内涵

【思政元素】

培养学生创新精神，通过例举现代汽车集团“2025”战略，让学生体会创新的重要性，并思考如何将创新精神应用到学习、生活和工作中。

【案例】

现代汽车在2020年发布了“2025”战略，全面公布未来业务经营规划，旨在积极应对日新月异的行业变化，主导未来移动出行产业。现代汽车全新“2025”战略以三大业务方向为支柱，包括：智能移动出行产品、智能移动出行服务以及氢能解决方案，其中氢能解决方案为2020年新增。在全新“2025”战略指导下，现代汽车将重点发展电动汽车、城市空中出行、自动驾驶技术和氢燃料电池系统等四大领域业务。在智能移动出行产品和服务方面，现代汽车将以大数据为基础，提供极致优化的汽车产品和服务，并基于此推动产业价值链、产品、业务模式等领域加快向数字化转型。为此，现代汽车计划通过扩大虚拟研发程序的应用范畴、精准分析市场需求并优化产品、设立智能工厂、搭建覆盖各大区域的非接触式销售及服务渠道，全面提升数字化力量。

在氢能解决方案中，现代汽车计划不断优化氢燃料电池系统技术，拓展相关业务范围，巩固集团在氢能生态系统领域的领军地位。并计划将氢燃料电池系统引入船舶、火车、城市空中出行等全方位运输领域。为此，现代汽车将不断研发具备行业最优耐久性及效率的氢燃料电池系统。现代汽车计划通过“2025”战略，持续推动集团向智能移动出行解决方案供应商转型升级，并稳步推动全新氢能业务的落地实施。

现代汽车正加速自动驾驶技术的研发。从2021年开始，现代汽车将在旗下产品上搭载OTA功能，以及FOD服务。到2022年，现代汽车将发布搭载Level 3级别自动驾驶技术的车型。此外，现代汽车还将加强与全球伙伴合作，加速Level 4、Level 5级别自动驾驶技术的商业化应用。

【案例分析】

通过现代汽车“2025”战略引出现代企业创新业务战略发展的重要性。引导学生利用辩证和发展的眼光分析和解决问题。体现了系统思维、顶层设计、整体谋划、提高综合效益的管理理念。只有系统思维，才能抓住整体，抓住要害，才能不失原则地采取灵活有效的方法处置事务。引导学生注重培养创新意识，在学习、生活和工作中不断提升。

能力训练

对一汽大众各大4S店进行调研，结合本节所学CIS战略的主要内容，总结一汽大众企业的MIS、BIS和VIS的主要内容。

1. 一汽大众企业的MIS系统

（1）经营理念：____

____

（2）企业发展战略：____

____

（3）企业精神：____

____

(4)企业发展目标:____________________

____

(5)员工行为准则:____________________

____

(6)价值追求:____________________

____

2. 一汽大众企业的 BIS 系统

(1)内部行为系统:____________________

____

(2)外部行为系统:____________________

____

3. 一汽大众企业的 VIS 系统

____

____

评价反馈

根据能力训练阶段完成的调研报告内容,以小组为单位进行发言和讨论,通过学生自评、小组互评和教师评价的方式,对每组的完成情况进行打分,完成表 2-1。

表 2-1　评　价　表

考核项目	评价标准	分　值	学生自评	小组互评	教师评价
小组合作	和谐	15			
活动参与	积极、认真	15			
语言	礼貌、规范	10			
问题提问	专业	10			
表达能力	强	20			
沟通能力	强	10			
解决方案	正确、规范	10			
开拓能力	灵活、机动、创新	10			
合计		100			
总评(学生自评 ×20% + 小组互评 ×20% + 教师评价 ×60%)					

思考与练习

1. 现代汽车维修企业的经营战略形式有哪些?
2. 渗透战略的定义是什么?具体怎样实施?
3. 市场开发战略的定义是什么?具体怎样实施?
4. 产品开发战略的定义是什么?具体怎样实施?
5. 汽车维修企业常用的经营战略模式有哪几种?

6. 每一种经营战略模式的定义是什么？
7. 简述汽车维修企业识别系统(CIS)的具体内容。
8. 简述企业理念识别系统(MIS)的具体内容。
9. 简述企业行为识别系统(BIS)的具体内容。
10. 简述企业视觉识别系统(VIS)的具体内容。
11. 思考如何将几大系统有效地应用到企业管理中。
12. 结合企业认知思考几大系统是否需要创新。

吉利汽车企业经营战略

浙江吉利控股集团是中国汽车行业十强企业。1997 年进入轿车领域以来，凭借灵活的经营机制和持续的自主创新，取得了快速的发展，现资产总值超过 1 000 亿元(含沃尔沃)，连续 9 年进入中国企业 500 强，连续 7 年进入中国汽车行业十强，被评为首批国家“创新型企业”和“国家汽车整车出口基地企业”。

浙江吉利控股集团总部设在杭州，在浙江临海、宁波、路桥和上海、兰州、湘潭、济南、成都等地建有汽车整车和动力总成制造基地，在澳大利亚拥有 DSI 自动变速器研发中心和生产厂。现有帝豪、全球鹰、英伦等三大品牌 30 多款整车产品，拥有 1.0 L～2.4 L 全系列发动机及相匹配的手动/自动变速器。

贯彻“时刻对品牌负责，永远让顾客满意”的质量方针，浙江吉利控股集团现已通过了 ISO 9000 质量体系、TS 16949:2009 质量管理体系、ISO 14001 环境管理体系、ISO/IEC 27001:2005 信息安全管理体系、OHSAS 18001 职业健康安全管理体系等体系认证以及环境标志产品认证。为适应国际市场需要，开展了海湾 GCC、欧盟 EEC&ECE、澳洲 ADR 等国际认证工作。

本着“总体跟随、局部超越、重点突破、招贤纳士、合纵连横、后来居上”的发展战略，浙江吉利控股集团有限公司制定了中长期发展规划：吉利汽车“20200 战略”——吉利汽车集团到 2020 年实现年产销 200 万辆目标，进入全球汽车企业前十强，同时成为最具竞争力和受人尊敬的中国汽车品牌。根据“20200 战略”的规划，未来四年吉利汽车集团将推出超过 30 款全新产品，产品将涉及轿车、跨界车、SUV、MPV 各品类，覆盖从 A0 到 B 级的各细分市场，以满足不同的市场定位及需求。秉承安全、健康、新能源、互联网和自动驾驶的战略方向，吉利汽车致力成为引领技术潮流、满足市场需求的新型汽车公司。基于“20200 战略”的规划，吉利汽车集团对旗下的吉利品牌和新发布的 LYNK&CO 品牌进行了明确的定位：吉利汽车品牌将继续秉承“造每个人的精品车”的品牌使命，强化“积极进取、科技品质”的品牌形象，成为消费者熟知和喜爱的中国汽车领军品牌。而 LYNK&CO 作为欧洲研发、欧洲设计、全球制造、全球销售的高端品牌，将凭借世界领先的造型设计、产品品质、互联网和新能源技术，以及独特的商业模式，与全球主流汽车品牌进行直接竞争，推动吉利汽车集团开辟新的细分市场，并进入发达国家市场。

秉承“快乐人生，吉利相伴”的核心价值理念，浙江吉利控股集团将坚持走自主创新的道路，发挥团队智慧，依靠全体员工，为中国汽车工业自主品牌的崛起，为实现“造最安全、最环保、最节能的好车，让吉利汽车走遍全世界”的美丽追求而奋斗！

一、吉利集团战略环境分析

1. 政治环境

近些年来由于环境的压力，促使政府提高了燃料效率、安全标准和污染控制。净化空气、全球变暖及新油耗标准不断提高，给汽车制造商带来了一定的压力。但因金融危机，政府的振兴汽车行业也给他们带来了很好的机会。

2. 经济环境

影响汽车工业的几个因素有油价、钢铁价格上涨，利率、汇率和我国的总体经济。国民经济继续保持平稳较快增长，国内生产总值超过30万亿元，物价总水平涨幅得到控制；财政收入6.13万亿元，增长19.5%；粮食连续五年增产，总产量5 285亿公斤，创历史最高水平。虽然现在全球的经济都在过冬，但我国的情况是很令人高兴的，这让我们对国内的经济走势充满了信心。

从长期来看，油价上涨、钢材价格上涨，汽车制造的生产费用将更多地用于保证安全、控制污染和油耗上。

3. 技术环境

向安全发展：随着汽车电子技术的飞速发展，汽车智能化技术正在逐步得到应用。汽车智能化技术使汽车的操控越来越简单，动力性和经济性越来越高，行驶安全性越来越好。相应的技术包括车辆动力学控制（该系统的作用是保持汽车在行驶包括制动和驱动时的稳定性）、智能速度控制系统（该系统的功用是在某些特殊路段或特殊行驶条件下对车速进行强制限制）、智能轮胎、智能玻璃、智能安全气囊、自动门等等。

向高科学水平和成熟技术的概念车发展：各种高科技的应用，使得汽车慢慢地演变为信息、通信、娱乐中心，并可与外界进行信息交换。计算机功能及互联网的全方位介入，车载信息、娱乐设备、高级导航设备、实时交通信息功能日趋普及，这些高新技术必然要求汽车设计师们建立起一种超越时代的新的价值体系，各种新技术的出现为汽车设计拓展了更为广阔自由的空间。汽车的功能也进一步扩展，在概念汽车的开发中，汽车逐渐由冰冷的机器变成人类交流的信息平台，如有的概念车有自己表达感情的方式，具备喜、怒、哀、乐等表情，这些都使得概念汽车远远超越量产汽车，成为一个新的时代的象征。概念汽车的设计对汽车产品产生越来越大的影响，它代表了汽车产业的发展方向和基本思路，是汽车公司设计水平和科技水平的象征。

向绿色环保型发展的趋势：人们在感叹汽车工业迅猛发展的同时，也越来越认识到汽车污染给人类自身带来的危害，于是各国纷纷制定有关汽车的环保措施和法规，以保护人类赖以生存的环境，于是汽车环保设计这一汽车设计新概念被摆到了突出重要的位置。提高能源的利用率，改进发动机配置，包括电子控制燃油喷射系统、二次空气喷射、热反应器、废气再循环系统、催化净化装置、曲轴箱通风系统、燃油蒸发控制系统。发展代用燃料，开发研究新的环保能源，包括天然气、液化石油气、快速充电蓄电池、混合动力、氢燃料。在汽车制造过程中使用绿色材料、绿色包装、绿色制造工艺以及绿色设备与装备。

二、吉利集团发展战略规划

1. 吉利汽车国内发展战略

近年来国内汽车行业不断崛起，发展势头如日中天，相信在不远的将来中国将成为世界最有潜力的汽车销售市场,所以汽车行业国内的发展战略无比重要,将关系到吉利集团发展的命脉。

目前中国的汽车消费群体分为三部分:新派、新商务派、新中产阶层群体。

新派:这股消费势力离散地分布在所有适驾人群中,他们对轿车的选择和购买受到家用、工具性用途的驱动。因此,他们非常注重从价格、舒适度、操控性能、安全性能、使用成本、故障率(维修成本)等方面,进行理性的性价比评估。

新商务派:1976~1985 年出生的一部分人为这股消费群体的主要构成,他们对轿车的选择和购买受到商务、自我个性、休闲娱乐影响,希望通过外观、品牌和配置的组合使自己的商务气质和形象得到显扬。同时,由于这部分人大多已经成家,所以在保证商务气质和形象的基础上,他们会兼顾家用的因素。但在世界经济不景气的大环境下,这部分群体在购车时会显得更加谨慎和理性,突出表现是看重汽车的实用功能,看轻自我个性和休闲娱乐两大功能。

新中产阶层群体:我们俗称的“60 后”“70 后”是这股消费群体的主要构成。他们大多成家立业,生活上相对富裕,职业上还有相对广阔的上升空间。他们对轿车的选择受到商务、家用、时尚情趣、休闲娱乐等的驱动。其中,大多数人将汽车的商用用途列为第一要素,家用次之,时尚情趣又次之,休闲娱乐居末。稳重大气的 B 级车是他们身份与地位的象征。

2. 吉利集团国际化的发展战略

融资困难,政策扶持力度小。作为民营汽车企业,吉利要实现产品结构的调整和升级都面临着严峻的融资形势,尤其是在全球金融危机面前,这一难题更加凸显出来。虽然企业自身可以通过多种手段来融资,但作为民营企业有着很大的后顾之忧。此外,吉利汽车也没有合资企业在金融和财税方面所能享受到的各种优惠政策。2009 年提出的《汽车产业挑战和振兴规划》中重点扶持诸如一汽、东风、上汽、长安等,并未提到吉利汽车,这也加剧了吉利汽车与其他各家汽车之间的竞争,加大了吉利的融资难度。

产品性能和质量有待提高。吉利汽车长期以来主营低档车型,无论是在性能上还是质量等方面都面临着诸多考验。2007 年吉利汽车战略转型之后所推出的新款车型虽然定位为中档车型,但其性能和质量仍然难被大家认可。吉利汽车的转型需要一段过渡的时间。

社会认知度不足。从吉利创立之初到现在,吉利在产品宣传和品牌推广方面都付出了很大的努力,无论是网络、电视、报刊,还是教育、社会资助、车展等都投入了大量的人力物力,但是现实的情况是这些宣传并没有实现最大化的效果,消费者对吉利的印象相当程度上仍然停留在低档车的层次。

清晰认识吉利集团存在的不足,直面这些问题,并针对这些问题提出一系列适合企业发展的战略,推动企业快速走向全球化。

具体的发展战略如下:

争取获得政府更多支持。能否在海外市场取得成功,与政府的支持密不可分。政府相关部门,特别是当地的职能机构,如商务处、进出口办公室等,能否在规范市场、协调出口,以及为企业提供引导和帮助等方面发挥实质性作用非常重要。这一方面有政府主动服务的问题,另一方面企业如何有效地利用政府力量,借助国家声音、社会舆论帮助自身打开局面,绕过阻碍也是一门学问。

加强质量管理与控制。从长远看,真正在海外市场占有一席之地,吉利在自主品牌的产品开发、质量稳定性、品牌管理等各方面的实力都必须能与国际品牌相抗衡,但现实是各方面的差距仍旧很大，吉利必须以最快的速度补齐这些短板。这方面，日本车和韩国车的发展历史我们要引以为戒，两者都曾经因为在企业整体实力不足的阶段便进入发达国家市场而造成了质量、品牌低劣的形象，从而走了很多弯路，花费多年时间才得以扭转。

提高产品与服务水平。走出去，并非只有吉利一家，在海外市场，很容易出现同根兄弟自相残杀的局面，从而丧失可持续发展的耐力，企业往往是为了争夺共同的市场而不断进行价格战，导致整个行业利润下降，忽视提升产品质量、服务等环节的能力。如果光靠低成本优势而缺乏利润回报，即使占领了海外市场，也将成为鸡肋。人们不禁担忧：今后在海外市场的竞争是否难逃同室操戈的命运？比如摩托车行业，在海外市场的内乱使得整个行业的利润极低；再如轻工产品出口领域，主要是出口海外的低端市场，大量人力、物力的消耗却没有换得什么利润。这些经验教训非常值得中国的汽车企业借鉴。目前，海外售后服务这块还是真空，很多汽车企业的产品出口到国外之后，由于零配件供应不上，产品维修不及时，导致当地消费者对中国品牌丧失信心。汽车出口是一个漫长的过程，我国汽车在海外市场属于后来者，消费者对我国汽车普遍缺乏了解，因此要想进入新市场，首先要对市场进行深入调查，并制定出一套有针对性的营销策略（包括产品定位、品牌形象等），其次还需要一定的投入作保障。作为出口企业来说，应该以长远的眼光来打这场战役，不能只顾眼前利益，一味追求短平快，必须做好售前、售中、售后的各项服务工作。无论是在海外自设销售服务机构（如开设办事处、商务处），还是与当地的经销商或特约维修商合作，都必须保证配件供应充足、维修保养便利、客户跟踪服务到位，并为客户提供延伸性增值服务，以及做好当地服务机构的教育培训等各项配套性工作。但显然在这些方面，无论是吉利还是其他中国汽车企业做得还远远不够。在战略执行上，注重多方面的发展。

项目三 汽车维修企业服务管理

学习目标

知识目标

(1)掌握汽车维修合同的概念和作用。

(2)掌握加强汽车维修合同管理的途径。

(3)了解汽车维修合同实施细则。

(4)掌握汽车经销商的售后服务流程、方法、技巧、话术。

(5)掌握汽车标准服务流程执行要点。

能力目标

(1)掌握汽车维修合同的签订规范和实施细则。

(2)探讨汽车维修企业服务管理如何进行有效地实施。

思政目标

(1)培养学生民族自豪感和自信心,并能将大国情怀深植于心,在工作中时刻不忘发挥自己的光和热。

(2)强化学生爱岗敬业、无私奉献的职业精神,学会团结协作,重视集体利益,培养学生责任感和使命感。

(3)引导学生树立大国精神、爱国精神,并具体研究如何将这种精神体现到工作中。

学习方案

结合某家汽车维修企业服务管理内容实际情况进行调研、分析和学习。

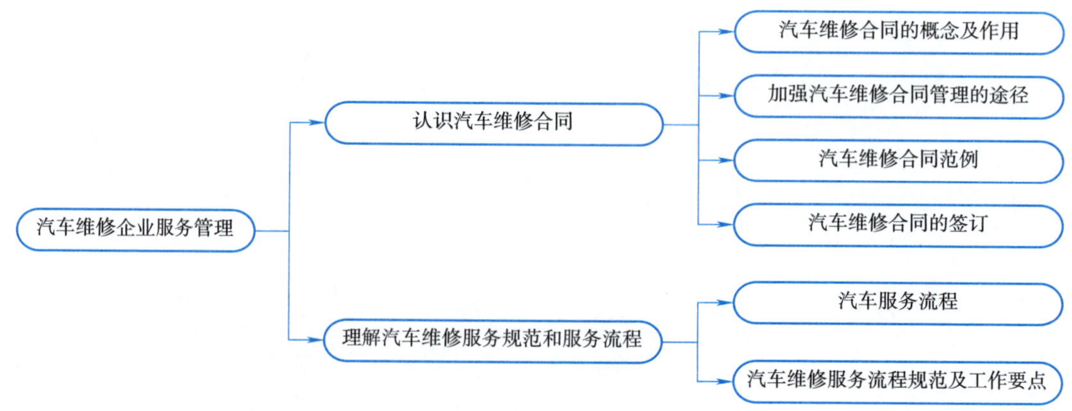

任务一　认识汽车维修合同

任务导入

2020 年 11 月 21 日，一辆车牌号为黑 A537 × × 的客车因缺水、机油压力低而坏在路上，车主刘某将该客车拖至郑州市某一类汽车修理厂维修。经检验确认该车发动机应进行大修。车主自购配件(气缸体、曲轴、曲轴主轴承、连杆轴承和四配套)花费 7 800 元，将发动机修复后修理厂收取工时费 7 130 元。11 月 30 日，该车因机油压力低回修理厂返修。12 月 1 日，车主自购配件(曲轴主轴承和连杆轴承)，由承修方装配后出厂。12 月 2 日，该车行驶约 30 km 后又坏在路上，回修理厂拆检后发现气缸体、曲轴、曲轴主轴承和连杆轴承全部报废。双方各执一词，因此产生了汽车维修质量纠纷。

为加强汽车维修行业管理，维护汽车维修行业的正常秩序，交通部和国家工商行政管理局于 1992 年发布了《汽车维修合同实施细则》，并制定了合同示范文本，将汽车维修过程中的维修项目、结算费用、质量保证以及违约责任等细节以经济合同的形式确认下来，以维护承修、托修双方的合法权益，也为解决汽车维修质量、价格纠纷提供了法律依据，对促进汽车行业规范化管理，稳定汽车维修市场秩序起到了积极作用。

任务目标

◎掌握现代汽车维修合同概念及作用。

◎掌握现代汽车维修合同管理的途径。

◎能够根据所学内容总结归纳维修合同的重要性及注意事项。

相关知识

汽车维修合同是一种契约，它是承修、托修双方民事法律关系的契约，是为了协同汽车维修活动达到维修汽车的目的而协商签订的相互制约的法律性协定。

一、汽车维修合同的概念及作用

1. 汽车维修合同的概念

汽车维修合同是承修、托修双方当事人之间设定、变更、终止民事法律关系的契约，是为了协同汽车维修活动达到规定标准和约定条件的目的而协商签订的相关制约的法律性协定。

2. 汽车维修合同的作用

(1)维护汽车维修市场秩序

在合同中明确承修、托修双方的权利和义务，能保障当事人的权益。因为依法订立的合同是受法律保护的，这样就使当事人维修活动行为纳入了法制轨道，使合法的维修活动受到法律保护，同时也防止或制裁不法维修活动，从而维护了市场的正常秩序。

(2)促进汽车维修企业向专业化、联合化的方向发展

实施合同制，使各部门、各环节、各单位通过合同来明确相互之间的权利、义务和责任，这样

便于相互监督、相互协作,从而有利于企业发挥各自的优势,实行专业化,促进横向经济的联合。

(3)有利于汽车维修企业改进经营管理

实行合同制,企业要按照合同的要求来组织生产经营活动,企业的生产经营状况与合同的订立和履行情况紧密地联系在一起。企业只有不断改进经营管理,努力提高维修质量,才能保证履行合同,只有这样,企业才能有信用,才能有市场,从而不断地改善经营条件,进而获得更好的经济效益和社会效益。

二、加强汽车维修合同管理的途径

加强汽车维修合同管理有以下途径:

- 开展业务培训,不断提高汽车维修合同管理员的业务水平和工作能力。
- 将维修合同作为车辆二级维护竣工送检的凭证。
- 各汽车维修企业必须配备专(兼)职合同管理员,建立健全汽车维修合同管理的各项制度,完善维修合同台账、档案,定期向汽车维修行业管理部门书面报送合同履行情况。
- 加大行业管理力度,推动合同维修的深入开展。
- 管理、规范运作,开展汽车维修合同的监督检查。
- 积极协调与工商行政管理部门的关系,成立"经济合同仲裁委员会汽车维修合同仲裁庭",开展咨询、服务汽车维修合同纠纷的仲裁工作,对金额在5 000元以上的维修合同实施签证。
- 行业管理部门应转变职能,加强服务,协助维修业户解决履行合同中遇到的困难,避免违约。

三、汽车维修合同范例

汽车修理合同

第一条　为加强汽车维修行业管理,维护汽车维修经营活动的正常秩序,保障承、托修方当事人的合法权益,根据《中华人民共和国经济合同法》和《加工承揽合同条例》的有关规定,制定本细则。

第二条　本细则适用于中华人民共和国境内已取得当地交通主管部门核发的技术合格证和工商行政管理机关核发的营业执照的各类汽车维修业户(以下简称修方)与送修单位或车主(以下简称托修方)签订的书面汽车维修合同(以下简称合同)。

第三条　本细则由交通主管部门和工商行政管理机关组织实施,并负责监督、检查。

第四条　承、托修双方必须按要求使用汽车维修合同文本。合同必须按照平等互利、协商一致、等价有偿的原则依法签订,承、托修双方签章后生效。

第五条　下列汽车维修作业范围承、托修双方必须签订合同。

(1)汽车大修;

(2)主要总成大修;

(3)二级维护;

(4)维修预算费用在一千元以上的。

第六条　承、托修双方根据需要可签订单车或成批车辆的维修合同,也可签订一定期限的包修合同。

第七条　承修方在维修过程中,发现其他故障需增加维修项目及延长维修期限时,应征得托修方同意后,方可承修。

第八条　合同签订后,双方应严格按合同规定履行各自的义务。

托修方的义务:

(1)按合同规定的时间送修车辆和收竣工车辆;

(2)提供送修车辆的有关情况(包括送修车辆基础技术资料、技术档案等);

(3)按合同规定的方式和期限交纳维修费用。

承修方的义务:

(1)按合同规定的时间交付修竣车辆;

(2)按照有关汽车修理技术标准(条件)修车,保证维修质量,向托修方提供竣工出厂合格证;

(3)建立承修车辆维修技术档案,并向托修方提供维修车辆的有关资料及使用的注意事项;

(4)按规定收取维修费用,并向托修方提供维修工时、材料明细表。

第九条　代订合同,要有委托单位证明,根据授权范围,以委托单位的名义签订,对委托单位直接产生权利和义务。

第十条　合同的主要内容:

(1)承、托修方的名称;

(2)签订日期及地点;

(3)合同编号;

(4)送修车辆的车种车型、牌照号、发动机型号(编号)、底盘号;

(5)维修类别及项目;

(6)预计维修费用;

(7)质量保证期;

(8)送修日期、地点、方式;

(9)交车日期、地点、方式。

第十一条　汽车维修合同签订后,任何一方不得擅自变更或解除。当事人一方要求变更或解除维修合同时,应及时以书面形式通知对方。因变更或解除合同使一方遭受损失的,除依法可以免除责任的外,应由责任方负责赔偿。

第十二条　托修方按合同规定对竣工车辆进行验收签字后,方能接收车辆。承修方必须按其义务和规定提供有关资料。

第十三条　托修方未按合同规定时间送修车辆和承修方未按合同规定时间交付竣工车辆,应按合同规定支付对方违约金。托修方不按合同规定交付维修费,从应付费次日起,每日按不超过维修费的0.01%向承修方交纳滞纳金。

第十四条　违约金、滞纳金金额由双方商定,但法律另有规定的除外。

除双方另有商定的外,违约金、赔偿金应在明确责任后十日内偿付,否则按逾期付款处理。

第十五条　在合同期内已竣工的车辆,托修方不按合同期限验收接车,应承付车辆的保管费和自然损伤的修复费。逾期超过半年以上的,承修方有权将车辆提交有关部门依法处理。

第十六条　承、托修双方在履行合同中发生纠纷时,应及时协商解决;协商不成时,任何一方均可向当地经济合同仲裁部门申请仲裁或直接向当地人民法院起诉。维修车辆在质量保证期内发生质量问题,当事人也可先到所在地交通主管部门提请调解处理。

第十七条　承修方应建立健全合同管理制度，并有专(兼)职人员负责合同管理工作。对已签订的合同要建立登记台账并妥善保管。

第十八条　汽车维修业户应定期向汽车维修行业管理部门书面报送合同履行情况，作为汽车维修行业管理部门对维修业户考核的内容之一。

第十九条　对违反本细则的行为，分别给予以下处理：

(1)凡属于第五条规定范围而不签合同的，交通主管部门可对维修业户予以警告和罚款，每单罚款额按实际发生或额定的维修费用总额2%(至少20元)计。由此而引起车辆维修质量或经济方面的纠纷，管理部门不予受理。

(2)维修业户凡不按规定签订的合同，交通主管部门责令维修业户修改。

第二十条　各地交通主管部门可结合本地的实际情况，根据本细则规定会同当地工商行政管理部门制定补充规定。

第二十一条　本细则由中华人民共和国交通部和国家工商行政管理局负责解释。

第二十二条　本细则自一九九二年三月一日起执行。

四、汽车维修合同的签订

1. 汽车维修合同的签订程序

首先，要知道必须签订合同的范围，对于汽车大修、主要总成大修、二级维护及维修预算费用在1 000元以上的维修项目，承修、托修双方必须签订合同。其次，要了解汽车维修合同的签订步骤，即要约和承诺两个步骤。

要约是承修、托修任一方向对方提出签订合同的建议和要求的法律行为。内容一般有三点：明确表示签订合同的愿望和要求；明确提出合同的主要条款；提出对方是否同意要约的表示期限。要约的形式可以是书面的，也可以是口头的。要约人在要约的有效期限内受要约的约束，否则要追究当事人的法律责任。

承诺是指受约人完全同意要约人提出的要约内容的表示。在实际签订合同时，受约人往往会对要约内容部分同意，而对另外部分提出修改，或同意要约但另有附加条件，这种情况则不能视为承诺，而应视为是新的要约。在签订合同时，往往是要约至新的要约的反复协商过程，直至承修、托修双方完全同意，才视为承诺，即合同成立。代订合同的，要有委托单位证明，根据授权范围，以委托单位的名义签订，对委托单位直接发生权利和义务。

2. 汽车维修合同的变更和解除

汽车维修合同的变更和解除是指签约双方就合同的内容进行修改，或提前终止而达成的新协议。有下列情况之一者，允许合同变更或解除：

- 承修、托修双方经过协商同意，并且不因此损害国家利益和影响计划执行的。
- 订立汽车维修合同所依据的国家计划被修改或取消的。
- 承修、托修任一方，由于关、停、转而确实无法履行合同的。
- 由于不可抗力或由于一方当事人虽无过失，但无法防止的外因致使合同无法履行的。
- 由于一方违约，使合同履行不必要的。

应将变更或解除合同的通知及协议及时通知给对方，通知和协议应采取书面形式，在协议未达成之前，原合同仍然有效。因变更或解除合同使一方遭受损失的，除依法免除责任的外，应由

责任方负责赔偿。

3. 有效汽车维修合同的特征

(1)合同的主体合格

合同的主体合格,即签订合同的承修、托修双方必须具有合法的资格,才有权签订合同:

- 签订合同的公民必须具有权利能力和行为能力。
- 承办人应该是取得有关部门核准经营汽车维修业务的法定代表人或法定代表人的委托代理人。

(2)合同的内容合法

合同的内容合法,即合同的内容必须符合国家法律、法令、政策的要求:

- 合同的内容必须符合平等互利、协商一致、等价有偿的原则。
- 合同的内容必须按照国家统一规定的汽车维修合同示范文本的要求,并认真填写。
- 车辆维修、竣工验收标准、质量保证、费用结算不能违反国家的有关规定和标准,而且不得超过政策允许的范围。
- 汽车维修业务不能超过交通主管部门核定的维修类别。
- 合同内容对于国家利益、社会公共利益或他人利益均无害。

(3)合同的形式合法

- 承修、托修双方签订汽车维修合同时,必须使用交通主管部门统一印制的 GF-92-0304 汽车维修合同文本。
- 合同的基本条款必须填写清楚,凡维修项目、数量、质量、维修预算费用、验收标准、履行期限、违约责任等基本条款不完整、含混不清的合同,一般都视为无效合同。
- 承修、托修双方的约定须经鉴证或公证,合同才具有法律效力。

五、汽车维修合同范本

不同汽车维修企业的汽车维修合同有所不同,下面提供某汽车维修企业的维修合同范本,仅供参考。

汽车修理合同范本

托修方(甲方):______________________________

承修方(乙方):______________________________

根据《中华人民共和国民法典》等法律、法规的规定,甲乙双方在平等、自愿、公平、诚实信用的基础上,就汽车维修事宜达成协议如下:

第一条　维修车辆

1. 车牌号:______________

2. 发动机号:______________

3. 颜色:______________

4. 车型:______________

5. VIN 代码/车架号:__________

6. 行驶公里数:__________

第二条　维修类别与项目

乙方应当对承修车辆进行维修前诊断检验，提出需要维修的类别和项目，填写《车辆维修前诊断检验单》。甲方确认后在该《车辆维修前诊断检验单》上签字。

第三条　维修配件材料

1. 乙方提供维修配件材料的，应当如实填写材料清单，分别标明原厂配件、副厂配件或者修复配件，明码标价，并保证质量。

2. 乙方在维修中换下配件、总成等，交由甲方自行处理。

第四条　维修价格

1. 甲方同意乙方按照公示的工时单价______元/工时、材料进销差价率______%进行计价。

2. 结算工时定额执行标准：汽车制造企业提供□　市交通管理局制定□。

3. 维修预算费用______元，大写__________________。其中工时费______元，大写__________________；材料费______元，大写__________________。

4. 维修费用高于或低于维修预算费用的______%时，由双方协商解决，否则按照实际发生的维修费用结算。

第五条　车辆交接

乙方接收待修车辆时，甲方应当自行取走车内可移动物品。车上附件、设备等填入《车辆维修前诊断检验单》的，乙方在竣工交车前对其及承修车辆负有保管责任。

第六条　质量标准

1. 质量标准执行：国家标准□　行业标准□　地方标准□　制造企业维修手册等有关资料的要求□。

2. 质量保证期按照下列第______项执行。

(1)按照交通部《机动车维修管理规定》第三十七条规定执行：整车或总成修理的质量保证期为车辆行驶20 000千米或者100日；二级维护的质量保证期为车辆行驶5 000千米或者30日；一级维护、小修、专项修理的质量保证期为车辆行驶2 000千米或者10日。

(2)按照乙方承诺(不低于交通部规定)的“车辆行驶______千米或______日”执行。

3. 质量保证期从维修竣工后由甲方验收取车的当日起计算；因维修质量问题返修的，其返修的作业项目从返修竣工后由甲方验收取车的当日起重新计算。行驶里程和日期指标以先达到者为准。

第七条　竣工验收

1. 竣工交付日期为______年______月______日前，交付地点为__________________。

2. 维修竣工质量检验合格的，对二级维护(含)以上的车辆，乙方应当由维修质量检验人员签发全国统一样式的机动车维修竣工出厂合格证；对二级维护以下的车辆，乙方应当发给维修合格证明(含结算清单)。乙方未签发或者发给的，甲方有权拒付费用。

第八条　结算

1. 车辆维修竣工后，乙方应当向甲方出具法定的结算票据，并附桂林市运输管理处监制的《桂林市机动车维修结算清单》，工时费和材料费应当分项列明。乙方未出具法定结算票据及结算清单的，甲方有权拒付费用。

2. 付款方式：现金□　转账□　其他____________□。

3. 付款期限：__________________。

第九条　违约责任

1. 乙方对承修的车辆及车上附件、设备等，因保管不善造成毁损、灭失的，承担赔偿责任。

2. 在质量保证期内，因维修质量原因造成车辆无法正常使用，乙方负责无偿返修，并赔偿甲方相应损失。

3. 乙方逾期交付车辆的，可按每逾期一天____________元或维修费用的____________%向甲方支付违约金。

4. 甲方逾期支付维修费用的，乙方对车辆有权留置，并可按每逾期一天______元或维修费用的______%向乙方支付违约金。

5. 乙方在承修过程中，发现确需增加维修项目、增加约定维修费用或延长维修期限的，应当及时通知甲方，说明理由并征得同意，否则甲方不承担乙方擅自增加项目的维修费用或逾期支付维修费用的违约责任；甲方接到通知后______天内应当给予答复。

甲方中途需要变更或解除合同，应当及时通知乙方，若给乙方造成损失的，应当赔偿相应损失。

第十条　其他约定

1. ____。

2. ____。

第十一条　争议解决

因本合同而发生的争议，由双方协商解决，也可请求汽车维修行业协会等组织予以调解；或按照以下第______种方式解决。

1. 提交仲裁委员会仲裁；

2. 依法向人民法院提起诉讼。

第十二条　附则

1. 本合同未尽事宜按国家法律、法规和规章办理。

2. 本合同及附件一式两份，甲乙双方各执一份，自双方签字或盖章之日起生效。

甲方（签章）：________________________	乙方（签章）：________________________
住所：________________________	住所：________________________
通信地址：________________________	通信地址：________________________
邮编：________________________	邮编：________________________
法定代表人：________________________	法定代表人：________________________
委托代理人：________________________	经办人：________________________
电话：________________________	电话：________________________
签约时间：________________________	签约时间：________________________

思政内涵

【思政元素】

增强学生社会责任感，激发民族自豪感，热爱伟大祖国，树立民族自信心和自豪感，争做知行合一的新时代中国青年。

【案例】

2019 年 12 月，一场突如其来的疫情防控阻击战，在中华大地骤然打响。中国人民在以习近平同志为核心的党中央坚强领导下，各级党组织和广大党员干部坚定信心、冲锋在前，把思想和行动统一到党中央决策部署上来，奋力投身疫情防控阻击战。疫情当前，全面防疫，汽车企业也当仁不让地加入了全面抗战疫情的大战中。

面对疫情，吉利汽车作为中国自主品牌领军企业，积极为疫情防控贡献一份力量。首先吉利控股集团就在第一时间作出反应，发挥旗下曹操出行平台优势，成立了上百人的“应急防控保障车队”。车队在做好自身防护和车辆消毒的情况下，为武汉各社区生活不便的居民免费提供送餐、送菜、送药等居家服务，并帮助必需的非发热疾病紧急送医。随后，吉利控股集团，携手李书福公益基金会，设立 2 亿元人民币新型肺炎疫情防控专项基金，用于支援湖北、广东、浙江、河南等新型肺炎疫情严重地区的疫情防控工作。其旗下沃尔沃汽车还将向上海市公共卫生临床中心以及部分上海市三甲医院捐赠 1 000 万人民币的医疗紧急物资和设备。此外，吉利控股集团面对全国都紧缺疫情防护用品的当下，积极、高效地利用起全球资源。通过遍布全球的吉利人，吉利控股集团在瑞典、白俄罗斯等国家，大量购入医用手套、一次性医用口罩、N95 防护口罩、医用防护服等医务防护用品，就算遇到不被理解、供货难等问题，也是一一克服，力求为祖国提供更多保障。其中，在瑞典等国家购买的 30 余万件医护用品被运往武汉等地。

【案例分析】

以吉利汽车品牌为疫情防控贡献力量的案例当中我们可以看出，中国的汽车企业在创造利润、对股东和员工承担法律责任的同时，还要承担着对社会的责任，企业的社会责任要求企业必须超越把利润作为唯一目标的传统理念，强调要在生产和经营过程中对人的价值的关注，强调对环境、消费者、对社会的贡献。

任务二　理解汽车维修服务规范和服务流程

任务导入

张先生生意十分繁忙，这两天他感觉他的车加速时发抖，于是他将车送到一家维修站进行维修。刚一进门张先生就看到业务接待桌前围了很多人，他等了半天才排上队，开好了派工单。张先生将车开进维修车间，看到车间内车辆满满，车间主任告诉他来的不是时候，得等至少一个小时才能给他检修，至于车什么时候才能修好，车间主任也说不清楚。而这期间不停地有人打电话找张先生，张先生有点不耐烦了，于是开车到另一家修理厂进行了维修。汽车维修企业怎样才能避免这种客户流失的情况呢？这是值得深思的问题。

任务目标

◎掌握汽车经销店的服务流程、方法、技巧和注意要点。

◎能够探讨如何进行有效地实施和更好地为顾客服务。

◎锻炼与人沟通交流的能力和思维创新的能力。

相关知识

一、汽车服务流程

汽车服务流程根据企业的实际情况和当地的市场情况制定，企业需根据自身情况在客户服务流程中对其进行再造，使每一位员工都能掌握并熟练操作，从而提高企业的运作效率，提高客户的满意度。

常见的汽车经销店服务流程如图 3-1 所示。

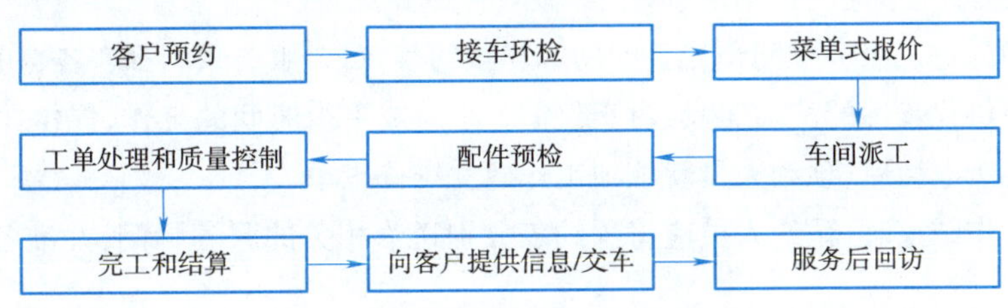

图 3-1　汽车经销店服务流程

二、汽车维修服务流程规范及工作要点

1. 客户预约

实施客户预约制度的主要目的是确保服务部的运作顺利，这将有更多的时间用来讨论车辆的状况和维护需求。通过预约的安排使得经销商可以更好地安排工作，同时缓解服务顾问的工作压力，减少服务高峰期的拥堵。

预约的好处：第一，你需要潜在顾客全身心的注意力，而预约则可令顾客避开干扰，这样你就能有效地介绍公司及产品；第二，预约能使你事先计划好自己的工作，令你有时间为面对面的产品示范作充分的准备，并告知潜在顾客产品示范所需花费的时间；第三，预约显示出你的专业性；第四，预约能帮助培养你的时间管理能力。

服务顾问通常采用电话与客户进行预约，电话预约时应掌握以下要点：

(1)预约时使用标准电话用语

- 早上好/中午好/下午好/您好，我是(经销商名称)售后服务部客户关系中心的 × × ×，我能帮助您吗?
- 您需要为您的爱车预约一次维护服务是吗? 没问题，我们明天有两个时间段可供您选择，后天有三个时间段可供您选择，您看哪天对您比较合适呢?
- 我们可供您选择的时间段是上午的 8:15 和中午的 12:30，您看哪一个时间比较适合您呢?
- 我们为您安排(服务顾问的名字)在明天上午的 8:15 为您提供服务，他是红队(电机组)的组长，还有什么我可以为您效劳的吗?
- 好的，我们明早 8:15 在公司迎接您的到来，如果您明天的计划有变请及时打电话通知我们。
- 再次感谢您的来电，我们明天见。

(2)实施预约时应做与不应做的事项

实施预约时应做事项：

- 及时接听所有电话，采用标准电话用语，无论是内部还是外部电话，接听电话时应先说："您好，×××公司，有什么可以帮到您？"
- 应指派专门的预约人员来处理有关客户的预约事宜。
- 若来电是找另外的人，而该预约人员没有空闲，则应记下来电客户的姓名和电话号码，告知该预约人员后并确认该预约人员已回复了该电话。
- 为每个预约提供两个可供选择的时间。
- 为不同维修客户预定的预约应有 15 min 的时间间隔。
- 记录有关客户、车辆的详细信息，以及客户的要求。
- 使用分别为每位服务顾问预先打印的客户预约表，每个服务顾问都有各自的预约表。
- 为客户提供代步用的交通工具，对于仅需 1 小时或更少时间的工作，提供"立等可取"的服务。在接听电话后，预约人员就该项工作建立维修工单。
- 在一天工作结束时，预约人员应将预约表分别送给相关的服务顾问，并准备用于第二天的欢迎板。

实施预约时不应做的事项：

- 不应由服务顾问进行预约。
- 不要在电话铃响三声后才接听。
- 一定要问候每一位客户，无论客户是谁。
- 电话预约过程中，不要与客户发生任何争执或进行毫无目的的闲谈，特别是在其他客户在场的情况下。

2. 接车环检

接车环检流程的主要目的是通过环检工作使维修程序尽可能地透明化，帮助客户与经销商之间建立信任关系。

工作要点：接车环检流程中，必须按顺序及内容进行环车检查。

(1)准备

- 在客户来之前做好准备工作，检查客户的详细信息(若不全面，在客户到来后加以补充)。
- 查看历史记录，注意以前曾向客户提出的建议。

(2)迎接和欢迎

- 在行车道的入口处迎接和欢迎客户。
- 迎接客户走出车辆，然后在车内布置五件套：座椅保护罩、地板垫、转向盘护套、头枕套、换挡杆套。
- 确认客户的详细信息。
- 确认客户预约时所反映的问题。
- 询问客户是否有其他希望处理的问题，并在检查单上进行记录。
- 将客户引导至安全、适当的位置。

(3)车辆外观检查

在铺设好五件套后，进行车辆外观检查。从左后翼子板开始，依次检查左后翼子板→左后车门→车内→左前车门→后视镜→前风窗玻璃→左前翼子板→发动机盖→前照灯及转向灯→保险杠→右前翼子板→右后视镜→右前车门→右后翼子板→后风窗玻璃→行李箱盖→尾灯→后保险

杠。着重检查这些部位有无污损,兼顾检查轮胎饰盖、车外天线、车门密封条的缺失和变形等。

(4)进行车辆外观检查的同时需检查的项目

- 检查轮胎花纹深度、轮胎破损、气压、轮胎鼓包情况,轮辋损伤及轮胎饰盖损伤和丢失情况。
- 检查制动片和制动盘的磨损程度。
- 目测减振器防尘套是否破损、减振器是否漏油,条件允许时检查前后轮悬架连杆的情况。
- 检查行李箱中的物品,如备胎、医疗包、停车牌等是否齐全,备胎是否损坏。
- 车辆内部检查。坐入车辆驾驶座位,如需要调整座椅位置,使用可擦除的彩笔标记初始位置,并请客户坐在副驾驶位置,进行内部仪表和车辆内部的检查:

①登记燃油表位置和里程表里程数。

②检视故障警告灯情况。

③测试喇叭声音和玻璃清洗液喷射形状,以及刮水片是否能够刮干净、是否跳动或有异响。

④检查音响的使用情况。

⑤检查驻车制动手柄的拉起高度。

⑥询问客户杂物箱、中央储物盒内有无重要物品,并提醒客户收起保管。

⑦检查内饰的污损情况,以及各种车载附件的情况。

⑧检查玻璃升降器的工作情况,有无失效或异响;安全带是否能够顺利复位;天窗是否失效或有异响等。

⑨车内检查完毕,拉开发动机盖开关。

- 发动机舱检查。打开发动机舱盖,检查发动机舱内部:

①检查各种液面,如制动液、玻璃清洗液、转向助力液、机油、防冻液(发动机熄火且风扇转)。

②如果服务顾问具备进一步的故障诊断能力,可以着车观察发动机是否有异响、抖动等现象。

③扣上发动机舱盖。

- 车辆侧面检查。举升车辆,检查车辆的侧面:

①将车辆举升至腰部的高度,检查轮胎的状况,以及是否有严重的渗漏。若有可能,还应检查制动片的磨损情况。

②检查框梁板是否损坏,喷漆是否剥落等。

- 底盘检查。

①将车辆举升至最高点,从车辆前部开始,检查车辆的底部(对于大多数车辆,可以看到风扇散热器下部软管,以及水泵是否渗漏等)。

②面向车辆后部,查看发动机和变速器是否有机油渗漏,以及油底壳是否损坏。

③检查转向机是否渗漏、损坏,以及接头是否磨损。

④检查制动片、制动盘是否有磨痕等。

⑤检查排气系统是否有裂痕、碰撞或锈蚀等。

⑥检查差速器是否渗漏。

⑦检查拖臂、后部是否有损伤,橡胶件是否老化等。

- 客户确认。

①在每次核验接车维修工单上的项目时,一定不要采用横向列项,而是采用说明症状的纵向

列项方式。若某项被标注“注意”,则检查“近期予以注意”的项目。

②每次均应争取客户参与检查程序。在检查结束后,请客户到接洽区,并给予客户修理报价。

③客户将最终决定是否进行修理。作为对以后的提示,记录所有本次没有进行的修理项目。

④完成维修工单的填写并让客户签字。

当车辆送到经销商处进行维修或维护时,即使客户没到场,在进行任何修理前也应对该车辆实施“免费的检查”,并通过电话将费用、何时可以取车,以及所需要的其他修理项目等通知客户。

开始对车辆进行修理前必须征得客户同意,对大宗的公司客户等还必须在当天尽早地完成有关故障和费用的准确报告。

3. 菜单式报价

菜单式报价的主要目的是,在开始对车辆进行任何工作前,告诉客户准确的维修/维护费用。

工作要点:一旦客户确定所需的维修工作,服务顾问就应该使用菜单式报价系统进行相关方面的价格确认,确认维修工时费和所需配件的费用。

如果配件不能满足供应,服务顾问应立刻通知客户并积极寻求解决方案,如:

- 推迟维修时间。
- 为客户提供代步车辆。
- 重新确认新的交车时间。

告知客户价格。在签字确认维修工单前,服务顾问应该告知客户维修工作的总价格。如果客户同意便可在维修合同上签字确认。

通知客户完工时间:

- 服务顾问使用控工板对维修工单进行排程,并随时掌握工作的预期完成时间。
- 服务顾问同客户确认完工时间并在维修工单上注明。

打印维修工单:

- 最终打印出的维修工单上将会自动列出此次维修所需的配件。
- 此时配件部将会打印出检料单。如条件不允许,相应的维修工单的复印件应传递至配件部。
- 在维修工单上记录客户确认的价格。

4. 车间派工

车间派工的主要目的就是为服务顾问、车间主任和技师提供最有效率的方法进行车间生产排程。车间派工采用的控工板应放置在接车及环检工位,这样可以清楚地了解维修车辆的进展情况和完工时间。同时它在前台和车间之间能够建立一种可视化的管理,从而提高生产率和劳动效率,更重要的是能像客户展示维修工作都是按照计划安排,能够在双方认可的完工时间内完成。

工作要点:

车间派工流程中必须掌握的工作要点如下:

(1)服务顾问/车间主任准备和分配工作

准备工作。若服务顾问或车间主任比其班组的成员早开始工作 30 分钟,就会有足够的时间准备和安排工作。目标是略超计划或超负荷地安排班组的工作量,使每天维修技师均达到 100% 的生产率。为了给予有限的几位预期延期客户以补偿,建议授权服务顾问或车间主任可以使用

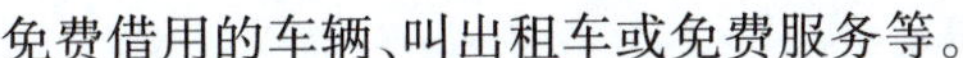

免费借用的车辆、叫出租车或免费服务等。

分配工作。建议除了按计划延续下来的工作，服务顾问或车间主任在每天工作开始时，以天为单位安排班组的工作。根据预约的信息对维修技师的时间重新进行安排的做法是非常不明智的，因为实际中有许多不确定的因素，最终有可能导致计划顺序被打乱，因安排不合理而引起客户抱怨。在完成下述各项后，服务顾问或车间主任可以将维修工单分配给维修技师：

- 维修技师参与了在举升机上检查车辆。
- 确定了需要进行的工作。
- 分析了当天的维修能力，包括维修技师的能力和可使用性。
- 就进行该工作、交车时间和价格等获得了客户的认可（签字）。

在完成维修工单的填写且客户签字后，应将其复印件及相关的文件，如检查单、历史记录和说明等放置在维修工单的存放夹内，然后将维修工单的存放夹放置在控工板上相应维修技师的姓名前。

将与该维修工单相关的时间标示（磁条）放置在控工板上，显示开始时间。根据汽车4S店的维修工时，标出维修技师完成该项工作所需的时间。动作快的维修技师可分配较少的时间，这由服务顾问或车间主任来决定。在每位维修技师的各项维修工作之间，留出15 min的富余时间，以防备任何可能的超时。这样，在维修技师进行下一项工作时，在上一个工作预计完成时间的基础上就可以晚开始15 min。

（2）维修技师与班组长、服务顾问/车间主任的协作

维修技师从控工板处收取维修工单存放夹。当维修技师准备开始进行新的工作时，需要先到控工板前在其名牌的右侧拿取第一个夹子；确认有维修工单的复印件留在放夹子的地方，并注意开始时间、可用时间和完工时间；查看夹子上存放的所有相关文件，若有必要，请服务顾问或车间主任说明不清楚的问题；确认好后，将车辆开至工作区并开始工作，按维修工单上的第一个工作开始计时。

实际开工时间。在维修技师即将进行新的工作时，开始时间存在三种情况。

- 开始时间就是所规定的开始该项工作的时间。
- 实际的开始时间比规定时间提前了15 min或更长。这种情况下，维修技师应告诉服务顾问或车间主任开始时间比计划时间提前了，服务顾问或车间主任应向左移动时间标示（黄色和红色两个磁条）。
- 实际的开始时间比规定时间延迟了15 min或更长。这种情况下，维修技师应告诉服务顾问或车间主任，开始时间比计划时间延迟了，服务顾问或车间主任将了解造成的后果，并相应地更改控工板。

维修技师遭遇修理时间超时。若因为未预料的修理造成超时，则必修采取下列措施：

- 维修技师必须尽早通知服务顾问或车间主任。
- 服务顾问或车间主任应通知客户，若有必要，需征得其同意并更新交车时间。
- 服务顾问或车间主任在控工板上重新分配工作。该维修技师的下一份工作将有可能分配给其他维修技师。

维修技师完成工作。维修技师完成一项修理工作后，需记录完成该项工作所花的时间，将车辆开至等待区，并将存放夹放在控工板的规定位置。若控工板需要重新安排，则通知服务顾问或

车间主任，拿取下一个存放夹，并开始新的工作。

(3)服务顾问、车间主任通过控工板管理车间

服务顾问或车间主任应经常查看控工板，以确保工作顺利进行。

①服务顾问或车间主任通过控工板检查超负荷情况：

- 维修技师已没有多余的能力，并且所有计划的工作均不能按时完成。那么，在征得客户的同意后，应挑出相应的维修工作，重新安排到夜班或第二天。
- 对于需要投入大量工时的工作，可以重新计划，以便获得所需要的额外时间。
- 若有必要，对于重新计划所涉及的客户，可通过借车或类似服务来补偿。

②服务顾问或车间主任通过控工板检查任务不足：

- 如有富余的能力，则慎重地向内、外部销售多余工时。
- 应当查看客户的历史记录，以了解是否有需要进行定期维护的项目或上次访问时提出的修理项目。
- 可以考虑组织促销活动。积极地销售工时是明智之举，不要消极地等待客户找到经销商。
- 可以查看等待配件的维修工单，以确定是否可以现在进行。

③公共协作：

- 服务顾问或车间主任应尽早，最好是在上午开始工作时向所有维修技师分派工作，这样有利于提高效率。
- 较容易完成的工作，也是不可能延迟的工作，可以安排在接近与客户商定的交车时间完成，以便为未预约就到来的客户留出机动时间。
- 可将较大的修理工作安排在一天的中午或中午之前，以便有充分的把握。
- 为了获得当天额外的维修能力，可能会产生一些人为的推迟修理，这种情况一般通过取消较大修理客户约定的交车时间来解决。
- 有可能两名维修技师共同完成一项工作维修工单。这种情况下，应将存放夹放置在负责该项工作的维修技师的格层内，同时将该维修工单的复印件放置在另一位助手的格层内。若他们一起工作一整天，则将助手的名字移到负责人的格层。平分所分配的时间，将相应的时间标示放置在每个相关维修技师的格层中。
- 当需专业工作人员协助时，将维修工单的复印件放置在专业人员的隔层中，来对班组中的专业人员的工作进行计划。这将向其表明当天的工作，以及工作的优先顺序。
- 若该专业人员是另一个班组的成员，则应在与相关的服务顾问或车间主任商谈后，再按照上述做法行事。
- 通过全面地采用控工板，班组长将会产生100%的生产率，并且会成为在技术上支持服务顾问或车间主任的专家。他们将负责其班组的工作诊断和质量控制等工作。
- 若想成功地实施计划，需要将班组长培训得可以替代服务顾问或车间主任；同时，班组长也需要培养班组成员可以替代他们自己。
- 若一项工作未能通过班组长进行的质量控制检查，还要进行额外的工作返工，而这些均需要超过15分钟，这时应进行如下操作：

a. 班组长通知服务顾问或车间主任及相应的维修技师。

b. 服务顾问或车间主任及班组长确定由谁进行该项工作(最大的可能是同一名维修技师)。

c. 服务顾问或车间主任分派该项工作,并使其优先进行。

d. 若有必要,服务顾问或车间主任重新安排控工板。

e. 若有必要,服务顾问或车间主任与客户联系,并就变更的交车时间获得客户的认可。

5. 配件预检

配件预检的主要目的是使配件部尽可能多地获得当天所需要的配件信息。

配件预检流程的相关工作中,应该掌握以下要点:

- 在接车环检时,就可以确定所需要维修保养的车辆配件的可用状态,由配件部通报(电子或手动)所需要的配件状态。
- 配件部的工作人员在技师来领料之前检出所需要的配件,减少等待领取配件的时间。
- 配件部的工作人员较早时间得到所需求配件的信息,就可以在技师开工之前想办法得到没有库存的配件。
- 预检出的配件放在固定的存储区,让技师可以不必等待配件管理员分发而直接得到所需要的配件。
- 接车环检时就检查了配件的可用情况,这样不会浪费由于客户不在现场而等待的时间。
- 维修技师填写领料单,配件部人员确认配件供货情况,如果配件缺货应在第一时间通知服务顾问告知客户。

6. 工单处理和质量控制

工单处理和质量控制的主要目的是,确保工单的流向和完工是相辅相成的,并能够确保高质量的维修。

工单处理和质量控制的好处:

- 在举例开始维修之前,技师可以和其主管讨论维修的方法,保证维修时使用最有效率的维修方法。
- 维修工单可以为每位技师的生产效率和生产率提供有效依据,从而根据实际情况制定相应的改进维修方法。
- 在车辆维修完成时,对所完成的工作以及该车辆仍需要关注的问题做好详细记录。
- 当完成对车辆的路试检查后,每份维修工单需要实施该项检查的负责人签字确认,以此保证所有的维修工作都已经完成。

维修工单的处理涉及预约人员、服务顾问、配件部门、维修技师等岗位围绕维修工单所需完成的工作,具体包含以下工作职责:

- 预约人员的工作职责。
- 服务顾问的工作职责。
- 配件部门的工作职责。
- 维修技工的工作职责。
- 质量控制人员的工作职责。
- 客户关系专员的工作职责。

注意要点:

- 在开始维修工作之前,如果必要,维修技工应就维修项目进行的顺序和维修方案与车间主任或技术经理/技术总监进行讨论。

- 在条件允许的情况下,尽量使用诊断仪器对车辆进行检查。
- 在开始维修工作之前,如果必要,应参照技术服务资料。
- 维修技工应使用保养检查表或相关记录单记录维修结果,以便检查。这样的检查表或记录表有助于完善维修工作,避免出现遗漏的维修项目,使维修工作保质保量完成。
- 在维修过程中,维修技工每完成一项工作后,应在工单相应的项目后签字或打勾表示确认,这样维修的进展状态通过工单随时可查。
- 在维修工作完成后,维修技工应检查自己的工作并且按要求完整填写工单。
- 质量总检会对维修工作中需要检验的项目进行检查。服务经理将决定哪些维修项目需要质量总检进行检查(如学徒工或初级技工操作的项目需要质量总检进行复查),哪些维修工作可由维修技工自检。
- 服务顾问可以根据维修技工的能力和工单中的维修项目来决定谁进行检测或路试。检验人员可由班组长、高级技师或服务顾问担任。
- 服务顾问最终的检验项目有:

a. 客户所有要求的工作是否都已完成。

b. 完工车辆是否清洗干净,包括车窗、烟灰缸、脚垫、仪表板(无须检查所有的车辆,只需做到平均 5 台抽查 1 台即可)。

c. 时钟、收音机、后视镜以及座椅是否恢复原状(无须检查所有车辆,只需做到平均 5 台检查 1 台即可)。

d. 接车五件套是否已取下。

e. 将质量标签挂于车内后视镜上,以便服务顾问就所做的终检工作致电客户关系中心进行信息反馈。

7. 完工和结算

完工和结算流程的主要目的是再一次复核车辆的维修项目,在客户取车前生成维修结算单,并将车辆停到“完工待交区”。

(1)服务顾问进行交车前的最终检查

- 逐项核对工单维修项目,检查工作时间标注、配件领用种类和数量、工作项目是否重复等。
- 检车技工签字、质检人员签字、客户确认签字是否完整。
- 车辆外观清洗水迹、无污点、轮辋缝隙清洁、发动机舱清洁、漏雨口无异物、座椅复位、内饰无施工油迹、地毯清洁和烟灰缸清理等。
- 使用专用的旧件袋或者用干净的原包装包裹换下的配件,并将其放到车辆后备厢;剩余机油、防冻液等液态配件有效密封,防止渗漏;泡沫清洗剂等易燃易爆物,需当面交予车主并特殊说明。
- 检查维修保养规范中规定的常规项目,如轮胎气压、灯光、车铰链轮滑、玻璃清洗、机油液位、蓄电池极桩氧化、防冻液、制动液等。
- 钟表复位(拆装蓄电池后),保养提示复位。

(2)收集整理车辆维修的文件资料并通知客户

- 收集随车的“车辆预检单”“维修工单”等的随车联。
- 打印或填写“维修结算单”核对维修项目,检查工时配件的收费情况、承诺时间和完工时间情况。

- 取出代客保留物品，填写定期保养提示牌。
- 到休息区请客户。

8. 向客户提供信息和交车

向客户提供信息和交车的主要目的是加强客户对经销商运作流程的透明感，消除客户对服务的疑虑，同时再次让客户明白他们的需求或问题已被解决。

工作要点：

- 提供客户信息和交车流程说明。
- 陪同客户做最后验收。
- 向客户详细介绍结算单上的收费情况和工作时间情况。
- 陪同客户到收银处缴费并开发票。
- 交费完毕陪同客户取车。

9. 服务后回访

服务后回访的目的一方面可以显示经销商对客户及其车辆的关怀，也便于客户提出问题；另一方面经销商也有机会根据客户的反馈信息发现自己在服务中存在的不足之处，进而在销售商内部进行持续的改善。

工作要点：客户关系中心员工询问客户在经销商处的服务经历的满意程度，询问内容不局限于客户对车辆维修本身的满意程度，可以再次向客户表明经销商非常重视维持客户关系。回访的最终目标是尽可能长时间地留住客户。客户对经销商提供的服务是否满意极为重要，客户的反馈意见无论是正面的还是负面的，对经销商都是有价值的指导，可用来提高当前的服务水平，同时也可使之作为经销商服务品质不断提高的一种衡量手段。

“服务后回访”流程在很早以前就已经开始实施，实际上，这也是互动式预检接待的一部分，在接车环检接待完成时，服务顾问会向客户提醒“服务后回访”服务，并请客户选择方便的回访方式。回访可通过两种方式：电话回访和问卷回访。

思政内涵

【思政元素】

增强学生团队合作意识，使学生了解团队合作在现代汽车企业管理和经营当中的重要性，实现现代管理技能与弘扬社会主义核心价值观的紧密结合，树立民族自信心和自豪感。

【案例】

丰田的团队文化：丰田汽车公司在国际市场竞争中成功的秘诀之一，就是开创了一种全新的管理模式——丰田生产方式（Toyota Production System，TPS）。简单地说，就是每个员工都能尽自己最大的努力去履行职责，就能产生强大的力量，并且这种力量可以形成一个力量环，创造极大的生产力。丰田公司文化的核心在于五个方面：挑战、持续改善、现地现物、尊重员工和团队合作。

在丰田，灵活的团队工作已经变成了一种最常见的组织形式，有时候同一个人同时分属于不同的团队，负责完成不同的任务。大型的团队合作莫过于丰田的新产品发展计划，该计划由一个庞大的团队负责推动，团队成员来自各个不同的部门，有营销、设计、工程、制造、采购等，他们在同一个团队中协同作战，大大缩短了新产品推出的时间，而且质量更高、成本更低。小型的团队合作则是一线的每一个生产单元，5～8 人一组，组成一个基本生产团队，由一个团队领导带领，成员间互相协助共同完成生产任务。丰田公司之所以杰出，就是因为其有强力的团队文化，而这种团队文化使组织成员之间形成一种和谐的氛围，和谐成就高效。

【案例分析】

通过分享丰田汽车公司成功案例，为学生渗透团队合作的重要性，并且明确在学习、工作和生活中，只有通过团队合作，才能取得更大的成功。

能力训练

1. 指导教师在汽车实训车间设置汽车维修项目，学生进行分组扮演，一组扮演顾客，另一组扮演售后服务人员，售后服务人员向客户解释《汽车维修合同》，并和顾客签订合同。

____

____

____

____

2. 学生每两人一组，一个人扮演服务顾问，另一个人扮演客户，模拟汽车服务接待各流程。所需材料有故障车辆、派工单（见表 3-2）、五件套（座椅保护罩、地板垫、转向盘护套、头枕套、换挡杆套）。

表 3-2　汽车维修派工单

来店时间：_____年____月____日____时____分　　　　交车时间：____月____日____时____分

顾客姓名		车牌号		车型		车辆颜色	
顾客电话		行驶里程		VIN 号			
保险日期		驾驶证日期			行驶证日期		
维 修 项 目							
______km 常规保养□			一般维修□		事故车□	洗车□	其他□
维修项目	配件	工时	合计	维修项目	配件	工时	合计
1.				8.			
2.				9.			
3.				10.			
4.				11.			
5.				12.			
6.				13.			
7.				合计			
故障描述				技师诊断结果			

常规保养检测项目				环车检查	油量显示
机油		全车皮带		外观检查(有损坏处○出)	F FM
波箱油		进气燃油			
转向油		润滑清洗			
防冻液		三元催化			
制动油		轮胎检测			旧件
火花塞		轮毂轴承			带走 □
电瓶		传动轴			
雨刮水		减振器			不带走 □
雨刮片		刹车片			
全车灯光		刹车油管			洗车
空调		球头悬挂			
音响		方向机			是 □
座椅调节		门锁机构			否 □
安全带		升降玻璃、天窗		电脑读取故障码	
接车人签字:			技师签字:		顾客签字:

注意:① 此单据中预计费用是预估费用,实际费用以结算单中最终费用为准。

② 将车辆交给我店检修时,已提示将车内贵重物品自行收起并妥善保管。如有遗失本店恕不负责。

评价反馈

根据能力训练阶段完成的调研报告内容,以小组为单位进行发言和讨论,通过学生自评、小组互评和教师评价的方式,对每组的完成情况进行打分,完成表3-3。

表3-3　评　价　表

考核项目	评价标准	分　值	学生自评	小组互评	教师评价
小组合作	和谐	15			
活动参与	积极、认真	15			
语言	礼貌、规范	10			
问题提问	专业	10			
表达能力	强	20			
沟通能力	强	10			
解决方案	正确、规范	10			
开拓能力	灵活、机动、创新	10			
合计		100			
总评(学生自评×20%+小组互评×20%+教师评价×60%)					

思考与练习

1. 汽车维修合同的定义是什么?
2. 汽车维修合同的作用有哪些?
3. 思考如何加强汽车维修合同的管理?
4. 列举汽车维修合同的实施细则。
5. 思考如何在工作中更好地运用维修合同进行管理。
6. 思考设立汽车服务流程的意义是什么?
7. 汽车服务流程具体分为哪些环节?
8. 客户预约流程的目的和工作要点是什么?
9. 接车环检流程的目的和工作要点是什么?
10. 菜单式报价流程的目的和工作要点是什么?
11. 车间配工流程的目的和工作要点是什么?
12. 配件预检流程的目的和工作要点是什么?
13. 完工和结算流程的目的和工作要点是什么?

知识拓展

我国汽车销售企业售后服务的现状和改进措施

随着我国汽车制造行业的迅猛发展,国产汽车的质量逐步提升,受到社会各界的广泛喜爱。但是由于汽车销售行业发展时间较短,虽然取得了较为喜人的成绩,但是仍然有许多销售服务理念稍显落后。最为明显的体现就是自身服务意识的落后,只顾眼前的利润,而缺乏为客户全心全意考虑的意识,从而导致我国汽车销售服务行业无法具备长时间的生机与活力。纵观中外的所有服务体系,若想保证客户满意程度和市场竞争能力,就必须以客户为中心进行人性化服务,只有这样才能保障客户的黏性和市场竞争能力。虽然我国汽车销售人员自身职业素质修养已经成立了完善的培训体系,但是很多细节方面仍然没有做到位,例如汽车维修这一服务项目,国内的维修服务就存在着严重的弊端,如往往只需要进行简单的修理,但是维修者却误导客户更换不必要的零件,从而使得维修成本大大增加,导致客户对服务的满意程度直线下降。

从业人员必须对自身的产品有详细的了解,无论是产品的性能还是使用寿命,都需要进行仔细钻研,才能回答客户的一些技术方面的问题。但是现阶段很多汽车售后服务人员以及维修人员采取的是徒弟与师傅协同并进,在实际维修过程中进行学习的传授模式,没有一个完整的培训体系,导致我国汽车售后服务人员的技术水平参差不齐。虽然一些高等职业学院已经开设了汽车维修专业,但是由于培训出来的人才较少,无法满足社会各界的需求,从而导致客户对汽车维修的满意程度不高。

汽车售后服务从业人员必须遵守国家相关部门与企业共同制定的行业标准,但是由于体系发展尚不完善,许多问题没有明确的理论指导,这就导致汽车维修售后过程中,许多服务人员很容易受利益的驱使,钻法律的漏洞,坑害顾客,进而从中牟利。这样的现状使得汽车售后服务体系存在着诸多的隐患,汽车销售行业的发展受到了制约。

基于上述现状我们提出了以下改进措施：

1. 改善服务观念

汽车销售企业若想保证自身长期稳定的发展，就必须高度尊重客户以及市场发展的态势，从而树立以人为本、顾客至上的服务理念。汽车售后服务行业可以引进国外先进的管理模式和服务技术，并且结合我国汽车销售行业自身发展的特点对其进行研究，制定完善的服务体系，以此扭转自身落后的服务观念。只有这样才能真正将客户的满意程度作为汽车销售者服务工作好坏的依据，从而使客户在服务的过程中高度感受到销售者的诚意，通过这些服务潜移默化地留住客户，增强售后服务体系的市场竞争能力。对于汽车销售行业来说，售后服务如果真正能够做到让客户满意，对于自身销售业绩来说有着不可替代的促进作用。

2. 提高服务人员整体素质

从根源上来说，汽车售后服务体系的主导者是客户，但是售后服务人员自身的素质则是直接影响客户满意程度的根本，所以企业必须高度重视售后服务体系工作人员的职业道德与素质修养。例如维修人员在对汽车进行维修的时候，如果能直接找到汽车存在的问题，并且用最低的维修成本对其进行维修，减少客户不必要的维修费用，这样很容易就会让客户对维修体系产生较高的满意度，并且通过客户的口碑影响周边的人群，使一些潜在的消费者转变为汽车自身品质的拥护者。另一方面，管理者也应该建立完善的培训体系，对售后服务人员进行培养，从各个环节严格把关，工作人员需要通过严格的考核之后才能上岗，这样的售后体系才能真正从客户的角度出发，并且解决客户对汽车的所有疑问，强化与客户的沟通，保障汽车品牌的口碑和市场竞争能力。

3. 对售后服务标准进行完善

售后服务体系因为缺少相对完善的行业标准，使得许多问题在执行的时候存在着疑问。因为汽车的型号不同，采用的机械零部件和加工工艺各不相同，所以售后服务体系本身就存在着诸多的问题，如果服务标准不进行完善，则直接导致服务质量参差不齐，所以汽车协会应该与国家相关部门协同合作，强化售后服务行业的活动，并且提供相关的规范对其进行约束。我们可以借鉴西方发达国家的强制化服务标准，并且结合我国汽车制造行业发展的态势，以及不同地区售后服务协会出台的相关行业规范，进行统一的整合，取其精华，弃其糟粕，对所有汽车售后服务行业的活动进行规范化、科学化的约束。

综上所述，随着我国社会经济的飞速发展，汽车制造行业取得了突飞猛进的发展态势，但是在汽车行业的发展过程中，汽车售后服务体系存在着诸多的问题，必须从从业人员自身的道德素质、技术水平，以及相关行业规范等多方面入手，对售后服务体系进行规范化管理，只有这样才能保障汽车服务行业的稳定发展，为我国社会经济的腾飞打下坚实的基础。

项目四
汽车维修企业客户关系管理

学习目标

知识目标

(1)掌握客户群、客户满意度的概念和重要性。

(2)掌握客户管理体系中应包含的主要内容。

(3)掌握影响客户满意度的主要因素。

能力目标

(1)能够准确定位私家车、营运车、公务车车主的维修心理,并加以分析。

(2)能够根据不同类别的客户,有针对性地选择正确的管理方法。

(3)能够对满意度出现的问题进行原因分析。

(4)能够根据不同类别的客户,有针对性地提高客户满意度。

思政目标

(1)以如何提升客户满意度为导向,树立正确的人生观、价值观,提升学生的奉献精神和服务意识。

(2)不断提升专业认知,培养学生诚实守信、服务至上的理念,为国家服务型产业升级打下基础。

(3)以满足客户内心需求为前提,传承中华民族传统文化。提倡社会主义新风尚,倡导学生践行社会主义核心价值观。

(4)培养崇高的敬业精神,工匠精神。树立正确的职业发展理念。教育学生加强技能训练,为全面振兴我国经济提供有力支持。

学习方案

了解客户群建立与管理、客户满意度、客户关怀、客户投诉管理的相关知识。

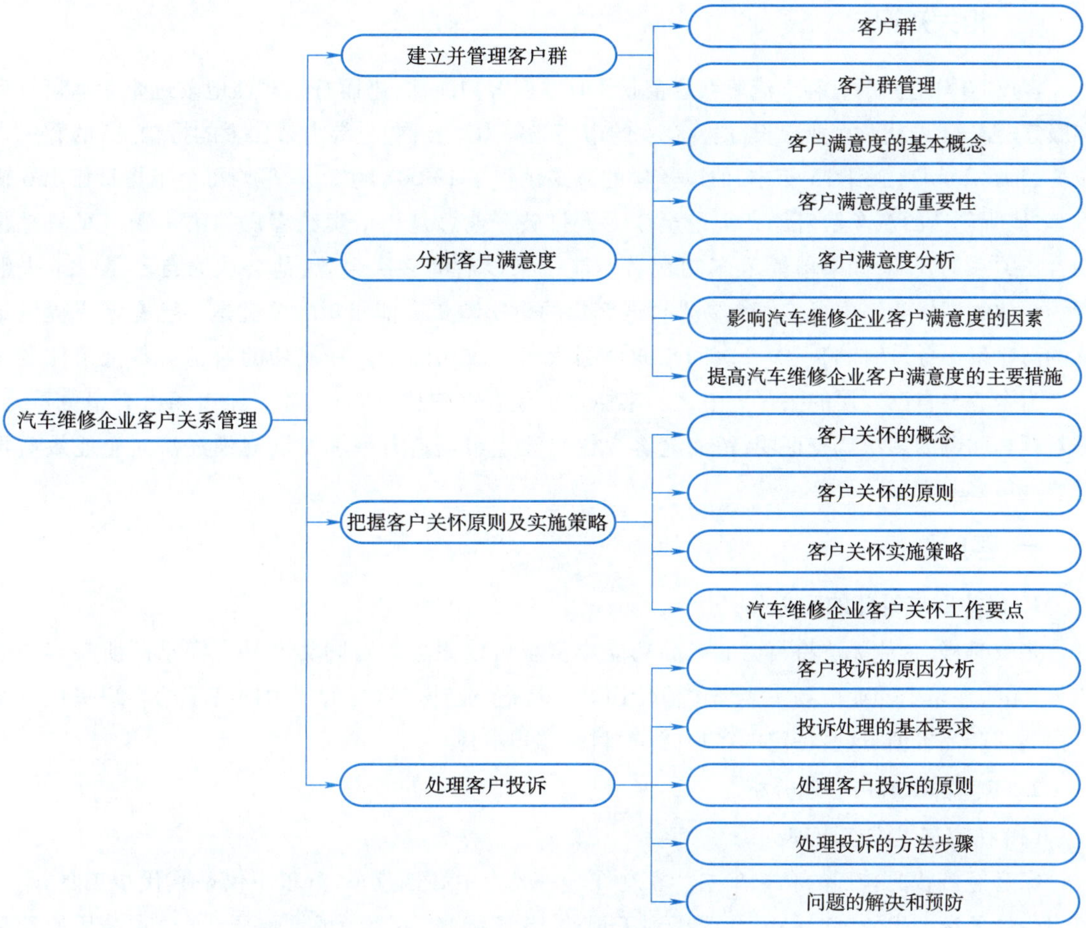

- 汽车维修企业客户关系管理
  - 建立并管理客户群
    - 客户群
    - 客户群管理
  - 分析客户满意度
    - 客户满意度的基本概念
    - 客户满意度的重要性
    - 客户满意度分析
    - 影响汽车维修企业客户满意度的因素
    - 提高汽车维修企业客户满意度的主要措施
  - 把握客户关怀原则及实施策略
    - 客户关怀的概念
    - 客户关怀的原则
    - 客户关怀实施策略
    - 汽车维修企业客户关怀工作要点
  - 处理客户投诉
    - 客户投诉的原因分析
    - 投诉处理的基本要求
    - 处理客户投诉的原则
    - 处理投诉的方法步骤
    - 问题的解决和预防

任务一 建立并管理客户群

任务导入

对于任何一个企业或商家来说，企业的利润来自客户的消费，客户永远是企业得以持续经营和发展的关键所在。长期维持老客户关系并赢得新客户，建立一个广泛而强大的忠实顾客群，是汽车维修企业竞争和发展的关键。

任务目标

◎掌握客户群的概念。

◎掌握客户管理体系中应包含的主要内容。

◎能够准确定位私家车、营运车、公务车车主的维修心理，并加以分析。

◎能够根据不同类别的客户，有针对性地选择正确的管理方法。

相关知识

客户群体的建立,有利于汽车维修企业及时掌握客户所需,进而有针对性地改进企业运营管理和服务模式,不断优化企业成长,提升企业的市场竞争力。号称“世界上最伟大的推销员”的乔·吉拉德(Joe Girard),工作 15 年中,他以零售的方式销售了 13 001 辆汽车,平均每个工作日售出 6 辆汽车,他所创造的汽车销售最高纪录至今无人打破。他总是相信卖给客户的第一辆汽车只是长期合作关系的开端,如果单辆汽车的交易不能带来以后的多次生意,他会认为自己是一个失败者。在他的销售业绩中,6% 的交易来自老客户的再次购买。他成功的关键是为已有客户提供足够的高质量服务,使他们一次一次回来向他买汽车。成功的企业和成功的营销员都把留住老客户作为企业与自己发展的头等大事之一来抓。留住老客户比新客户,甚至比市场占有率更重要。据对顾客回购的多次调查证明,留住老客户比只注重市场占有率和发展规模经济对企业效益贡献要大得多。

一、客户群

1. 目标客户群体的定义

多数时候,企业无法将自己的产品功能丰富至可以服务于对同类产品有需求的所有客户的境界,无法在整个同业市场中实现价值传递。于是,企业针对自身的能力向特定的客户提供有特定内涵的产品价值,这些特定的客户就是“目标客户群体”。

2. 不同群体客户心理分析

(1)私家车主维修心理

家庭经济状况较好的私家车主。家庭汽车一般为中高档汽车,汽车不仅是其代步工具,也是其身份的象征。出故障时一般会选择到正规的 4S 店维修,主要考虑维修质量(要求装用原厂配件,采用规范的维修流程)。到店后希望将爱车呈现的故障、尚未呈现的故障全部解决,对于维修价格不是太在乎。

家庭经济状况一般的私家车主。家庭汽车一般为中低档汽车,基本只作为代步工具,很少考虑身份地位的象征成分。出故障时,如果不是在保修期内或者由保险公司承担责任,而是需要自己承担修车费用时,许多人都会选择到具有价格优势的维修企业维修。对于原厂配件、规范的维修作业流程的要求可能会让位于低廉的维修价格。

私家车主通常都希望尽快修好爱车,更不喜欢节假日将爱车放在维修厂维修,假如发生了保险责任事故,一般都希望能够借此机会将以往的损伤一并修复。

(2)营运车主维修心理

营业性运输(经营性运输)是指以运输为业的个体经营者,以运输车辆作为基本工具,以道路货物运输作为经营内容,以收取运费获利作为主要目的的道路运输活动。营运车辆为参与营运活动的车辆。营运车主是指拥有营运车辆的车主。

营运车辆的分类:

- 客运经营:道路旅客运输经营。
- 货运经营:道路货物运输经营。

经营要求：

- 货运经营者必须拥有与其经营业务相适应并经检测合格的车辆,危险货物运输要用专用车辆,有健全的安全生产管理制度。
- 客运经营者应当遵循依法经营、以人为本、安全第一的宗旨,依据国家有关技术规范对车辆进行定期维护,确保车辆技术状况良好。

从事客运的车主需要正点开车接送旅客,一旦误点,不仅会损失客运收入,而且还会面临运管部门的处罚,因此,对维修时间的要求是第一要素,尤其是节假日,必须保证能按时出车。由于运送的是旅客,人命关天,安全第一,所以在维修车辆时会选择正规、有资质的维修企业,非常重视维修质量。目前我国绝大多数客车属于挂靠(真正的车主是个人),因此维修价格也是车主重点考虑的因素。

从事货运的车主主要运输的是各种货物(包括危险品),对于车辆的要求重点在于安全、耐用、效率,而对车的舒适性要求较低。日常维修时(日常的维护保养),可以选择便利、高效、价格公道的维修厂。大修时(更换零件或总成),一般会到具有较高资质的正规维修厂维修。

(3)公务车用户维修心理

公务车是指包括党政机关、企事业单位等因工作需要,由单位支付购置、运行、维修经费的车辆。包括单位领导用车、代表单位履行公务活动用车,以及参加其他活动时单位派出的车辆。

一般来说,各单位都规定了公务用车的保险、维修、加油的定点供应商(维修商),明确了相关部门的职责。同时,与定点供应商(维修商)联网,实时跟踪与监控,以便堵塞公务用车管理中的漏洞。

公务用车的特点：

- 因公派车,而公事是不能耽搁的。
- 所有费用由单位支付。对于维修费用的在意程度相对较低。
- 主要考虑的是车辆的维修质量、外观美观、维修及时等。

公务车一般会选择到正规的4S店或特约维修站维修,对零配件的选择以质量为首要考虑要素。但在实际操作中,部分公务车的管理人员与维修厂人员可能相互勾结,采用副厂配件,却按正规配件结账,对于这种违规操作要极力杜绝。

二、客户群管理

1. 客户群的基本类别管理

对不同类别的客户,应采取不同的管理方法,并建立科学动态的分类管理机制。下面分别评解如何管理关键客户(A类客户)、主要客户(B类客户)、普通客户(C类客户)。

关键客户是金字塔中最上层的金牌客户,是在过去特定时间内消费额最多的前5%客户。这类客户是企业的优质核心客户群,由于他们经营稳健,做事规矩,信誉度好,对企业的贡献最大,能给企业带来长期稳定的收入,值得企业花费大量时间和精力来提高该类客户的满意度。

主要客户是指客户金字塔中中上层的客户,是在特定时间内消费额最多的前20%客户中除关键客户外的客户。这类客户一般来说是企业的大客户,但不属于优质客户。由于他们对企业经济指标完成的好坏构成直接影响,不容忽视,企业应倾注相当的时间和精力关注这类客户的生产经营状况,并有针对性地提供服务。

普通客户是指除了上述两种客户外，剩下的 80% 客户。此类客户对企业完成经济指标贡献甚微，消费额占企业总消费额的 20% 左右。由于他们数量众多，具有“点滴汇集成大海”的增长潜力，企业应控制在这方面的服务投入，按照方便、及时的原则，为他们提供大众化的基础性服务，或将精力重点放在发掘有潜力的“明日之星”上，使其早日升为 B 类客户甚至 A 类客户。企业营销人员应保持与这些客户的联系，并让他们知道当他们需要帮助的时候企业会伸出援助之手。

2. 客户群管理方法

（1）建立顾客档案

建立顾客档案资料的来源如下：

- 销售记录。对销售的每一车辆进行详细记录，从销售原始记录中可以看到现在和曾经进行交易的顾客名单，还可以从中发现企业的顾客类型。
- 从车辆管理部门直接提取所需的车辆档案。
- 维修服务登记。当顾客进行维修服务时，进行登记，以获得更多、更准确的顾客信息。可以采取送小礼品的方式鼓励顾客配合登记信息。

（2）顾客档案分析

建立了顾客档案后，就可以根据企业不同时期的决策需要进行顾客档案分析。一般说来，常用的顾客档案分析内容有顾客需求和购买行业分析、顾客经济状况分析、顾客地区构成分析、顾客收入构成分析、顾客对企业的利润贡献分析等。除这些分析内容外，有的企业还利用顾客档案进行关系追踪与评价、顾客占有率分析、开发新顾客分析和损失顾客分析等。

（3）建立车友俱乐部

车友俱乐部是建立顾客群的一种好方法。俱乐部有规章制度，入会和退会有严格规定，有会员奖励办法。俱乐部基于汽车又超出汽车本身，服务触角伸向会员所需的方方面面。俱乐部还会不定期组织会员活动，邀请专业人员为会员讲课或进行座谈，给会员提供一个交流、沟通的平台。建立车友健康档案和车友会，如图 4-1 所示。

图 4-1　建立车友健康档案和车友会

3. 客户管理体系应考虑的内容

（1）客户信息管理系统

建立客户信息数据库，通过对客户各种数据的加工、处理，为制定和调整客户分类提供依据。

客户信息管理系统的主要内容有：

- 分析各类客户群的消费额在总消费额中的比重；
- 找出各类客户群中消费额靠前的客户，并计算其在该类消费额中的比重；

- 按照不同产品消费额的大小进行排序，分析产品的周转率和客户的需求量；
- 按照产品销售毛利率大小对分类客户进行排序；
- 对各类客户消费趋势、发展前景进行分析；
- 分析各类客户对产品服务的期望值；
- 分析各类客户对产品价格的敏感性。

(2)客户信用分析系统

通过对客户信用的调查分析，确定客户的信用等级，为不同客户配置服务资源、防范欠费风险等提供参考意见。

思政内涵

【思政元素】

融入汽车维修企业客户关系管理的内容，强化服务意识，提倡奉献精神，引导学生树立正确的人生观和价值观，明确自身定位，为将来顺利就业打下基础。

【案例】

一位消费者日前在讲述他的购车过程时向记者提出一个问题："我希望买车过程中，销售员能一对一地为我服务，他们为了促成生意，应当尽量满足我的需要才对，难道我这种要求也过分了吗？"这位朋友说此话的背景是，他要买一台近百万的车，下订后6个月才能提车，但在此过程中，他不能随心地选择内饰颜色搭配，只能在现有的几种皮料颜色中做出选择。这位消费者认为，尽管销售员在接待过程中态度很好，但也不见得真心热情，让他有种被应付的感觉。

有一位汽车营销专家批评目前众多汽车品牌一款车打天下的策略不可取，原因就是不同的区域市场消费者习惯差异很大，相同的产品无法满足差异化市场的需求。其实将这个道理放到销售服务的这一环节来看，不同的人有不同的需要，标准化的服务固然有效，但让消费者感觉到服务缺少人性化也确实无疑。

【案例分析】

在现阶段的市场经济下，优质服务是企业永恒的话题，客户至上更是所有企业奉行的一个法则。换言之，谁能把客户作为服务的中心，谁就能变成优秀企业，谁也就能占领市场。企业在提供服务的过程中如何提高服务水平是一个值得我们认真思考和不断总结的话题。如何做好优质的服务，如何使优质服务更加人性化、个性化，也更值得每个企业深思。

任务二　分析客户满意度

任务导入

小李的大众速腾轿车已经行驶了20万km，发动机烧机油严重，小李想大修，四处打听后看了五六家修配厂，最后选择了一家费用不是最低的，但是维修结果小李很满意。通过这次维修，小李同这家修理厂建立了深厚的友情，这家修理厂是怎么做的呢？

任务目标

◎掌握客户满意度的概念和重要性。

◎掌握影响客户满意度的主要因素。

◎能够对满意度出现的问题进行原因分析。

◎能够根据不同类别的客户,有针对性地提高客户满意度。

相关知识

客户不是一切,但没有客户一切都是空谈! 1965 年,美国学者卡多索(Cardozo)首次提出顾客满意(Customer Satisfaction)的概念,之后的几十年,很多学者从不同层面、不同角度为其定义,但基本内涵是一致的。

一、客户满意度的基本概念

客户满意度(Consumer Satisfactional Research,CSR),也叫客户满意指数,是对服务性行业的顾客满意度调查系统的简称,是一个相对的概念,是客户期望值与客户体验的匹配程度,换言之就是客户通过对一种产品可感知的效果与其期望值相比较后得出的指数。

二、客户满意度的重要性

可以从以下几方面来理解客户满意度的重要性:

- 有利于给企业带来新顾客。
- 有助于企业产品质量的持续改进和创新。
- 顾客满意度可以预测企业未来的发展前景。
- 有利于企业竞争力的不断增强。
- 有利于顾客获取真实可靠的产品质量信息。
- 有利于顾客获得超越期望的产品。

三、客户满意度分析

每位客户在寻求服务之前都有一个期望,这种期望因个人经历、口碑和宣传信息不同而不尽相同,而期望是否得到实现及实现程度决定着客户满意度。调查表明,大多数客户群体在光临之前几乎总是看到缺点。例如,客户在送修之前,会更多地考虑工时费用高、配件费用高、送车和取车费时以及修车时无车可开等,所有这一切都对客户满意度产生负面影响,常让客户出现抱怨等情绪。

在确定客户是否满意之前,有两点必须注意:一是客户抱怨是一种满足程度低的最常见的表达方式,但没有抱怨并不一定表明客户很满意;二是即使规定的要求符合客户的愿望并得到满足,也不能确保客户很满意。

学者诺曼(Earl Naumann)引用赫茨伯格(Herzberg)的双因素理论解释客户内心的期望,总结了影响客户内心期望的保健因子和满意因子。

做到保健因子,只能降低客户不满,不能提升顾客的满意。在汽车售后服务中,保健因子主要有以下四个方面:

- 问题得到解决(如将车辆的故障排除)。

- 厂家兑现承诺（如在预定交车的时间内交车）。
- 服务质量（如维修、保养、美容、配件等）。
- 服务具有专业水准（如正确地判断故障）。

满意因子代表着客户内心所期望能获得产品或服务的情境，在汽车售后服务中，满意因子主要有以下四个方面：

- 被理解。
- 感到受欢迎。
- 感到自己很重要。
- 感到舒适。

四、影响汽车维修企业客户满意度的因素

1. 硬件设施

对于汽车维修企业而言，品牌形象很重要。店面的外观、装饰、硬件设施、维修设备、工作人员着装等都应该按厂家统一的标准配置。硬件设施的先进性、整洁的服务环境是向顾客提供优质服务的基本保障。服务人员仪表得体大方，礼貌对待顾客，有效地与顾客沟通，提供热情周到的服务，能给顾客以正规专业的感觉，是影响顾客满意度的重要因素。

2. 维修的质量和效率

对汽车用户来说，售后服务中最为关注的就是车辆维修的技术水平。当汽车发生故障，用户不仅要求一次性排除，而且要求要快捷。如果故障解决不了或维修不彻底，对用户来说就无从谈满意，而且往往会引起用户的抱怨，甚至被投诉。目前由于人们生活的节奏加快，时间就是金钱，用户也非常关注维修服务效率，期望得到快速、高效的服务。

3. 服务质量

由于汽车属于高档商品，用户对于售后服务的标准高于其他商品，不仅重视车辆的维修水平，而且对于工作人员的服务水平也非常重视。服务的整个过程依赖工作人员和用户之间的交流，如果工作人员在沟通技巧和服务态度上有所轻忽，将直接导致顾客不满意。而优质的服务却能大大提高用户的满意度，工作人员的举止、态度、专业知识水平等对顾客的满意度会产生很大的影响。

4. 维修价格

用户在车辆维修时，一定会考虑维修、配件的价格，收费是否让客户感到物有所值，是否具有较高的性价比，这些都会影响客户满意度。根据以往的调查数据显示，汽车维修企业维修和保养价格是顾客满意度测评的主要内容，提升顾客满意度措施是否合理对用户来说是非常重要的，客户会要求价格透明、标价合理，没有乱收费的行为。目前汽车快修店、路边店的维修价格要比汽车维修企业低很多，但用户选择汽车维修企业，是希望得到货真价实的服务、原厂的配件、专业的维修技术。

五、提高汽车维修企业客户满意度的主要措施

1. 追求维修质量，以技术赢得客户

汽车维修质量是汽车维修行业的生命，其重要性不言而喻。因此，提升汽车维修质量，推动员工技术素质的提高，对于赢得客户具有不可忽视的重要作用。

2. 提升服务水平，以诚信塑造形象

为了更好地打造维修企业的形象，维护企业的品牌效应，应该稳抓客户心理，以优质的服务、诚恳的态度为客户提供服务，全方面地满足客户的需求。要赢得客户的满意，不能是被动地解决客户的问题，要对顾客需要、期望和态度有充分地了解，把对客户的关怀纳入工作和生活中，发挥主动性，为客户提供量身定制的服务，真正满足客户的尊荣感和自我价值感。

思政内涵

【思政元素】

培养学生诚实守信的思想；让学生在平时实践中学会自我情绪管理，提高情商，为“立德树人”打下良好的基础；将曹德旺的励志故事融入爱国主义教育，培养学生的爱国主义情怀。

【案例】

中国十大汽车人物——曹德旺

曹德旺创立的福耀玻璃(600660)集团，已成长为全球规模最大的汽车玻璃专业供应商，为奔驰、宝马、奥迪、本田等提供全球OEM配套服务和汽车玻璃全套解决方案，信奉事无不可对人言的曹德旺，将这一性格烙印在福耀玻璃身上，那就是做到规范，做到公开透明。“我把真实情况都公告了，怎么判断是你的事。”曹德旺说，福耀玻璃从不预测利润，也不做业绩承诺，但会努力将公司各方面信息进行公开披露。

A股三十年，上市公司中一直心无旁骛地深耕主业者不多；一直专于主业且成为细分领域的全球龙头者，更是凤毛麟角。“玻璃大王”曹德旺一手创立的福耀玻璃就是其中的佼佼者。

“可以说，这辈子我只做了一件事，那就是做一片属于中国人自己的玻璃。”2017年，曹德旺在接受上海证券报记者采访时如是说。3年后，他又对到访的记者说：“我为中国办了一个福耀。”

专注才能卓越。福耀玻璃自1993年登陆A股市场以来，股价累计涨幅达54.8倍，总市值逼近千亿元。难能可贵的是，在这个价值观多元化的时代，老曹不仅坚持主业，而且还通过持续不断的创新，打破汽车玻璃的行业天花板，为企业赢得新蓝海。透明是玻璃的基本特性，曹德旺也将透明作为公司治理的追求目标之一。作为中国最早上市的企业之一，20世纪90年代，正是来自资本市场的支持，帮助福耀玻璃抵御住了风险；如今，福耀玻璃已成为A股公司治理的典范之一。公开透明，关键时刻帮助福耀玻璃渡过了难关。

在曹德旺看来，品牌有四“品”，缺一不可。第一个“品”是产品的“品”。福耀把汽车玻璃的服务群体定位在汽车厂，那就应该知道汽车厂需要什么样的产品。第二个“品”是品质的“品”，品质是一个企业的形象和员工素质的反映。第三个“品”是品位的“品”，企业品位要高，没有品位的企业怎么去做生意？第四个“品”是人品的“品”，做生意要讲人品，一个坑蒙拐骗、名声不好的人，别人是不会和你做生意的。

曹德旺认为，义利相济才是中国商道的精髓。“义”就是要承担责任，做应该做的事情，把应该做的事情做到位。“利”就是要让大家都得到利益，自己要通过努力获得利润，同时也要同其他人分享利益。分红是曹德旺分享财富的方式之一。据统计，自1993年上市以来，福耀玻璃累计发放A股股息达167亿元。捐赠是另一个渠道，截至目前，曹德旺个人累计向社会捐赠约120亿元。

2009年，曹德旺获得“安永全球企业家大奖”，他是首位获得该项殊荣的华人企业家。曹德旺在发表获奖感言时说：“我必须保持优秀，否则会造成羞耻，不仅给评委们，而且会给整个中国。”

【案例分析】

诚实是做人之本，是为人处世的最高品格，也是在工作中能够取得事业成功的必备品质。诚实很重要，就和做正确的事一样重要。一个具有诚实美德的人，能给他人以信赖感，让人乐于接近，在赢得别人信赖的同时，又能为自己的工作和事业带来莫大的益处。

事业成功的人大都比较诚实，因为他们不仅希望诚实地对待别人，更希望别人诚实地对待自己。他们懂得如果他们是诚实的，就能在顺境时有人助，在逆境时有人扶。

对于企业来说，诚信作为企业信誉的基石，它构成了企业宝贵的精神财富和价值资源。市场经济越发展就越要求企业讲诚信，诚信是企业立身之本、兴业之道，是企业市场运行的重要纽带。企业的诚实守信在市场活动中所赢得的美誉会形成一种无形资产，成为现代市场经济运行中一种重要的新的资本形态。诚信是企业良好社会形象的内涵，能给企业积累并创造财富。诚信也是企业竞争力的重要构成要素，企业内部诚信可以提高工作效率。

任务三　把握客户关怀原则及实施策略

任务导入

在现代营销实践中，有些营销人员过分关注交易，却很少进行客户关怀。交易完成不应该是客户关系的结束，而应该成为客户关系的开始。交易使企业或个人与客户之间建立了一种利益关系，客户关怀的实施可以帮助我们和客户之间建立一种朋友或伙伴关系。实施客户关怀一方面体现了企业对客户的责任感（如定期回访），另一方面增强了客户对公司和营销人员的好感。客户关怀的结果是通过客户关系的改善不断获得新的商机。

任务目标

◎掌握客户关怀的概念、基本原则。

◎掌握汽车维修企业客户关怀的工作要点。

◎能够按照客户关怀的基本原则灵活运用关怀策略。

◎能够根据不同情景模拟掌握客户关怀沟通技巧。

相关知识

客户关怀就是企业或营销人员对不同的客户所进行的定期回访、上门服务、节日慰问等行为。客户关怀是客户关系管理中的一个重要概念，是维系客户关系的重要手段。在以客户为中心的商业时代，客户关怀是客户维护的重要方面。随着竞争的日益加剧，企业依靠基本的售后服务已经不能满足客户的需要，必须提供主动的、超值的、让客户感动的服务才能赢得客户信任。

一、客户关怀的概念

从时间上看，客户关怀活动包含在客户购买前、购买中、购买后的客户体验的全部过程中，是企业为客户在产品和服务购买之外提供的所谓“超值”服务，比如定期和不定期的客户回访、上门服务、节日慰问，还有 VIP 卡优惠、商家联盟等等。

从客户体验的角度看，客户关怀活动同样包含在客户购前、购中到购后的全部过程中。在客户购买前，客户关怀为公司与客户之间关系的建立打开了一扇大门，为鼓励和促进客户购买产品或服务作了前奏。购买期间，客户关怀则与公司提供的产品或服务紧密地联系在一起，将服务提供与客户的期望相吻合，满足客户需求。购买后，客户关怀活动则集中于企业高效的跟进、圆满地完成产品维护和修理的相关环节等，使客户能够重复购买公司的产品或服务。

二、客户关怀的原则

客户关怀的基本原则如下：

- 注重客户的“内心需要”，以客户满意为中心。
- 提供“创造惊喜、恰如其分”的客户关怀。
- 实现“标准化，提供差异化”的关怀服务。
- 提供“独特”关怀服务。
- 注重与客户的“双向沟通”。

三、客户关怀实施策略

1. 贴心服务

在与每个客户交流时，注意收集客户重要日期，并做好关怀提醒计划。在顾客生日和重大节日的时候送去公司的祝福，也可以为当天生日客户进行价格优惠和赠送小礼物。

2. 事件提醒

定期提醒客户进行车辆保养、车险续保、驾驶证年审、车辆年审、交通违章、恶劣天气等。

3. 活动/座谈会

4S 店将各种服务或营销活动等信息通过客户服务中心电话、短信、直邮、E-mail 等方式传送给客户，邀请客户参加活动、座谈会等。注意根据不同的客户群体，开展有针对性的活动或座谈会，如针对新手客户提供汽车驾驶、汽车保养、简单故障应急处理、驾驶技巧等知识讲座；针对女性客户开展驾车防盗防抢培训等。

4. 主题沙龙

确定沙龙主题，邀请对该主题感兴趣的客户一起参加。邀请的时候要注意细分客户群体，邀请年龄、职业、行业背景、收入相仿的客户，保证沙龙的质量。如邀请女性客户参加美容保养的主题沙龙，或者邀请准父母客户参加育婴经验为主题的沙龙。让客户在情感活动中增加与 4S 店的联系，最终实现终身客户的价值。

四、汽车维修企业客户关怀工作要点

经销商应该为客户提供经过精心布置的休息区，该区域应备有电视、杂志、饮料等，还可以向客户提供带有网络、电话和传真的商务区，或提供一个配备有娱乐设备的儿童区。经销商还应该向客户提供车辆作为代步工具，例如借用/租用车、免费班车等。通过上述服务可以表明经销商对客户需求的关心。

1. 在客户等待时

- 若客户决定等待，服务顾问应陪同客户至客户休息区。与客户相关的区域（如展厅、维修车间接待区、配件柜台等）应设置在便利的地方，并指派专人负责客户休息区的清理和保洁，并及时更新阅览刊物等。

- 在客户等待的同时，客户应能适时地得到关于他们车辆的维修状态及进展情况。
- 在客户等待时，经销商可以借此机会向客户介绍其所有的服务项目，例如贷款、新款车、精品件等。
- 停车区要为那些选择等待的客户服务，一旦他们的车辆维修完毕，应尽快将车移至停车区。

2. 向客户提供可选择的交通方案

当客户选择离开经销商，并且一段时间后再回来取车时，客户应该可以选择借用/租用车，或者有其他的交通方式去目的地。

思政内涵

【思政元素】

结合维修企业服务标准，强化文明礼仪教育，积极倡导和践行社会主义核心价值观。

【案例】

泰国某政府机构为泰国一项庞大的建筑工程向美国工程公司招标，经过筛选最后剩下4家候选公司，泰国人派遣代表团到美国亲自去各家公司商谈。代表团到达芝加哥时，那家工程公司由于忙乱中出了差错，又没有仔细复核飞机到达时间，未去机场迎接泰国客人。但是泰国代表团尽管初来乍到不熟悉芝加哥，还是自己找到了芝加哥商业中心的一家旅馆。他们打电话给那位局促不安的美国经理，在听了他的道歉后，泰国人同意在第二天上午十一点在经理办公室会面。第二天美国经理按时到达办公室等候，直到下午四点才接到客人的电话，得知已经不打算合作了。

【案例分析】

让用户满意是公司客户理念的核心，创造一个和谐、相互尊重、令人愉快的工作氛围是企业文化建设的组成部分。礼仪规范在其中起着相当重要的作用。汽车维修企业每一个员工的言行举止和行为都会影响到客户、同事以及他人。遵守礼仪规范，是社会交往的需要，也是相互尊重的需要，更是一个人善良道德的体现。作为一个注重服务的企业，每一位员工都应该用符合礼仪规范的行为，使客户、同事及他人获得愉悦的心情并得到别人的信任。使自己成为一个让客户认同、受社会欢迎并被广泛尊重的人。

任务四　处理客户投诉

任务导入

某修理厂为某单位一台本田轿车更换了汽缸垫，4个月后该车驾驶员发现在驾驶中车辆出现抖动和发动机高温现象，但他没有在意，继续行驶了40多千米，造成发动机拉缸，缸垫损坏。维修费用需要6 000多元，本田车单位领导找到修理厂，要求免费更换维修，否则他们单位的所有车辆都不到该修理厂维修了。

面对客户的投诉，修理厂该如何应对呢？

任务目标

◎掌握投诉处理的基本要求。

◎掌握客户投诉预防工作的要点。

◎能够根据客户的基本诉求，及时分析投诉原因。

◎能够灵活应对客户投诉，解决客户需求。

相关知识

造成客户投诉的原因有很多种，但究其本质就是客户对企业的服务或者产品质量的不满。当客户购买商品或服务时，对商品本身和企业的服务都有很高的期望，如果实际的感受低于其期望，就会失去心理平衡，由此产生不满意和想“讨个说法”的行为，这就是客户的投诉。

一、客户投诉的原因分析

1. 商品质量问题

商品质量不符合标准，是消费者投诉比较多的问题之一，占总投诉的很大比例。

2. 售后服务维修质量

服务已成为完整产品的一部分，因此消费者特别关注企业售后服务维修的质量。当各企业产品的质量和功能趋同时，决定消费者是否购买的决定因素就是企业的服务质量。当企业不能按原来的承诺提供服务和维修时，必然会导致不满甚至是投诉。

3. 投诉管理系统缺陷

投诉处理的好坏与投诉管理系统也有很大关系，如果信息系统管理不到位，或者没有很好的投诉管理制度和机制，那么投诉的处理也不会好。

4. 店员、客户服务人员及其他工作人员服务质量问题

工作人员的素质不高，或者态度不好等都会导致客户的投诉。高素质的工作人员能够解决问题，低素质的工作人员则能制造问题。

5. 客户对于企业经营方式及策略的不认同

当客户对于企业经营方式及策略不认同时，企业无论怎样努力，都不会让客户满意。这实质是个人价值观和企业价值观的差异造成的。所以企业应该树立一种先进的、符合社会发展方向的价值观，这样企业才能被大多数公众所认同。

6. 客户对于企业的要求或许超出企业对自身的要求

由于客户自身素质修养或个性原因，对企业提出过高的要求，而企业无法满足其要求时，也会引起客户的不满。

二、投诉处理的基本要求

1. 明确处理客户投诉的负责人

处理客户投诉的主要负责人是业务接待员、业务经理或服务经理，对于严重投诉，应由企业主要负责人出面处理。除了上述负责人外，企业的其他人员均有责任将客户抱怨反映给相关负责人，由客户投诉的负责人处理客户抱怨。一般工作人员，如维修人员、配件保管、后勤人员等，不宜直接处理客户投诉。最适合担任投诉处理的人员是与客户关系良好、思维敏锐的人员，因

此，客户投诉的负责人日常就要与客户建立良好的关系。

2. 明确客户的需求

在处理客户投诉或抱怨之前，要再次明确客户进厂维修的需求。客户的需求分为以下两个方面：

- 实质需要，又称为理性需求，具体包括产品质量、价格合理和按时交车。
- 精神需要，又称为感性需求，具体包括感到受欢迎、舒适、被理解和感到自己很重要。

明确客户的需求可以帮助我们了解哪些原因造成客户的不满，并学会主动导引客户。

3. 明确客户投诉的主因

- 不被尊重。客户感觉没有受到应有的尊重，或没有受到与其他人同样的尊重。
- 与期望相差太大。一是由于客户与过去的经验做比较，主要是价格上的，感觉受到了不平等的待遇。二是由于与客户沟通不够，随意增加了维修项目等。
- 多次不满的积累。累计多次不满而产生抱怨，最终导致投诉。
- 受骗的感觉。由于维修厂有意欺瞒而导致客户的不满。

4. 明确客户投诉的心理

- 求发泄。
- 求尊重。
- 求赔偿。

5. 处理投诉的负责人仪容仪表要大方得体

处理投诉的负责人的仪容仪表会在一定程度上影响客户的心情，要着重注意以下几点：

- 外表：穿着要整洁并且大方得体，给客户以良好的第一印象。
- 身体语言：眼神、脸部表情、肢体动作要传达真诚感，让客户产生信赖，利于明确客户投诉的主因。
- 情绪上的表现：语音、语调要真诚平和，让客户坚信问题可以解决。

6. 需要专业知识

处理客户投诉或抱怨一定要具备专业知识，如果处理问题时说一些外行话，可能将矛盾进一步激化。

三、处理客户投诉的原则

1. 基本原则

- 先处理心情，再处理事情。
- 不回避。
- 第一时间处理。
- 了解客户背景。
- 找出原因，界定控制范围。
- 必要时让上级参与，运用团队解决问题。

2. 谈判原则

- 寻求双方认可的服务范围。
- 不做过度的承诺。

- 争取双赢。
- 必要时,坚持原则。

四、处理投诉的方法步骤

(1)接受投诉

客户投诉的处理方法第一步为“接受投诉”,要求迅速受理,绝不拖延,这是第一个要素。避免对客户说“请您等一下”,因为你并不了解这位客户的性格、这个投诉对他生活、工作带来多大影响。投诉处理的目的不仅仅是避免给企业带来的麻烦,更重要的是希望通过有效处理投诉能够挽回客户对企业的信任,使企业的口碑得到良好的维护,有更多的“回头客”。

(2)平息怨气,稳定客户情绪

客户在投诉时,多带有强烈的感情色彩,具有发泄性质,因此处理投诉的第二步为平息客户的怨气。在客户盛怒的情况下当客户的出气筒,安抚客户,承认错误,平息怒气,让客户在理智的情况下分析解决问题。

(3)澄清问题

需要给客户一个宣泄不满和委屈的机会,来分散客户心里积压的不满情绪,如果放弃这个机会,则不利于投诉的最终处理。用提问题的方法把投诉由情绪带入事件。通过提问题,用开放式的问题引导客户讲述事实提供资料。当客户讲完整件事情的经过以后,用封闭式的问题总结问题的关键。

(4)探讨解决,采取行动

探讨解决是指怎么处理投诉——是退?是换?还是赔偿?很多客户服务人员往往是直接提出解决方案,客户没有选择的余地。但真正优秀的客户服务人员是通过两步来实施的:第一步是先了解客户想要的解决方案,客户服务人员主动提出“您觉得这件事情怎么处理比较好?”然后进入第二步,才是提出你的解决方案,迅速对客户投诉的问题进行有效解决。

(5)感谢客户

感谢客户是最关键的一步,这一步是维护客户的关键。客户服务人员需要说三句话来表达三个不同的意思:第一句话是再次为给客户带来的不便表示歉意;第二句话是感谢客户对于企业的信任和惠顾;第三句话是向客户表决心,让客户知道我们会努力改进工作。

客户投诉的管理是一项具有挑战性的管理活动,它具有系统性、复杂性的特点,因此,需要我们在管理实践中既要遵循处理的原则性、程序性,又要讲究管理的艺术性。

五、问题的解决和预防

1. 问题的解决和预防的目的

问题解决和预防流程的主要目的是使客户的反馈信息在汽车维修企业的内部得到妥善解决。

2. 问题的解决和预防的工作要点

汽车维修企业对客户提出的每一个问题都应给予极大程度的关注和重视,所有能让客户满意的解决方法都值得去尝试。我们可以通过以下方法提高对客户抱怨的重视。

(1)内部改善系统

- 汽车维修企业应记录、分析和存档客户反馈的每一条信息,以便发现可能影响当前服务水准问题的发展趋势；

- 一旦问题的发展趋势得以觉察，就必须尽快解决以矫正形势；
- 即使对这些问题的趋势有了跟踪，也还应了解其他可能的反馈途径，确保所提供的是最高水准的服务。

(2)填写客户投诉处理单

- 应详细填写客户的基本信息；
- 不仅适用于3天回访，还适用于客户直接和经销商反馈的投诉；
- 填写完毕应马上报服务经理审阅。

(3)服务经理审阅、落实负责人

- 需要指定一个专门负责人，服务经理不在时，代行审阅职责；
- 严重的投诉事件需要服务经理亲自监督处理。

(4)相关负责人接到批转“客户问题处理记录”了解情况、处理负责人、给客户回复

- 相关负责人需要调取客户档案、当日维修资料等了解具体情况，分析造成客户投诉的原因，并对责任人做出初步的处理决定；
- 相关负责人必须在2小时内亲自回复客户，向客户道歉，并提出意见；
- 如果客户抱怨未能消除，需要由负责人上门走访，发表歉意和诚意；
- 90%的投诉要在3天内处理完毕；
- 处理完毕，处理情况应反馈给服务经理，进行例会分析，对造成投诉的直接责任人做出相关的惩戒处理；
- 售后服务部每周针对客户投诉召开检讨会议，并做出改善对策，客户问题处理记录送服务经理审阅。

思政内涵

【思政元素】

爱岗敬业精神，工匠精神；强化学生的服务意识，不断提升专业能力，忠于职守的事业精神；这是职业道德的基础。爱岗就是应该热爱自己的本职工作，安心于本职岗位，精心耕耘，恪尽职守地做好本职工作。

【案例】

中国第一汽车集团产业工程师金涛，聪明智慧，沉稳实干。2000年，他从一汽技工学校毕业后就来到一汽-大众汽车有限公司工作，成为一名产业工人。金涛为自己能成为一名现代高端汽车制造业的工人而感到骄傲和自豪。他满怀激情地全身心投入到工作和学习之中，用学习铸就梦想，用奋斗点亮青春。金涛深知，要想当一名合格的现代高端企业的技术工人，光有激情和干劲还不够，还需要掌握更多的技术技能。为此，金涛刻苦学习，不断充实自己，他除了向老师傅们学习、向生产实践学习，还利用一切业余时间抓紧学习技术技能，使自己的技术技能快速提升，在同期入职的新员工中，金涛是最早进入岗位角色并能独当一面的生产操作者。他技术高超，学习能力强，虽然他很快就胜任了本职工作岗位，但他并不满足。金涛说：“掌握的技术越多，反而愈发感到自己知识的不足和缺乏。”于是，金涛又自费购买了大量机械工程、电气自动化等方面的图书进行自学，他还利用业余时间参加大专和本科大学的课程学习。使自己知识面不断拓宽，专业

技术水平得到了进一步提升。从生产工作要求出发，金涛还坚持自学德语、英语，他利用业余时间把德文的高端设备程序翻译成中文，编成手册分发给车间职工。因为善于琢磨学习，仅入职一年，他的技术能力已经可以解决生产设备中的很多难题。金涛是用学习和钻研追逐梦想的“汽车人”，他追求的就是技能成才，技能报国的美好梦想，就连德国汽车专家都被金涛的学习态度和技术技能所深深折服。

工匠精神提起中国制造的新高度。20 年来，金涛始终根植生产一线，挑重担冲在前。他凭借突出的工匠精神和创新意识，想生产之所想，急生产之所难，在机器人控制系统、激光焊接系统、激光测量系统以及车身自动生产线等方面都形成了独特的维修和改进的创新思路。实施创新改进 150 多项，其中 76 项获奖，21 项为公司重大改进项目。金涛带领改进项目组职工攻克技术难题，成功完成技术创新项目 33 项，为企业创造经济效益 2 000 多万元。

创新之魂，源于匠心。自长春市总工会和企业成立了“金涛劳模创新工作室”后，金涛技术创新的热情更加高涨、技术创新成果不断推出。“金涛劳模创新工作室”以“造高品质汽车，育高技能人才”为理念，围绕技术攻关、技术创新、技术转让、技能培训和技能传承扎实开展工作。“金涛劳模创新工作室”已由金涛的一面创新旗帜变身成一艘技术创新旗舰。“金涛劳模创新工作室”在关键节点期发挥了重要作用，共完成重点攻关项目 70 多项，完成技术创新成果 13 项，其中荣获中国机械工业科学技术奖 3 项、职工技术创新奖 7 项、吉林省职工优秀技术创新成果二等奖 2 项。截至 2019 年 9 月末，“金涛劳模创新工作室”共创价值 6 000 多万元。金涛发明创造的“激光钎焊质量最优工艺”，获得国际发明者协会颁发的“IFIA 最佳创新发明奖”金奖。金涛是新时代产业工人中的技术能手、技能创新达人和大国工匠。

【案例分析】

金涛用出色的工作业绩和锐意进取的工匠精神雕琢着自己的精彩人生，让青春在奋斗与拼搏中闪光。我们要大力弘扬劳模精神、劳动精神、工匠精神，继续以更加昂扬的奋斗精神和十足干劲，书写新时代青年奋斗者的多彩华章。金涛努力耕耘在自己的事业上，不畏艰险、执着追求，是当代中国工人学习的楷模，更是新世纪呼唤的时代精神。

1. 电话情景模拟训练

(1)训练内容

按照案例内容，学生 3 人一组，一人扮演客户，一人扮演服务顾问，一人扮演服务经理，进行电话情景模拟。

案例：一台轿车在某修理厂做了 30 000 km 保养，3 个月后服务顾问电话提醒客户车辆是否该做保养了。以下是二人的对话内容：

服务顾问：尊敬的××先生您好，我是汽车修理厂的服务顾问×××，您现在是否有时间，我给您做一下保养提醒服务。

客户：有。

服务顾问：感谢您在某年某月某日在我公司做的保养，现在有 3 个月了，车辆行驶多少公里了？

客户：34 500 km 了。我有个问题不明白，我在你们公司加的一桶机油是 180 元，我朋友在

另一个修理厂加的同一品牌的机油是120元,为啥差价这么大!

服务顾问:谢谢! 我会将您的意见转告我们经理,稍后由我们的经理给您解释一下好吗?

客户:好的。

服务顾问:您是否还有其他意见?

客户:没有了。

服务顾问:那好,××先生再见!

服务顾问将客户意见记录在电话回访记录本上,然后向经理汇报,经理了解问题后给客户打电话。

经理:您好! 我是修理厂的服务经理,刚刚我们的服务顾问反映了您的情况,我现在给您说明一下,机油有不同的品牌,同一品牌的机油分不同的等级,我查了档案您上次在我们公司换的是SL级别的机油,不知您朋友换的是什么级别的?

客户:哦,机油还分级别呀,那我问问我朋友,一会儿再回复你。

服务经理:好的,××先生再见!

过了一会儿,客户打来了电话。

客户:我问了我朋友他换的是SJ级别的,原来是这样啊! 我打算这次还去你们那做保养,你们的服务还真是周到啊,我很满意。

经理:谢谢您的理解!

客户:再见!

经理:再见!

(2)材料

电话回访记录本。

(3)素质目标

培养学生良好的职业素养;树立学生较强的事业心和高度的责任感;培养学生的表达能力和沟通能力。

(4)注意事项

- 语言要规范。
- 正确使用电话回访记录本。

2. 客户投诉处理

(1)客户投诉内容

按照案例内容,学生两人一组,一人扮演客户,另一人扮演服务经理,处理客户投诉。

案例:一天一位气冲冲的客户来到一家汽车4S店的售后服务部,说他的车子质量有问题,直接推开服务经理办公室的门走了进去。

客户:你是经理?

经理:是的,您好,您先请坐,您有什么事吗?

客户:我这车子质量有问题,你赶紧给我解决了。

经理:您的车子有什么问题,跟我说一下吧。

客户:我这车子油耗一直偏高,别人同型号的车油耗才9个左右,我这个11个都挡不住。上次我过来你们说是喷油嘴堵塞,忽悠我做了喷油嘴和节气门清洗,花了我好几百块,回去之后还是那样,一点儿效果也没有。

经理:您先消消气。这样吧,您开着车子咱俩出去溜一圈,我先初步看一下车子有没有什么明显的问题,如果看不出来,那咱再用检测设备检测,您看怎么样?

客户:那好吧。

服务经理跟着客户上了车,只见客户一个急加速车子就出了大院,到了路上客户频繁超车变道,遇到红灯也不提前减速,到了跟前才一个急刹把车子停下。

经理:先生,我看您开车挺急的啊,您的这种驾驶习惯也是造成油耗偏高的一个重要因素。要不这样吧,您去把车子加满油,我开车带您走一圈,咱大体测一下油耗。

客户:嗯,好的。

客户将油箱的汽油加满,经过测试,经理开车的油耗只有 8 L 多。

客户:看来还真是我驾驶习惯的问题啊。

经理:呵呵,咱这车子油耗不高吧,以后车子有什么问题您随时过来。

客户:嗯,好的,再见。

对客户的投诉,你还有什么好的处理方法吗?

(2)材料

客户投诉记录本一本、桌子一张、椅子两把。

(3)素质目标

培养学生的经营意识、客户意识;培养学生的团队协作精神和良好的职业素养;培养学生的事业心和高度的责任感;培养学生的表达能力和沟通能力。

(4)注意事项

- 能使用礼貌用语,注意仪表仪容。
- 掌握客户投诉的种类及方式;掌握投诉处理的基本要求;掌握处理投诉的基本原则;掌握处理投诉的技巧。

评价反馈

以小组为单位完成能力训练内容,并根据完成情况,通过学生自评、小组互评和教师评价的方式,对每个小组进行评价,完成表 4-1。

表 4-1 评 价 表

考核项目	评价标准	分 值	学生自评	小组互评	教师评价
小组合作	和谐	15			
活动参与	积极、认真	15			
语言	礼貌、规范	10			
问题提问	专业	10			
表达能力	强	20			
沟通能力	强	10			
解决方案	正确、规范	10			
开拓能力	灵活、机动、创新	10			
合计		100			
总评(学生自评×20%+小组互评×20%+教师评价×60%)					

思考与练习

1. 客户群的基本管理方法有哪些?
2. 客户满意度的基本概念是什么?
3. 客户满意度的重要性体现在哪几方面?
4. 如何提高汽车维修企业的客户满意度?
5. 客户关怀的主要原则有哪些?
6. 客户关怀的主要实施策略有哪些?
7. 客户投诉的主要原因是什么?
8. 处理客户投诉的基本原则和主要方法有哪些?

知识拓展

戴尔(中国)客户关怀中心案例

由51Callcenter和政府联合主办,国家工信部、人社部指导的2020(第十三届)“金音奖”中国最佳客户联络中心及卓越客服体验评选颁奖典礼上戴尔(中国)客户关怀中心作为IT行业代表荣获“2020金音奖中国最佳客户联络中心奖——客户服务”。

戴尔(中国)客户关怀中心是伴随着公司进入中国市场以来一直成长至今,秉承着以客为尊的服务理念,在提供全球统一的标准服务基础上逐步扩展有中国特色的服务模式,在自助服务和人工智能与互联网相结合的多渠道的服务模式下,不断地追求渠道融合建设,并联动内部机构提供一站式解决方案,端到端地快速解决客户问题,通过“自动化、主动式、预见性”的售后保障服务让用户获得优质、快捷的解决方案和卓越的服务体验。

在持续探索和创新的过程中,本着客户至上、诚信取胜的企业精神,戴尔(中国)在客户满意度、客户忠诚度等各项客户体验指标中连年取得优异成绩。

戴尔(中国)客户关怀中心在戴尔内部服务评比中连续多年都获得全球最佳服务团队荣誉,多名管理者持有4PS认证协调员证书,并在持续收获4PS国际客户联络中心认证的同时,也收获了许多行业内的荣誉奖项。

戴尔(中国)将持续不断地倾听客户的声音,为客户提供从边缘计算到核心数据中心到云计算的端到端的售后服务解决方案,帮助客户应对IT挑战,以创新的方式,加速数字化服务转型。

2020年新冠肺炎疫情给人们的日常工作和生活带来了很多变化,戴尔作为一家科技公司迅速开展各种灵活办公的新模式探索,客户关怀中心也在公司IT部门的高效支持下迅速实现远程办公支持,第一时间复工复产,并积极投身防疫工作,灵活应对并帮助用户共同渡过难关。

疫情发生以来,戴尔(中国)陆续收到全国各行各业的客户发来的抗疫感谢信,赞扬他们是一支坚韧不拔、灵活敏捷、无坚不摧的队伍。这就是客户关怀中心的团队精神,不仅在危机之时,更在每天的生活工作中,时刻鼓舞着他们乘风破浪,勇往直前。

项目五
汽车维修企业生产现场管理

学习目标

知识目标

(1)了解7S的发展。

(2)掌握7S管理的含义和步骤。

(3)掌握推行7S管理的目的和实施要领。

能力目标

(1)能够解释7S管理的内容和含义。

(2)能够在日常的生活工作中推行7S管理。

(3)能够灵活运用7S管理方法并制定相应标准。

(4)能够在日常的生活工作中按照7S管理的要求执行。

思政目标

(1)强化爱岗敬业、维护企业形象的意识。将爱岗敬业的思想深入工作中,并在工作过程中时刻牢记维护企业形象。

(2)树立团队精神、奋斗精神和爱国情怀。培养学生的职业素养,让学生成为具有良好素质习惯的人才。

学习方案

了解7S管理的内容、实施要领和方法。

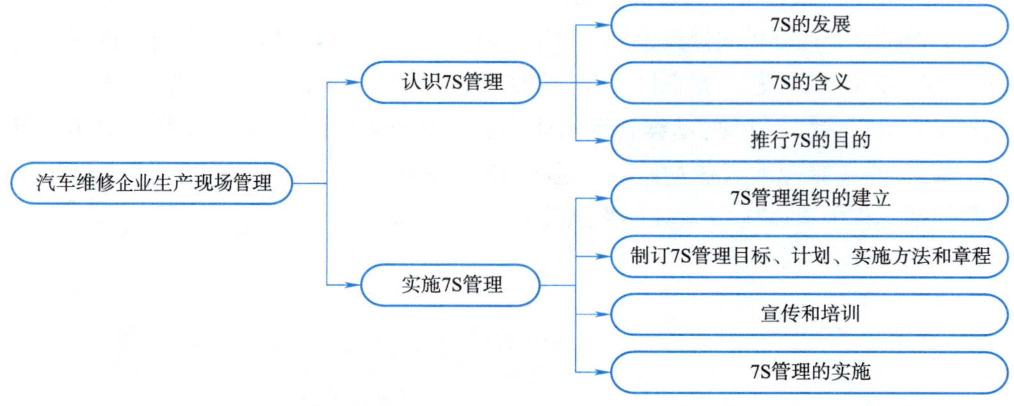

任务一　认识 7S 管理

任务导入

长城 4S 店的销售顾问小李办公室上办公物品、文件等乱七八糟地堆在一起，电脑桌面也很多文件没有分类存档，柜子里没有用的东西也堆了很多，处理掉不舍得，不处理又占用空间，这样乱糟糟的办公环境让人感觉压抑，并且小李每次找东西都要翻找半天，严重影响工作效率，不仅自己心里烦躁，其他同事看到了都感觉情绪不佳。

你在工作中会遇到像小李这样的情况吗？你会怎么做？

任务目标

◎了解 7S 的发展和管理。

◎掌握推行 7S 管理的目的。

◎能够解释 7S 管理的内容及含义。

◎能够在日常的生活工作中推行 7S 管理。

相关知识

7S 源于 5S，即整理（Seiri）、整顿（Seiton）、清扫（Seiso）、清洁（Setketsu）、素养（Shtsuke）。5S 起源于日本，第二次世界大战后，日本企业将 5S 运动作为管理工作的基础，推行各种品质管理手法，产品品质得以迅速提升，奠定了经济大国的地位，并且随着世界经济的发展，5S 逐渐成为工厂管理的一股新潮流。

一、7S 的发展

根据企业进一步发展的需要，有的公司在原来 5S 的基础上又增加了节约（Save）及安全（Safety）两个要素，形成了“7S”；也有的企业又加上习惯化（Shiukanka）、速度（Speed）和坚持（Shikoku），形成了“10S”。但是万变不离其宗，所谓“7S”“10S”都是从“5S”发展而来的。

7S 对于塑造企业形象、降低成本、准时交货、安全生产、高度的标准化、创造令人心旷神怡的工作场所、现场改善等方面发挥了巨大作用，逐渐被各国的管理界所认可。

二、7S 的含义

整理：将工作场所的物品区分为有必要的和没有必要的，有必要的留下来，其他的都清除掉。

目的：腾出空间，空间活用，防止误用，塑造清爽的工作场所。

整顿：把留下来的必要物品依规定位置摆放，并放置整齐加以标识。

目的：工作场所一目了然，缩短寻找物品的时间，保持整整齐齐的工作环境，消除过多的积压物品。

清扫：将工作场所内看得见与看不见的地方清扫干净，保持工作场所干净、亮丽的环境。

目的：稳定品质，减少工业伤害。

清洁：将整理、整顿、清扫进行到底，并且制度化，经常保持环境外在美观的状态。

目的：创造明朗现场，维持前面3S成果。

素养：每位成员养成良好的习惯，并遵守规则做事，培养积极主动的精神（也称习惯性）。

目的：培养有好习惯、遵守规则的员工，营造团队精神。

安全：重视成员安全教育，每时每刻都有安全第一观念，防患于未然。

目的：建立起安全生产的环境，所有的工作应建立在安全的前提下。

节约：养成节省成本的意识，主动落实到人及物。

目的：节约成本，杜绝浪费。

用以下的简短语句来描述7S，更方便记忆：

整理：要与不要，一留一弃；

整顿：科学布局，取用快捷；

清扫：清除垃圾，美化环境；

清洁：形成制度，贯彻到底；

素养：养成习惯，以人为本；

安全：安全操作，生命第一；

节约：消除不良，杜绝浪费。

三、推行7S的目的

1. 改善和提升企业形象

整齐、清洁的工作环境更容易吸引顾客，让顾客有信心。同时，由于口碑相传，也会成为其他公司学习的对象。

2. 促成效率的提高

良好的工作环境和工作氛围，有修养的工作伙伴，物品摆放有序、不用寻找，员工可以集中精神工作，工作兴趣高，效率自然会提高。

3. 改善零件在库周转率

整洁的工作环境，有效的保管和布局，彻底进行最低库存量管理，能够做到必要时立即取出有用的物品。工序间物流通畅，能够减少甚至消除寻物滞留时间，改善零件在库周转率。

4. 减少直至消除故障，保障品质

优良的品质来自优良的工作环境。通过经常性地清扫、点检净化工作环，避免污物损坏机器，维持设备的高效率运转，保障品质。

5. 保障企业安全生产

储存明确，物归原位，工作场所宽敞明亮，通道畅通，地上不会随意摆放不该放置的物品。如果工作场所有条不紊，意外的发生也会减少，当然安全就会有保障。

6. 降低生产成本

通过实施"7S"，可以减少人员、设备、场所、时间等的浪费，从而降低生产成本。

7. 改善员工精神面貌，使组织活力化

人人都变成有修养的员工，有尊严和成就感，对自己的工作尽心尽力，并带动改善意识（可以实施合理化提案改善活动），增加组织的活力。

8. 缩短作业周期，确保交货期

由于实施了"一目了然"的管理，使异常现象明显化，减少人员、设备、时间的浪费，生产顺畅，提高了作业效率，缩短了作业周期，从而确保交货期。

思政内涵

【思政元素】

新能源汽车发展，科技进步，创新精神，保护生态环境，节能减排。

【案例】

保护环境一直以来都是各个国家关注的重点。汽车尾气是造成大气污染的主要原因，所以控制燃油车的数量、发展新能源车是很多国家的工作重点，现在市场上的新能源车主要是纯电动汽车，但受到相关技术的限制，充电、续航等问题都需要亟待解决。另一种是混合动力型汽车，既可以烧油也可以充电，这种车对环境还是有一定污染。2019 年 3 月 20 日，国内首台氢能源汽车研制成功，续航高达 1 000 km，但是要发展氢能源汽车，不仅难度大，成本也高，即使这类车优势明显，但要想让消费者接受还需要时间，而且这类车在研发上需要的时间也较长。

【案例分析】

随着科技的进步，汽车发展至今已有超过百年的历史。现代汽车是科学技术不断进步的产物，可以说一部汽车的发展历史就是一部科学技术的发展历史。汽车自产生以来各个阶段在技术上的重大突破均与科学技术的进步和发展密不可分。为解决能源短缺和环境生态等社会问题，由传统的石化燃料汽车向新能源汽车特别是使用清洁能源汽车的转型，无疑是汽车技术发展的一个重要里程碑。汽车的发展历史充分证明科学技术是第一生产力的科学论断，同时也体现了人类不断探索、勇于创新的智慧和精神。在加深学生对科技进步理解的同时，还应激发学生的创新热情，坚定学生科技兴国的强大自信。

环顾当今世界，能源与环境问题已经成为制约经济和社会发展的重要因素。随着绿色低碳成为世界关注的热点，节能减排成为我国的重要国策，也成为全社会的共同责任和高度关注的重点领域。节能减排作为课程的思政元素有利于增强学生作为未来汽车工程师的专业使命感和社会责任感。

任务二　实施 7S 管理

任务导入

没有实施 7S 管理的公司，办公现场脏乱，裁片、辅料与箱子凌乱摆放，员工在狭窄的空间里游走；最新式的设备未加维护，数月之后即变成了不良机械；要使用的工具、辅料也杂乱堆放，显现了脏、乱、差的景象。员工在作业中懒散懈怠，规定的事项也只是起初两三天遵守而已。这样的工作环境和员工的精神面貌都极大地阻碍了企业的发展，如何改变这种情况？

任务目标

◎掌握 7S 管理的步骤。

◎掌握 7S 管理的实施要领。

◎能够较灵活地运用 7S 管理方法并制定相应标准。

◎能够在日常的生活工作中按照 7S 管理的要求执行。

相关知识

一、7S管理组织的建立

企业要推动7S管理就必须建立一个组织架构，也就是要成立一个部门，以此为核心推动7S管理的具体实施。为此，应在企业高层的关注下成立7S管理推进委员会，推进委员会在7S管理推行中具有指导和监督作用，负责制定相关制度，系统地规范7S管理推进工作，保障7S管理顺利实施。

1. 7S管理推进组织的职责

7S管理推进组织的职责如下：

- 设定7S管理的方针和目标。
- 确定7S管理的推进方法和方案。
- 制订推进计划及策划推进活动。
- 实施7S管理教育培训。
- 制定7S管理考核评价标准。
- 建立7S管理监督检查体系。

2. 7S管理组织的人员组成

7S管理推进委员会的委员必须对7S管理有高度认识，具有前瞻性和开拓能力。一般而言，推进委员会的最高责任者就是企业董事长，执行者是总经理，委员主要由各直接部门经理兼任。如果部门经理职责较多，也可选派部门内其他人员担任委员。间接部门可以选派1名成员，人数众多的制造部门则可适量增选。此外，还要考虑男女比例，注重平衡。

3. 建立推进组织的注意事项

建立7S管理推进委员会的注意事项如下：

- 层级不能过多，可以分3~4层。
- 人员一定要精干，要有主见和热情，要有影响力或号召力。
- 活动过少达不到预期的效果，活动过多又会影响正常工作，最好一周进行一次汇总，召开一次会议。
- 企业管理者要给予一定支持，提供足够的资源，如经费、办公文具及场所等。

二、制订7S管理目标、计划、实施方法和章程

1. 明确7S管理活动目标

7S管理推进部门可以结合企业的发展宗旨和经营方针，提出整个活动的目标，为7S管理活动指明方向。在活动开始后，各部门又可以根据各自特点提出部门的具体目标，做到具体问题具体分析。

制订7S管理目标应符合以下原则：

- 相关性原则，企业在制订7S管理目标时，应与企业的产品、活动、资源等情况密切相关，为企业整体目标服务。
- 先进性原则，7S管理目标应具有先进性或挑战性，只有这样才能激发员工的改善意识和拼搏精神，为实现组织和个人的目标而努力。

- 可实现性原则,7S 管理目标必须切实可行,能够实现。
- 可量化原则,如果不能制订出定量目标,也应制订出定性目标,从而使这些目标是可被考核的或可被控制的。
- 时间性原则,7S 管理目标要具有一定的时限性,企业必须明确在什么时候完成,给实施者一定的压力,以保证整体进度。

2. 制订 7S 管理计划

(1)长期计划与短期计划

长期计划通常以年度作为考核时限,各年度有不同的工作内容,一般而言,长期计划需要规划近三年的计划。

- 第一年的计划是导入期,一般来说,此阶段主要是落实整理、整洁的主要内容,以此达到现场管理规范化、工作生活秩序化等目标。
- 第二年计划主要包括:列出各个工作场所重点改善项目的清单,工作场所、作业场所的安排,实施改善,巡回检查工作场所、作业场所,表彰等。
- 第三年计划主要推行的项目包括:第二年的总结、第三年的重点项目。具体包含各个工作场所重点改善项目的清单、巡回检查工作场所、表彰、与业绩评估的关系等。

短期计划用来明确具体的改善项目和具体日程,如每周一清扫地板等。每完成一个短期计划之后,员工应在该计划上用记号进行标注。

(2)企业的 7S 管理推进计划和各部门的 7S 管理实施计划

企业的 7S 管理推进计划是比较宏观、抽象的,而各部门的计划则是对企业 7S 管理推进计划的落实和细化,要求实施内容和时间具体明确。

3. 制订 7S 管理活动实施办法

对于 7S 管理活动的推行与展开,企业要通过书面形式让员工了解哪些可以做,哪些不可以做,要怎么做才符合 7S 管理的要求。

书面规范一般包括以下四点:

- 活动时间和目的。
- 区分必需品与非必需品的方法。
- 7S 管理活动评鉴方法。
- 7S 管理活动奖惩方法。

4. 制订 7S 管理活动章程

7S 管理推进组织建立后,要集体讨论、制订相应的规章制度,为日后的工作明确方法和方向。制订章程后,推进组织要及时向全体员工公布,让所有员工知晓并照章执行。

三、宣传和培训

1. 培训对象与内容

(1)骨干人员的培训

7S 管理是员工广泛参与的活动,因此首先需要骨干人员组成强有力的推行组织来为员工培训做好榜样。企业对这些人员主要集中培训 7S 管理的内涵以及推行 7S 管理的意义等内容。

(2)一般员工的培训

员工是7S管理活动的实施者,对他们的培训内容主要包括以下四个方面:

- 7S管理的内涵;
- 推行7S管理活动的目的和意义;
- 7S管理的实施方法;
- 有关评比和奖惩措施等。

2. 培训方式

培训的方式可以多种形式结合进行,企业可以结合场地等条件组织员工在教室进行集中培训,讲解7S理论知识和进行案例分析;也可以让员工回到自己的工作现场,在教师的指导下,对自己的工作环境进行一些改善;另外,在培训师资方面,可由本单位员工担任教员,也可聘请一些管理咨询公司的顾问进行专门辅导。

3. 考核检查与总结经验

为了检验员工对7S管理知识的了解程度及运用方法,企业应对员工进行考核。考核可采取现场考核或书面考核的方式,并对考核的结果进行评价,做到奖优罚劣,为优秀员工颁发证书并通报表扬,不及格者需进行补考至及格为止。

在教育培训的过程中,企业7S管理培训部门要及时总结,为下一次培训做好准备。

为达到更好的培训效果,营造良好的实施氛围,企业在组织培训的同时要做足宣传工作,努力做到全员参与、全员落实。为此,企业可以通过以下方式制订宣传策略:

- 征集7S管理活动口号和制作7S管理标语。
- 制作宣传板报。
- 利用企业内部刊物。
- 编写7S管理推行手册。

四、7S管理的实施

下面对7S管理各项内容的实施进行具体介绍。

1. 整理

(1)整理的含义

整理是指将必需物品与非必需物品区分开来,在工位上只放置必需物品。

(2)整理的目的

- 腾出空间,以便更充分地利用空间。
- 防止误送(送错地方)、误用(无用的或不良的)。
- 减少库存量。
- 创造清爽的工作环境。

特别说明:如果工作岗位堆满了非必需物品,就会导致必需物品无处摆放,这样可能希望加一张工作台来堆放必需物品,这样一来就造成了浪费。

(3)整理的"三清"原则

- 清理:区分需要物品和不需要物品(马上用的、暂时不用的区分开,一时用不到甚至长期不用的区分开)。

● 清除:清理不需要物品(将必需物品的量降到最低程度)。

● 清爽:层别管理需要物品(对可有可无的物品,无论多贵重,只要用不着,坚决清理)。

(4)整理的对象

● 无使用价值的物品:损坏的物品,过期变质的物品,过期的报表、资料、档案,枯死的花卉。

● 不使用的物品:多余的办公桌椅,安装中央空调后的落地扇、吊扇等。

● 造成营运不便的物品:包装箱、包装盒、由于搬运(传递)需要经常开关的门、需要绕行的隔墙。

● 多余的物件、零件。

● 占据工场重要位置的闲置设施。

● 滞销商品。

(5)整理的作用

● 可以使现场无杂物,保证行道通畅,增大作业空间面积,提高工作效率。

● 减少碰撞,保障生产安全,提高产品质量。

● 消除混料差错。

● 有利于减少库存,节约资金。

● 使员工心情舒畅,工作热情高涨。

(6)推进整理的步骤

第一步:现场检查。

第二步:区分必需品和非必需品,判定标准如表 5-1 所示。

表 5-1　“必需品”和“非必需品”的判定标准

使用程度	使用频率	处理方法
低(非必需品)	一年都没有使用过的物品	废弃/变卖
	一年或两个月以上使用一次的物品	暂时存放仓库
中(必需品)	一个月使用一次的物品	工作现场集中摆放
	一个星期使用一次的物品	
高(必需品)	三天使用一次的物品	放在工作现场或随身带
	一天使用一次的物品	
	每小时都要使用的物品	

第三步:清理非必需品。

第四步:非必需品的处理。

第五步:每天循环整理。

(7)整理的实施要领

● 对自己的工作场所(范围)全面整理,包括看得见和看不见的地方(如设备内部、脚踏板、办公桌、文件柜、工具柜、工作台底下)。

● 办公桌、文件柜、工具柜、工作台内置物品要分类整理。

● 将不要物品及时清除工作现场。

● 确定“要”和“不要”的基准。

非必需品的处理方法如图 5-1 所示。

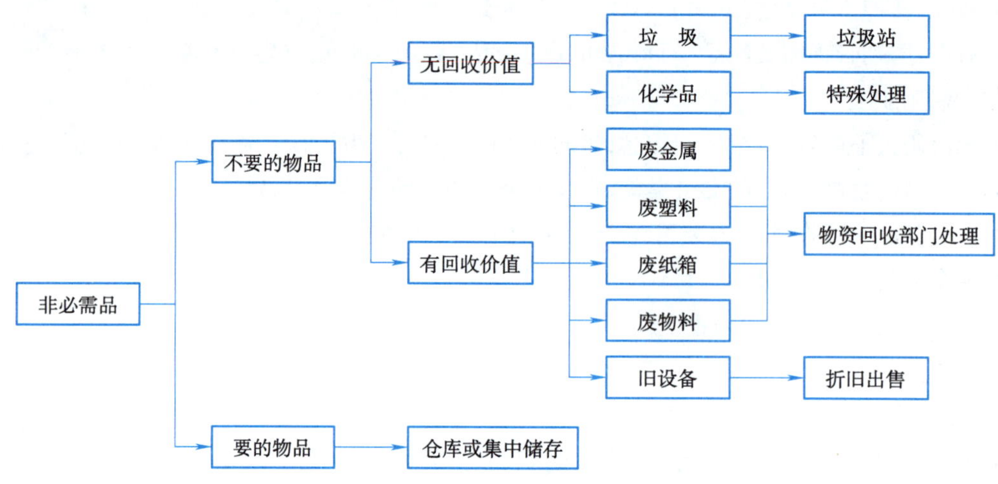

图 5-1　非必需品的处理方法

2. 整顿

(1)整顿的含义

整顿是指对整理之后留在现场的必要的物品分门别类放置,排列整齐,明确数量,有效标识。

(2)整顿的目的

- 让工作场所一目了然。
- 营造整整齐齐的工作环境。
- 消除找寻物品的时间。
- 消除过多的积压物品。

(3)整顿的“三定”原则

- 定品(限制物品摆放的种类)。
- 定位(定容,限制物品摆放的位置和容器)。
- 定量 (限制物品摆放的数量)。

(4)整顿的作用

- 提高工作效率。
- 将寻找时间减少为零。
- 异常情况(如丢失、损坏)能马上发现。
- 非担当者也能明白要求和做法。
- 不同的人去做,结果是一样的(已经标准化)。

(5)推进整顿的步骤

第一步:分析现状 。

第二步:物品分类。

第三步:决定储存方法(“三定”原则)。

(6)整顿的三要素

放置场所:生产现场只允许放置生产需要的物品。物品放置场所原则上要达到 100% 定置。物品摆放要定点、定容(定位)、定量。

放置方法:物品定置场所依循作业流程布置,遵循操作使用便利、快捷、易用取的原则定置物品摆放区域。物品放置区域、容器、器具架、柜采用定点、定容、定量不得超出所规定的范围。办公桌抽屉放置的用具及工具箱内工具最好以形迹管理,制作凹形模定位摆放。工作箱、工作台、更衣柜、资料柜内置物品,按定置图分门别类摆放。关键件、重要件必须用专用工位器具存放,定置率达100%。

标识方法:定置区域红、定位红标识可采用彩色地标线纸或不同颜色油漆标识,区域红(60 mm)、定位线(30 mm)放置场所和物品原则上一对一表示,且牌物相符,以防混放。物品摆放场所、区域指示信息标牌统一式样制作。在标识方法上多下功夫,达到易取易送的目的。

3. 清扫

(1)清扫的含义

清扫是指彻底清除工作场所的垃圾、灰尘和污迹,让将岗位无垃圾、无灰尘,干净整洁,将设备保养得锃亮完好,创造一个一尘不染的环境。

(2)清扫的目的

- 使质量保持稳定。
- 维持仪器及设备的精度。
- 保持机器设备的稳定性,减少故障发生。
- 保持良好的工作情绪,达到零故障、零损耗,营造清洁的工作场所。

(3)清扫的"三扫"原则

- 扫漏(从设备中溢出的机油、压缩空气油污等杂物)。
- 扫怪(不对劲之处)。
- 扫黑(从设备上及天花板、墙面等落下的脏物、杂物)。

(4)推进清扫的步骤

第一步:准备工作。

第二步:从工作岗位扫除一切垃圾。

第三步:清扫点检机器设备。

第四步:整理在清扫中发现问题的地方。

第五步:查明污染的发源地,从根本上解决问题。

(5)清扫的实施要领

- 建立清洁标准,落实责任人、检查人。
- 责任人每天按清洁标准对所负责区域的物品进行清洁,工作现场所有物品要始终保持最佳状态。
- "清扫"要坚持经常化、标准化、制度化。

注意"清扫"不是"扫除",如果仅是将地、物表面擦得光亮,却没有发现任何不正常的地方,只能称为"扫除"。

4. 清洁

(1)清洁的含义

清洁是指将整理、整顿、清扫进行到底,并维持成果。将前面3S实施的做法制度化、标准化、规范化。

(2)清洁的目的

- 通过制度化来维持成果,并显现“异常”所在。
- 达到管理规范化、标准化。

(3)清洁的三项原则

- 维持(不制造脏乱)。
- 保持(不扩散脏乱)。
- 坚持(不恢复脏乱)。

(4)推进清洁的步骤

第一步:对推进人员进行教育。

第二步:整理—区分工作区的必需品和非必需品。

第三步:向作业者进行确认说明。

第四步:撤走各岗位的非必需品。

第五步:整顿—规定必需物品的摆放场所。

第六步:规定摆放方法。

第七步:进行标识。

第八步:将放置方法对作业者进行说明。

第九步:清扫并在地板上划出区域线,明确各负责区和负责人。

(5)清洁的作用

- 维持作用,将整理、整顿、清扫后取得的成果持续下去,成为公司的制度。
- 改善作用,对已取得的良好成绩不断进行持续改善,使之达到更好的效果。
- 注意强化制度化管理是规范整理、整顿、清扫的重要保证。

5. 素养

(1)素养的含义

素养就是对于规定了的事情,大家都按要求去执行,并养成一种习惯。

(2)素养的目的

- 营造团队精神。
- 让员工遵守规章制度。
- 培养具有良好素质习惯的人才。

(3)素养的三准则

- 守纪律。
- 守时间。
- 守标准。

(4)推进素养的步骤

第一步:制定共同的有关规定、规则。

第二步:制定服装、仪容标准和识别证标准。

第三步:制定礼仪守则。

第四步:教育训练。

第五步:推动各种精神提升活动。

(5)素养的实施要点

- 思考问题的原则。不逃避问题,能积极面对问题;不依赖、不等、不靠;反省自身的问题,不简单指责别人;对自己不断提出新的要求;相信对方,并真诚地给予对方支援。
- 解决问题的原则。发现问题立即解决;解决问题时,尽量从对方优先的立场出发;解决问题时行动要迅速;集中、有效地解决问题,不拖泥带水;持续跟进,解决后有效跟进并确认效果。

6. 安全

(1)安全的含义

安全就是消除工作中的一切不安全因素,杜绝一切不安全现象。消除隐患,排除险情,预防事故的发生。

(2)安全的目的

- 保障员工的人身安全。
- 保证生产连续、安全、正常地进行。
- 减少因安全事故而带来的经济损失。

(3)安全的作用

- 让员工放心,更好地投入工作。
- 没有安全事故,保障生产更顺畅。
- 没有伤害,减少经济损失。
- 让员工有责任有担当,万一发生事故时能够及时处理。
- 管理到位,客户更信任和放心。

(4)推进安全的步骤

第一步:制定现场安全作业基准。

第二步:规定员工的着装要求。

第三步:预防火灾的措施。

第四步:应急措施。

第五步:日常作业管理。

7. 节约

(1)节约的含义

节约就是养成节省成本的意识,主动落实到人及物。

(2)节约的目的

提高经济效益,降低管理成本。

(3)节约的作用

合理利用资源,物尽其用,发挥最大效能。

(4)节约的推进重点

本着不浪费公司任何资源的观念,在充分利用现有资源的基础上,再行节省,降低公司成本。如节约用人、用水、用电、用纸,善用现代化资讯沟通工具,即善用公司网络资源。另外,部分资料可利用公司局域网共享功能进行存储,减少办公用纸,尽量无纸化办公。

(5)废弃物的放置与处理

废弃物的放置:

- 可回收废弃物,由于可以回收出卖,集中分类放置于指定废料区。
- 一般废弃物,没有利用价值,可以直接倒入垃圾区报废。
- 特殊废弃物,材料类经报废后,由仓库管理员放置于指定废料区;有机类、油类,由设备部集中处理,放置于指定的固定区域。

废弃物的处理:

- 可回收废弃物,由仓库管理员通知采购部定期变卖。
- 一般废弃物,每天倒入垃圾箱。
- 特殊废弃物,材料类由生产计调员按照报废程序报采购部进行处理;机油、柴油等有机污染物由设备部报行政部找环保机构进行处理。

7S 活动是企业现场各项管理的基础活动,有助于消除企业在生产过程中可能出现的各种不良现象。7S 活动在推行过程中,通过开展整理、整顿、清扫等基本活动,使之成为制度性的清洁,最终提高员工的职业素养。因此,7S 活动对企业的作用是基础性的,也是不可估量的。7S 活动是环境与行为建设的管理,它能有效改变工作场所凌乱、无序的状态,有效提升个人行动能力与素质,有效改善文件、资料、档案的管理,有效提升工作效率和团队业绩,使工序简洁化、人性化、标准化。

思政内涵

【思政元素】

职业素养、服务意识、责任意识、安全生产意识。

【案例】

一直以来"一汽马自达"服务方面不断改进,提升企业整体形象,从维修设备工具升级、技术技能培训到各种竞赛,在硬件升级上,已全面完成机修、钣金和喷漆三方面的维修设备工具升级,各 4S 店全面配备具有国际领先维修水平的设备工具,全面提升维修质量和效率,透明车间管理系统以及全新的电子化终端管理工具和信息平台已完成配备。"一汽马自达"意在从服务硬件和软件上双管齐下,真正将服务的专业和高效率带给客户,让客户体验到周到、细致、尊贵的"全心管家式服务"。

作为"一汽马自达"售后服务的核心管理内容,"服务现场 7S 管理法"以及核心流程"五步法"是值得一提的话题。"服务现场 7S 管理法"是"一汽马自达"采用的一种与国际接轨的服务现场管理方法,它源于车间生产现场的一种基本管理技术,能够使服务现场的一切都处于管理之中,营造出"一目了然"的现场环境和氛围,在提高维修品质和服务人员素质的同时,也确保了维修服务质量和服务效率。而"五步法"服务核心流程则集中体现了"一汽马自达"倡导的"专业"理念。即从客户预约到迎宾接待流程,从作业管理到交车结算业务流程,最后再到跟踪服务流程。每个流程都有全国统一、规范的标准化动作和操作方法,这样的流程在确保服务质量的同时,也使客户领略到"一汽马自达"标准化服务带来的贴心体验。

【案例分析】

“服务现场7S管理法”作为企业提升员工个人素养，塑造企业形象，以实现企业效益的核心理念，在当今校企合作成为高职院校人才培养的主流模式的背景下，引入“服务现场7S管理法”，提升高职学生的行为素养，有利于提高人才培养质量，使学生更快地融入企业，成为企业需要的高端技能型人才。学生要实现与企业的“无间隙”对接，不但需要有过硬的专业技能，而且还必须具有一个企业对员工所要求的基本素养，因为“素养”是企业的一种文化，是员工自觉形成的一种习惯，是提高工作效率，产品质量的重要保证，更是企业发展的根本，所以对企业来说“素质”比“专业技能”更重要。职业素养作为课程的思政元素有利于增强学生作为未来汽车工程师的服务意识及责任意识。

能力训练

调查当地的一家大中型汽车企业，了解该企业7S管理及实施情况并进行分析。

步骤：

(1)全班按照5～10人一组进行分组，每组选出代表。

(2)编制调查问卷，撰写调查报告。

____

____

____

评价反馈

以小组为单位完成能力训练内容，并根据完成情况，通过学生自评、小组互评和教师评价的方式，对每个小组进行评价，完成表5-2。

表5-2　评　价　表

考核项目	评价标准	分　值	学生自评	小组互评	教师评价
小组合作	和谐	15			
活动参与	积极、认真	15			
语言	礼貌、规范	10			
问题提问	专业	10			
表达能力	强	20			
沟通能力	强	10			
解决方案	正确、规范	10			
开拓能力	灵活、机动、创新	10			
合计		100			
总评(学生自评×20%+小组互评×20%+教师评价×60%)					

思考与练习

1. 简述 7S 的内容。
2. 简述 7S 管理每项活动的内涵。
3. 为什么要推行 7S 管理?
4. 结合实际归纳 7S 管理的规范内容。
5. 概括 7S 管理活动实施的步骤。
6. 整顿的三要素有哪些?
7. 如何在工作、学习以及生活中达到素养标准?
8. 在生活中你是如何做到节约的?

知识拓展

7S 实施策略——红牌作战方案

红牌作战,指的是在工厂内找到问题点,针对问题点悬挂红牌,让大家都明白问题所在,并积极地去改善,从而达到整理、整顿、清扫的目的。

红牌(红单)一般分为两种,一种是只寻找非必需品的红牌(红单),另一种是发现企业问题(包括存在非必需品)的红牌。

1. 红牌作战实施的时间

- 7S 导入初期:第 2 ~4 个月全厂每周举行 1 次作战活动。
- 7S 活动辅导结束后:从每月举行 1 次,到每季度 1 次。

2. 红牌作战实施的细则

- 红牌作战由公司 7S 推行小组,针对现场有问题的对象进行。事先对各位委员说清楚可以及应该贴红牌的对象。
- 作战使用特定红牌、张贴用胶带、笔、发行记录表、垫板。
- 7S 推行小组红牌作战活动中,到各区域找问题、贴红牌,每张发行的红牌都要按单位或区域进行记录。
- 委员分为 2 ~3 组(3 人 1 组)实行“红牌作战”:1 人组长、2 人组员,采用少数服从多数的原则,决定对某事物是否贴红牌。
- 记录表按部门整理、发放。每次对红牌张贴数量、按期整改结果等作统计并公布(一般情况都是在宣传栏公布)。
- 推行小组按规定的时间检查整改结果。
- 要求整改时间一般可分为立刻、3 天、1 周、2 周、1 个月、待定等 6 种。
- 对于故意损坏、丢失红牌及未及时予以整改者,考虑给予相应处分。
- 工作大部分未按进度要求实施的区域,不进行红牌作战。

3. 红牌作战实施的对象

- 任何不满足 7S 规范要求的事物。
- 工作场所的无用物品、非必需物品。

- 机、地、台、窗、墙、顶等污渍、灰尘、垃圾等。
- 工作现场定置管理缺失、管理不善的现象。
- 整理整顿死角,清扫死角等。
- 其他需要改善的问题。

4. 红牌作战的实施

(1)贴红牌的对象

- 库房:原材料、零部件、半成品、成品设备、机械。
- 设备工具:夹具、模具、桌椅。
- 防护用品:储存、货架、流水线、电梯、车辆、卡板等。

注意:人不是贴红牌的对象,否则容易打击士气,或引起矛盾冲突。

(2)判定的标准

明确什么是必需品,什么是非必需品,要把标准明确下来。例如,工作台上当天要用的必需品,其他都是非必需品,非必需品放在工作台上就要贴红牌。贴红牌的目的就是要引导或强制所有员工都养成习惯,把非必需品全部改放在应该放的位置。

(3)红牌的发行

红牌应使用醒目的红色纸,记明发现区的问题、内容、理由。

(4)贴红牌

相关部门的人也觉得应该贴红牌时才能贴。红牌要贴在引人注目的地方,不要让现场的人员自己贴,要理直气壮地贴红牌,不要顾及面子。红牌就是命令,不容置疑。贴红牌一定要集中,时间跨度不可过长,也不要让大家因贴红牌而感到厌烦。

(5)贴牌的对策与评价

对红牌要跟进,一旦某个区域、某个组或某台机器贴上红牌,所有的人都应该有一种意识,马上都要跟进,赶上进度,对实施的效果要实施评价,甚至要对改善前后的实际状况拍照,作为经验或成果向大家展示。

5. 红牌作战的注意事项

- 首先要向全体职工说明贴红牌是为了把工作做得更好,要以正确的态度来对待,不可以置之不理,也不应认为被贴红牌是一种耻辱。在实施红牌作战之前要向所有员工说明红牌作战的意义,说明什么样是最好的,什么样不好,每个人都可以正确地判断。
- 贴红牌时理由一定要充分,事实一定要确凿,而且要区分严重的程度。已经是事实,就要实实在在地把问题列出来。仅仅是提醒注意的,可以贴黄牌。
- 贴红牌频率不宜太高,一般一个月一次,最多一周一次。贴红牌不是随时随地,不能像开罚单一样违规就贴,而是非不得已,一定要改进时,才贴红牌。一般可以马上改进或修改的,就没有必要贴红牌了,用黄牌来表示就可以了。

6. 红牌作战的作用

使必需品和非必需品都一目了然,提高每个员工的自觉性和改进意识。红牌上有改进的期限,一看就一目了然,引起责任部门的注意,及时清除非必需品。

红牌作战记录表,如表5-3所示,作战实施过程中按实际情况填写记录表。

表 5-3　红牌作战记录表

进度追踪	红色代表未更正		黄色代表进行中		绿色代表已完结			
序号 (No.)	时间 (Date)	区域 (Area)	问题描述 (Problem Description)		整改期限 (Rectification Reriod)	处理意见 (Treatment Advice)	责任人 (Responsible)	状态 (State)
1								
2								
3								
4								
5								
6								
7								
8								
9								
10								

项目六 汽车维修企业维修质量管理及维修技术管理

学习目标

知识目标

(1)掌握汽车维修质量管理工作任务。

(2)掌握汽车维修质量检验方法与步骤。

(3)掌握汽车维护主要内容。

(4)掌握汽车维护生产工艺。

能力目标

(1)能够按照维修检验的步骤进行工作。

(2)能够正确使用汽车维修质量检验的方法。

(3)能够根据汽车维护的原则进行维修。

(4)能够正确使用汽车修理的基本方法。

思政目标

(1)培养学生精益求精、爱岗敬业的工作精神。

(2)增强学生服务意识、职业素养。

学习方案

掌握汽车维修质量检验和维护生产工艺的方法。

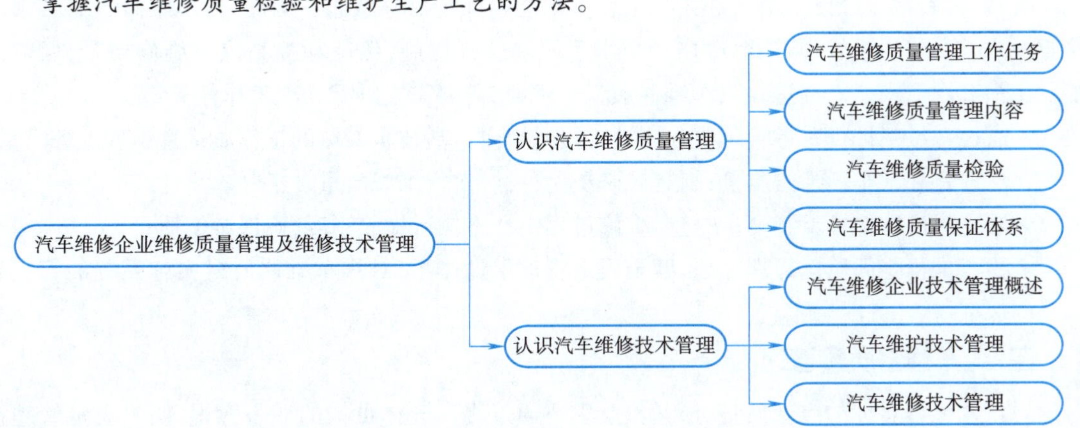

任务一　认识汽车维修质量管理

任务导入

某运输企业的一辆空调大客车在二级维护时，维修人员忽视了转向横拉杆球形节的检修工作，检验人员也没有检查横直拉杆及球形节状况，结果汽车在跑杭州的旅游班车途中因球形节紧固螺栓锈蚀、松旷、螺纹拉损，从而切断安全销，球形节脱落，致使汽车方向失控而翻车，造成了严重的机械伤亡事故。如果你是检验人员，会怎么做？

任务目标

◎掌握汽车维修质量管理工作的任务。
◎掌握汽车维修质量检验的方法与步骤。
◎能够按照维修检验的步骤进行工作。
◎能够正确使用汽车维修质量检验的方法。

相关知识

所谓质量，就是指产品或工作的优劣程度。汽车维修是为了维持或恢复汽车完好技术状况和工作能力而进行的作业，属于一项服务性的技术工作。因此，汽车维修质量包括维修的技术质量和服务质量两个方面。从技术角度讲，汽车维修质量是指汽车维修作业对汽车完好技术状况和工作能力维持或恢复的程度；从服务角度讲，汽车维修质量是指用户对维修服务的态度、水平、及时性、周到性以及收费等方面的满意程度。

一、汽车维修质量管理工作任务

汽车维修质量的优劣是由许许多多相关的因素决定的，它既取决于汽车维修企业内部各个方面、各个部门和全体人员的工作质量，也与社会的经营环境、管理环境等外部条件相关。

汽车维修质量管理就是汽车维修企业为了保证和提高汽车维修质量而进行的计划、组织、协调和控制活动。

汽车维修质量管理是汽车维修企业管理的重要内容之一。汽车维修质量是对汽车本身质量的维持和保障，汽车维修质量的好坏决定着汽车能否保持良好状态。因此，汽车维修企业必须高度重视汽车维修质量管理，采取严格的技术手段和管理措施，保证和提高汽车维修质量，保障人们的生命和财产安全。在进行汽车维修质量管理时，需要完成以下几项工作任务：

- 通过对员工进行质量管理业务培训、思想教育，提高技术人员的工作质量意识和服务质量，保证每一次车辆维修质量；制定维修质量目标，实行维修质量责任制。
- 制定维修质量检验制度，在整个维修过程中严格执行检验制度，确保维修质量。
- 积极推行全面质量管理方法，健全质量管理保证体系，对汽车维修质量实施系统的管理和保证。

二、汽车维修质量管理内容

对汽车维修企业的维修质量进行管理，主要通过提高全体员工的质量意识，明确质量管理目标，明确质量责任制，强化维修管理等方式来实现。

1. 提高全体员工质量意识

汽车维修质量包括维修技术质量和维修服务质量两个方面。要提高维修质量管理水平，既要保证维修技术水平，又要提高员工的服务质量意识，不断对全体员工进行质量教育。

（1）质量管理技术培训

对汽车维修技术人员进行技术培训，主要是通过岗位技能培训提高员工的维修技能，更新维修技术知识。同时，对维修技术管理人员的培训则是提高其管理水平和业务水平。

（2）质量管理思想教育

对维修技术人员进行质量管理思想教育，主要是通过案例学习增强维修技术人员的维修质量意识，提高他们的工作责任心，使其按照标准工艺、流程进行车辆维修工作。对技术管理人员进行质量管理教育，则是通过理论学习使其掌握最基本的质量管理方法和原理。开展质量管理思想教育，增强员工质量意识，树立“顾客第一、客户满意”的思想。

2. 制定维修质量管理目标

评价汽车维修企业车辆维修质量和服务质量的指标一般包括车辆返修率、返工率和一次检验合格率，应保证较低的返修率、返工率和较高的一次检验合格率。

车辆返修率是指进厂维修的车辆在维修质量保证期内再次返厂维修的比例。具体是指维修企业在一定时期内，汽车维修出厂后因维修质量问题二次返修的车辆数与维修出厂车辆总数的比值。

返工率是考核维修企业内部工序质量的重要指标，是指车辆在维修过程中，在上下工序互检过程中的返工车辆数占上下工序总移交次数的百分比。

一次检验合格率又称为上线检测一次合格率，是对汽车维修企业全部工作质量的综合性考核指标。维修企业在一定时期内，车辆大修、二级维护、通过汽车综合性能检测线进行质量检验时，一次性检验合格的车辆数与被检验车辆总数之比。

返修率、返工率和一次检验合格率均为对汽车维修企业维修质量的评价指标，而对于单车维修质量管理目标，通常会在作业竣工时对车辆进行质量检验，评价其是否符合规定的维修竣工标准，单车维修质量的评定指标通常采用“合格”或“不合格”进行定性的评定。维修质量“合格”的车辆可以发给“维修出厂合格证”，维修质量“不合格”的车辆不准出厂。

3. 汽车维修质量评价指标

汽车维修质量是由一系列质量特性来表征的，主要检测评定项目和参数如下：

- 一般技术要求。主要包括车辆外观、附件及装备、车身密封情况等。
- 发动机性能及运转状况。主要包括气缸压力、发动机功率、发动机转矩、发动机燃料消耗率、机油压力及起动性能、怠速性能、尾气排放性能、异响、四漏（漏油、漏水、漏气、漏电）情况等。
- 汽车动力性能。主要包括底盘输出功率、汽车加速时间和滑行性能等。
- 汽车燃料经济性能。用汽车等速百公里油耗量来评价。
- 制动性能。主要包括制动距离或制动力、驻车制动器性能等。
- 转向操纵性能。主要包括转向轮侧滑量、前轮定位、转弯半径和转向盘操纵力等。
- 传动系统工作状况、噪声以及灯光与信号状况等。

4. 维修质量责任制

维修质量责任制是在明确岗位责任制的基础上，确定汽车维修质量管理中的具体任务、职责和权力，并明确职责和功过。具体到每个岗位的责任如下：

- 车间维修工人、维修班组长和维修车间负责人必须严格按照安全技术操作规定完成每天的维修、管理工作，工艺规范和技术标准符合维修企业管理规定。认真做好工位自检和工序互检工作。对于重点工位和关键工序，设立重点质量控制点；对于工序中的薄弱环节和重大质量事故，要做到分析原因，明确责任，妥善解决。
- 维修车间质量检验员要按照维修质量验收规程、质量验收规范和验收标准对每一辆完成作业车辆进行检验，重点对总成装配和关键工序的质量进行检验。在检验过程中，严格按照技术标准和工艺流程进行，对整个维修过程进行全程监督，提供技术支持。
- 技术总监是整个汽车维修过程中的技术负责人，对车辆维修质量全面负责，并负责处理重大技术问题和责任事故。

5. 汽车维修过程管理

在汽车维修整个过程中，涉及较多的工种和工序，要求每一个工种和每个工序都必须严格按照维修企业技术标准和流程进行，控制维修过程中的操作规程、工艺规范和技术标准，加强对维修工的管理。

三、汽车维修质量检验

汽车维修质量检验是指汽车维修技术人员采用相应的检验手段，按照规定的检验方法，对在修车辆和维修后车辆的质量特征进行测定，对整车、总成、零件和维修工序的测定结果与评定标准参数进行比较，判断其维修质量是否合格。

1. 汽车维修质量检验的工作任务

- 对车辆维修的每一道工序进行检验，若发现维修质量问题，及时采取措施解决问题，防止影响下一道工序的工作，避免影响维修工期。
- 严格控制零配件、原材料的入库和出库检验，从源头保证维修质量。对维修过程和外加工零件进行检验，保证对维修车辆更换的零部件为合格件。
- 随时向维修质量主管部门汇报维修质量检验结果，加强监管和监督力度，及时处理维修责任事故。

2. 汽车维修质量检验的步骤

- 明确检验项目、检测项目的质量特性及参数，掌握检验规则和数据处理方法。
- 利用规定的检测方法检测待测对象，并得出维修质量特征值。
- 将所测得的维修质量特性数据与汽车维修技术标准进行分析比较，判断其是否符合汽车维修质量要求。
- 根据分析比较的结果，判定本项维修作业质量合格或不合格。
- 对维修质量合格的维修作业项目签署合格意见；对汽车维修竣工出厂检验合格的车辆签发维修合格证；对维修质量不合格的车辆提出返工处理意见。

3. 汽车维修质量检验的分类及检验内容

汽车维修质量检验是贯穿于整个汽车维修过程的一项重要工作，按照其工艺程序可分为进

厂检验、汽车维修过程检验和汽车维修竣工出厂检验三类。

(1)进厂检验

进厂检验是对送修车辆的装备和技术状况进行检查鉴定,以便确定维修方案。

进厂检验的主要内容和步骤如下:

- 车辆外观检视。
- 车辆装备情况检查。
- 车辆技术状况检查,并听取驾驶人或车主的情况反映。
- 填写车辆进厂检验单。
- 查阅车辆技术档案和上次维修技术资料。
- 判断车辆技术状况,确定维修方案。
- 签订维修合同,办理交接车手续。

根据检验结果填写接车检查单,如图 6-1 所示。

(2)维修过程检验

汽车维修过程检验是指在汽车维修过程中,对每一道工序的加工质量、零部件质量、装配质量等进行的检验。

零件分类检验:在汽车或总成解体并进行清洗后,按照零件损伤程度将其确定为可用件、需修件和报废件三类。零件分类检验之后,将可用件留用,需修件送修,报废件送入废品库。

零件检验分类的主要依据是汽车维修技术标准,凡零件磨损量和形位公差在标准允许范围内的,即为可用件;凡零件磨损量和形位公差超过标准允许范围,但还可修复使用的,为待修件;凡零件损伤严重无法修复使用的则为报废件。

零件分类检验是汽车维修的重要过程的检验内容,对汽车维修质量和汽车维修成本都有着直接的影响。

零件修理加工质量检验:即对需要修理的零件在修理加工之后,应依据汽车维修技术标准进行检验,检验合格的才允许装车使用。

各总成装配及调试的过程检验:汽车维修过程检验是汽车维修质量控制的关键。对影响重要质量特性的关键工序或项目,应作为重要的质量控制点进行检验,以确保汽车维修关键项目的质量稳定;对在汽车维修过程中,故障发生率高、合格率低的工序或项目以及对下一道工序影响大的工序,应多设几个质量控制点加强检验,使影响工序质量的多种因素都能得到控制。

汽车维修过程检验一般采用岗位工人自检、工人互检和专职检验员检验相结合的检验方式。因此,汽车维修企业必须建立严格的检验责任制度,明确检验标准、检验方法,并分工做好检验记录,严格把握过程检验质量关,凡不合格的零件、装配不合格的总成都必须返工,不得流入下一道工序。

(3)出厂竣工检验

汽车维修竣工出厂检验是在汽车维修竣工后、出厂前,对汽车维修总体质量进行的全面验收检查,检验合格的可签发机动车维修合格证。

汽车维修竣工出厂检验的主要内容和步骤如下:

- 整车外观技术状况检查。
- 整车及各主要总成的装配和附属装置情况检查。

接车检查单

车牌号		车型		接车时间	
客户姓名		客户联系电话		车内无贵重物品	是□　否□

客户描述及预估维修项目

关键项目检查（如异常，请备注）			
电子指示系统	正常□　异常□		接车里程数:________公里
车内功能键	正常□　异常□		
点烟器	有□　无□		油册表位置:
备胎及随车工具	正常□　异常□		
是否洗车	是□　否□		
旧件是否带走	是□　否□		0　1/2　1

其他需要检查项目及检查情况说明

车身外观及内饰检查（外观凹凸、破损或划痕请用○标记在图中，内饰破损或脏污请用△标记在图中）
备注：车身多处划痕、凹坑，无法逐一记录　是□　　车辆外观较脏，暂不做外观检查　是□

是否需要预检　是□　否□	
预检结果	

1. 因车辆维修需要，有可能涉及路试，如有在路试中发生交通事故，按保险公司对交通事故处理方法处理；
2.（经销商名称）已提醒客户将车内贵重物品带离车辆并得到妥善处理，如有丢失请客户自行负责。

服务顾问签名：　　　　　　　　　　　　　　客户签名：

图 6-1　接车检查单

- 发动机运行状况及性能检验。
- 汽车运行状况及性能检验。可通过路试或上汽车综合性能检测线进行检验。
- 对检验合格的车辆进行最后验收,并填写汽车维修竣工出厂检验记录单。
- 对维修质量合格的车辆签发机动车维修合格证。
- 办理汽车维修竣工出厂交接手续。

汽车维修竣工出厂检验是对汽车维修质量的最后把关,由汽车维修专职检验员进行检验。检验人员必须依据汽车维修技术标准逐项、全面进行检查。对验收检查中发现的缺陷和不合格的项目,必须立即进行处理,不允许有缺陷的车辆出厂。只有所有的项目都达到汽车维修技术标准的要求,维修质量检验人员才能签发维修合格证。

《中华人民共和国道路运输条例》明确规定:“机动车维修经营者对机动车进行二级维护、总成修理或者整车修理的,应当进行维修质量检验。检验合格的,维修质量检验人员应当签发机动车维修合格证。”因此,汽车维修质量检验是汽车进行二级维护、总成修理或者整车修理过程中的法定程序,汽车维修企业必须严格执行。

维修车辆出厂竣工检查项目见表6-1。

表6-1　维修车辆出厂竣工检查项目

序　号	检查项目	检验内容
1	整车检查	整车外观整洁度检查
		整车及主要总成的装备和附属装置情况检查
2	发动机检查	发动机空载运行状况及性能检查
3	路试检验	汽车各种行驶工况下性能检查

车辆维护竣工出厂检验记录单如图6-2所示。

机动车维修合格证如图6-3所示。

4. 汽车维修质量检验方法

(1)人工检视诊断法

人工检视诊断法是维修质量检验人员通过眼看、耳听和手摸的方法,在不解体车辆或局部解体的情况下对车辆的外观整洁度、密封性、漆面完整性、灯光仪表工作状况、各零部件的润滑情况以及螺栓的紧固情况进行检查。凭借检验人员多年的工作经验,判断车辆维修状况及维修质量是否合格。

(2)仪器设备检测诊断法

仪器设备检测诊断法是现代汽车维修质量最主要、最基本的检验方法,通常用于车辆大修、总成大修和二级维护作业后,对车辆维修质量进行检测。利用汽车检测诊断仪器设备对车辆性能和技术状态以曲线或波形图的形式展现出来,并将曲线或波形图与标准参数值进行比较分析,从而判断维修质量是否合格。

四、汽车维修质量保证体系

质量是生命,质量不仅是企业的生命,也关系到客户的生命安全。为了保证汽车维修质量不断提高,汽车维修企业应当树立科学的全面质量管理观念,建立健全企业内部质量保证体系,调动企业全员的积极性,全面加强质量管理。

车辆维护竣工出厂检验记录单

编号：

车牌号码		车型		发动机号码		车架号或VIN码		送检时间	

二级维护竣工检验项目及要求					
序号	检验部位	检验项目	技术要求	检验方法	检验结果
1	整车	1. 清洁	汽车外观，各总成外部，清洁	检视	
		2. 面漆	车身面漆，腻子无脱落现象，补漆颜色应与原色基本一致	检视	
		3. 对称	车体应回正，左右对称	汽车平置检查	
		4. 紧固	各总成外部螺栓、螺母按规定力矩扭紧，锁销齐全有效	检查	
		5. 润滑	发动机、变速器、转向器、减速器润滑符合规定，各通气孔畅通，各部润滑点润滑油加注符合要求	检视	
		6. 密封及电器	全车无油、水、气泄漏，密封良好，电器装置工作可靠，绝缘良好	检视	
		7. 前照灯、信号、仪表	稳固、齐全、有效	检视	
2	发动机	1. 发动机工作状况	发动机能正常启动，低、中、高速运转均匀及稳定，水温正常，加速性能良好，无断缸、回火、放炮等现象	路试	
		2. 发动机功率	无负荷功率不小于额定值的80%	检测	
		3. 发动机装备	齐全有效	检视	
3	离合器	1. 踏板自由行程	符合原厂规定	检测	
		2. 离合情况	接合平稳，分离彻底，无打滑、抖动及异响	路试	
4	转向系	1. 转向盘最大转动量	符合规定	检查	
		2. 横直拉杆装置	球头销不松旷，各部螺栓螺母紧固，锁止可靠	检查	
		3. 转向机构	操作轻便，转动灵活，车轮转到极限位置时，不得与其他部件有碰擦现象	路试	
		4. 前束及最大转向角	符合规定	检测	
		5. 脚滑	符合GB 7258中的有关规定	检测	
5	传动系	变速器、传动轴、主减速器	变速器操纵灵活，不跳挡，不乱挡，变速器传动轴、主减速器各部件无异响，传动轴装配正确	路试	
6	行驶系	1. 轮胎	轮胎磨损应在规定范围内，同轴轮胎应为相同的规格和花纹	检查	
		2. 钢板弹簧	钢板弹簧无断裂、移位、残片	检查	
		3. 减振器	稳固有效	路试	
		4. 车架	车架无变形，纵横梁无裂纹	检查	
		5. 前后轴	无变形及裂纹	检查	
7	制动系	1. 制动性能	符合GB 7258中的有关规定	检测	
		2. 制动踏板自由行程	符合规定	检查	
		3. 驻车制动性能	符合GB 7258中的有关规定	检测	
8	滑行	滑行性能	符合规定	检测	
9	车身车厢	车身	驾驶室装置紧固，门锁链灵活无松旷，风窗玻璃完好，窗框严密，暖风装置工作正常	检查	
		车厢	车厢不歪斜，整体不变形	检视	
10	排放	尾气排放测量	符合有关标准的规定	检测	
注：检验方法中的检测为用检测设备检测					
竣工检验意见				质量总检验员签字	

图 6-2　车辆维护竣工出厂检验记录单

汽车维修质量保证体系是指汽车维修企业以保证和提高汽车维修质量为目标，把与汽车维修质量管理紧密相关的各种要素、各个环节、各个部门统一组织起来，形成一套目标一致、相互协调的综合性质量管理工作系统，以促进汽车维修质量管理工作系统化、规范化、制度化、经常化。汽车维修质量保证体系主要包括以下内容。

1. 明确的质量方针和目标

企业的质量方针和目标就是企业制定的质量管理行为宗旨和所要达到标准，是企业质量管理工作的纲领和方向。质量方针和目标的制定与实施，是汽车维修质量的重要保证之一。汽车维修是一项服务性技术工作，汽车维修企业应当以为客户提供优质服务、保证用户满意、确保车辆无故障安全运行为基础，制定质量方针和目标，指导企业的质量管理活动。同时还应根据企业的条件，制定出切实可行的且具有一定先进性的质量方针和目标体系，并将质量目标体系逐项、逐级地分解到各个质量控制岗位，确保质量目标的实施。并且由于汽车维修市场的不断发展，企

业应当根据市场的变化情况，及时修订企业的质量方针和目标。

No.00000000
存根

托修方______
车牌号码______
车型______
发动机型号/编号______
底盘（车身）号______
维修类别______
维修合同编号______
出厂里程表示值______

该车按维修合同维修，经检验合格，准予出厂。

质量检验员：（盖章）
承修单位：（盖章）

进厂日期：　　出厂日期：
托修方接车人：　　（签字）
接车日期：

No.00000000
车属单位保管

托修方______
车牌号码______
车型______
发动机型号/编号______
底盘（车身）号______
维修类别______
维修合同编号______
出厂里程表示值______

该车按维修合同维修，经检验合格，准予出厂。

质量检验员：（盖章）
承修单位：（盖章）

进厂日期：　　出厂日期：
托修方接车人：　　（签字）
接车日期：

No.00000000
质量保证卡

该车按维修合同进行维修，本厂对维修竣工的车辆实行质量保证，质量保证期为车辆行驶______万公里或者______日。在托修单位严格执行走合期规定、合理使用、正常维护的情况下，出现的维修质量问题，凭此卡随竣工出厂合格证，由本厂负责包修，免返修工料费和工时费，在原维修类别期限内修竣交托修方。

返修情况记录：

次数	返修项目	返修日期	修竣日期	送修人	质检员

维修发票号：

图 6-3　机动车维修合格证

2. 专职质量管理机构

各类汽车维修企业应当建立与其维修类别相适应的质量管理组织机构。质量管理机构的组织形式可以根据企业规模的大小而定。一般一类、二类维修企业应建立质量管理领导小组，其成员由企业技术负责人、专职总检验员及质量管理部门和其他有关部门的负责人组成，并且还应单独设立质量检验科室等质量管理的具体办事机构，负责日常具体的质量管理工作。三类维修业户应有明确的质量负责人，负责日常的质量管理工作。

汽车维修企业的质量管理机构和质量管理人员的主要职责：

- 认真贯彻执行国家的质量管理法律、法规。
- 贯彻执行国家和交通部颁布的有关汽车维修技术标准以及有关汽车维修的地方标准。
- 制定汽车维修工艺和操作规程。
- 依据国家标准、行业标准、地方标准的要求，制定汽车维修企业技术标准。
- 建立健全汽车维修企业内部质量保证体系，加强质量检验，掌握质量动态进行质量分析，推行全面质量管理。
- 开展质量评优与奖惩工作。

各类汽车维修企业还必须设有质量检验员。质量检验员必须经过当地汽车维修行业管理部门培训、考核并取得汽车维修质量检验员证书。

3. 严格的汽车维修质量管理制度

汽车维修企业必须严格执行国家和当地维修行业主管部门制定的有关汽车维修质量管理制度和法规，并且要建立健全企业内部相关的质量管理制度，并认真遵守和执行。

(1)汽车维修质量检验制度

汽车维修企业必须按规定配备质量检验员。对汽车进行二级维护、总成修理或整车修理都应当进行质量检验。车辆进厂时、维修过程中以及竣工出厂时,必须由专职检验人员负责检验,并认真填写维修检验单。在汽车维修过程中,每道工序的检验可以采用自检、互检和专职检验相结合的方法,做到层层把关,严格检验。

(2)汽车维修合格证制度

对于进行整车大修、总成大修和二级维护作业的车辆,在维修竣工出厂时,经检验合格的,维修质量检验人员应当签发“机动车辆维修合格证”。维修出厂合格证由各省维修行业主管部门统一印制,它是车辆维修合格的标志,是制约维修企业质量保证的重要手段。维修企业及质量检验人员必须严格对待出厂合格证的签发,加强出厂质量检验,保证做到不合格的车辆绝对不能签发合格证;对于经检验合格的车辆,一经签发合格证,就要由厂方和检验人员负责。

(3)维修质量保证期制度

机动车维修实行竣工出厂质量保证期制度。汽车和危险货物运输车辆整车修理或总成修理质量保证期为车辆行驶 20 000 km 或者 100 d;二级维护质量保证为车辆行驶 5 000 km 或者 30 d;一级维护、小修及专项修理质量保证期为车辆行驶 200 km 或者 10 d。

在质量保证期中行驶里程和日期指标,以先达到者为准。机动车维修质量保证期,从维修竣工出厂之日起计算。

在质量保证期和承诺的质量保证期内,因维修质量原因造成机动车无法正常使用,且承修方在3 日内不能或者无法提供因非维修原因而造成机动车无法使用的相关证据的,机动车维修经营者应当及时无偿返修,不得故意拖延或者无理拒绝。

(4)质量管理岗位责任制度

为了增强每个职工的质量意识,确保每个岗位的工作质量,维修企业必须根据每个岗位的质量目标、业务标准和工作程序,制定严格的岗位责任制度,把实现质量目标的相关要求和注意事项等具体落实到每个岗位的每个职工身上,使每个职工都有明确的方向和责任,都能自觉地按照规定和要求对各自岗位的质量管理工作负责,并且对员工还要有严格的奖励和惩罚制度,对每个岗位的质量管理水平都要进行严格考核和奖励。

4. 实行质量管理业务标准化和质量管理流程程序化

汽车维修质量的好坏是由维修企业中每个岗位的工作人员的工作质量所决定的。因此,维修企业内部必须根据总的质量方针和目标的要求,明确规定每个岗位的质量管理的具体目标和要求,明确每个岗位实现质量目标的工作标准和技术标准,使每个岗位的工作都有标准执行,并且都能够按照标准执行。同时,对每个岗位的工作程序以及各个岗位之间工作的相互联系与衔接,都要制定明确的管理流程,使各项工作都能按科学的程序化进行质量管理业务标准化,就是把维修企业中重复出现的质量管理业务工作制定成标准,并作为制度执行。管理流程程序化,就是将维修企业中形成的合理的质量管理业务工作流程规范起来,形成固定的程序,并将其用图表标示出来以指导执行。

5. 开展质量管理小组活动

质量管理小组简称为 QC 小组,是以保证和提高产品质量、工作质量、服务质量为目的,围绕生产和工作现场存在的问题,由生产班组或科室人员自愿组织、主动开展质量管理活动的小组。建立 QC 小组、开展 QC 小组活动是企业开展全面质量管理,提高质量水平的有效的质量保证形式。QC 小组的任务是在小组范围内控制质量,一般以工作质量为主,其职能是实现质量点控制,

即选择那些对质量有重大影响的关键环节、关键点实施控制。对于汽车维修质量，重点应当控制车辆进厂检验、维修作业过程检验、维修竣工检验以及汽车零部件选用与检验等关键环节。在汽车维修企业中，应重点扶持这些关键岗位的QC小组的活动，以点带面，推进整个企业的全面质量控制网络。

6. 加强汽车维修配件及原材料质量管理

现代汽车维修越来越多地采用换件维修的方式，汽车维修配件质量是影响汽车维修质量的关键因素之一。因此，维修企业首先应当严把维修原材料及配件采购供应关，坚决杜绝采购假冒伪劣的产品，要建立原材料和配件采购进厂入库检验制度和采购人员责任制度，在采购进厂入库前必须由专人逐件进行检验查收，并由采购人员和管理人员签字。在维修作业领用材料时，要认真填写“领料单”，注明规格、型号、材质、产地、数量，并由领发人员分别签字。在维修作业过程中，检验人员应对原材料再次进行检验，严防不合格原材料和配件装车使用。

7. 做好维修质量管理的基础工作

汽车维修质量管理的基础工作主要包括以下内容：

- 建立健全质量管理制度。
- 建立健全车辆维修技术档案并认真填写和保存。
- 认真执行汽车维修技术国家标准、行业标准和企业标准，具有完整的汽车维修技术资料。
- 具有完善的进厂检验单、过程检验单、竣工检验单、维修合同文本和维修出厂合格证等技术文件。
- 对维修计量器具和检测仪器与设备具有使用管理制度，并对维修设备定期进行精度和性能检查。

8. 建立汽车维修质量信息反馈系统

汽车维修质量信息反馈系统的作用就是迅速、及时、准确地将汽车维修过程中的质量信息反馈到企业维修质量管理系统中，以便随时掌握维修质量情况。对于汽车维修过程中出现的维修质量问题，要能够及时查明原因，找到问题的关键点，并通过企业维修质量管理系统及时进行质量控制和改进。

汽车维修质量信息反馈包括汽车维修企业内部质量信息反馈和企业外部质量信息反馈。

汽车维修企业内部质量信息反馈主要有进厂检验、维修过程检验、维修竣工出厂检验的质量信息反馈等，并由专职汽车维修质量检验人员组成信息反馈网络。企业内部质量信息反馈系统的主要信息形式是各种维修检验记录单和技术档案。汽车维修企业外部质量信息反馈主要由客户质量信息反馈、汽车维修质量监督检验站质量信息反馈、道路运政管理机构质量信息反馈等组成。企业外部质量信息反馈系统的主要信息形式是客户质量信息调查、客户质量投诉、汽车维修质量监督检验报告、行业管理统计与考核报表等。

在长期的质量管理实践中，人们探索、总结出许多质量管理的科学理论和方法。全面质量管理就是科学的、先进的质量管理方法之一，长期以来在世界和我国各类企业中得到广泛的应用。汽车维修质量信息反馈系统的管理，可以由人工通过各种单证、报表、书面报告等信息载体形式进行管理，目前在汽车维修企业中，计算机汽车维修信息管理系统也越来越广泛地应用于汽车维修质量信息反馈系统的管理中。

思政内涵

【思政元素】

吃苦耐劳、严谨的工作态度;具有较强的质量意识;克服困难的能力;事业心、责任感和使命感;工匠精神。

【案例】

周洪友是东南(福建)汽车工业有限公司的一名高级工程师。他与汽车焊装工作相伴20余载,完成技术改进项目超百项。周洪友对待工作一丝不苟,精益求精。焊装是一道精细活,能否将汽车各个部件"天衣无缝"地焊接到一起,不仅关系到汽车外形,还决定整车质量、性能、安全性等。一旦发生碰撞,焊接坚固的汽车能为乘客提供最坚实的"保护舱"。作为焊装组生产管理师,周洪友日常工作便是在生产线上尽可能避免人工或者机器人在作业时焊点数量上出现误差,提升焊点精度。2015年,他通过自主研发和设计,对焊装车间焊点计数管理平台进行创新,如今实现点焊计数零误差。该平台的工作原理就是通过智能计算焊点数量,做到时时比对,在误差警示功能的帮助下,有效防止人工漏焊。同时,衍生出焊枪电极头自动提醒研磨功能,从而实现全流程焊接监控和可追溯管理。除了是一名技艺精湛的制造能手外,周洪友还用吃苦耐劳的坚持与追求,树立起"老黄牛"形象,曾荣获第三十四届福州市劳动模范称号。2016年初,距东南汽车DX3新车型小批量生产只有不到两个月的时间,这时尾灯在装灯过程中,发生装配精度问题,如果不及时解决,将影响后续车子的生产进度,周洪友在公司连续昼夜奋战直至问题解决。如今,中国东南汽车城建设东风正盛。周洪友将坚持学习、创新,为打响东南汽车城品牌贡献力量,让更多的人看到"东南造"汽车。

【案例分析】

"零误差"就是我们常说的"精益求精"。"精"字,为完美之意,"益"字为更加之意。好了还求更好就是"精益求精",是高度的专业、职业和敬业精神的具体体现。有了"精益求精""零误差"这种精神,就没有克服不了的困难,就没有做不好的工作,就没有干不成的事业。

一个企业,需要"零误差"精神。在提高产品操作人员质量意识的同时,产品操作人员精湛的技术技能、一丝不苟的工作作风、严格执行质量标准和操作规程的观念十分重要。其实,各行各业都有它的工作流程和工作标准、产品标准。只要有了责任心,加上不断提高自身素质,认真按工作流程和工作标准、产品标准办事就能把它做好。无论在什么岗位、干什么工作都要追求精益求精的目标。

任务二　认识汽车维修技术管理

任务导入

在长城4S店内服务顾问小李热情接待了客户王力,并进行了详细的需求了解,得知客户想要进行5万km保养。但是服务顾问小李只了解首保的内容,不常接待5万km保养的顾客,也不知道具体价格,你认为小李应当做些什么?

任务目标

◎掌握汽车维护的主要内容。
◎掌握汽车维护的生产工艺。
◎能够根据汽车维护的原则进行维修。
◎能够正确使用汽车修理的基本方法。

相关知识

汽车维修企业是一个由多工种、多环节构成的服务型工业企业，虽然其规模一般较小，但由于实际汽车维修过程中不仅维修车型和维修技术日益复杂，而且各工种、各环节有着各自不同的操作规程、工艺规范和技术标准，各工种、各环节在生产过程中又彼此交叉，因工种或每一环节的工作质量都可能会直接影响汽车维修的整体产品质量，因此汽车维修技术管理日益重要。为此，现代汽车维修企业内大多设置有技术管理部门，以配合生产管理，进行技术指导和技术培训，监督和协调企业内部所有的生产技术工作，更好地为汽车维修企业的生产经营管理服务。

一、汽车维修企业技术管理概述

汽车维修企业技术管理是企业管理的重要组成部分。汽车维修企业只有建立技术管理的组织机构，明确其岗位职责，才能确保技术管理的顺利实现。

1. 基本任务

汽车维修企业技术管理的基本任务是采用先进合理的汽车维修技术工艺，选用生产上适用、技术上先进、经济上合理，且可靠性好、信誉度高的汽车维修设备及汽车检测诊断设备，从而为用户或车主提供优质的车辆维修服务；保证维修竣工车辆的行车安全，降低消耗和环境污染，实现汽车维修企业的经济效益与社会效益；搞好技术管理基础工作，促进汽车维修企业的现代化管理。

汽车维修企业的技术管理基本任务主要包括以下三个方面：

- 在采用先进合理的汽车维修技术工艺的基础上，兼顾经济性、可靠性，合理运用汽车维修设备及汽车检测诊断设备，进而开展车辆维修工作，为用户和车主提供优质的服务。
- 保证维修竣工车辆的行车安全，降低消耗和环境污染，实现汽车维修企业的经济效益与社会效益。
- 搞好技术管理基础工作，促进汽车维修企业的现代化管理。

2. 组织机构及岗位职责

(1)汽车维修企业技术管理的组织机构

汽车维修企业应在建立厂长或经理负责制的同时，根据企业的生产规模和工作特点，本着精简和效能的原则，建立以总工程师(年大修能力在500辆以上的汽车维修企业)、主任工程师(年大修能力在300辆以上的汽车维修企业)或技术负责人(年大修能力在300辆以下的汽车维修企业)为首的技术管理组织机构，并在总工程师、主任工程师或技术负责人的直接领导下建立相应的技术管理机构，配备少量精干的技术人员，并明确其技术岗位职责，深入生产第一线，加强汽车维修过程中的技术领导，以履行其技术管理职能，为生产服好务。车间技术负责人、主修人以及专职检验人员在业务上也受总工程师、主任工程师或技术负责人的直接领导。

(2)汽车维修企业技术管理的岗位职责

总工程师、主任工程师或技术负责人应在厂长或总经理的直接领导下具体负责本企业的技术管理工作，对厂长或总经理负责，其岗位职责如下：

- 执行上级颁布的技术管理制度，制定本企业各级技术管理部门及技术人员的技术责任制度。
- 编制并实施本企业的科技发展规划和年度技术措施计划(包括企业设备购置和维修计划)，搞好本企业的技术改造和技术革新工作；推广新技术、新工艺、新材料、新设备、开发新产品。
- 解决本企业生产经营管理中的疑难技术问题和质量问题，努力提高维修质量，并努力降低维修成本。
- 切实做好本企业技术管理的各项基础工作，参与制订并实施本企业技术经济定额。
- 领导并组织本企业的科技工作和技术培训工作，做好本企业技术职务的评定和聘任工作。

二、汽车维护技术管理

所谓汽车维护，是指为维持汽车完好技术状况或工作能力而进行的技术作业。其作业内容主要包括清洁、补给、润滑、紧固、检查、调整以及发现和消除汽车运行故障和隐患等。汽车维护技术管理的目的是保持车辆技术状况良好，保证安全生产，充分发挥运输汽车的效能和降低运行消耗，以取得良好的经济效益、社会效益和环境效益。

1. 汽车维护的原则

根据交通运输部的《汽车运输业车辆技术管理规定》，汽车维护应贯彻“预防为主、定期检测、强制维护”的原则，即汽车维护必须遵照交通运输管理部门规定的行驶里程或间隔时间，按期强制执行，不得拖延，并在维护作业中遵循汽车维护分级和作业范围的有关规定，保证维护质量。

汽车维护是预防性的，保持车容整洁，及时消除发现的故障和隐患，防止汽车早期损坏是汽车维护的基本要求。汽车维护的各项作业是有计划、定期执行的，其内容是依照汽车技术状况变化规律来安排的，并执行在汽车技术状况变坏之前。

定期检测是指汽车在进行二级维护前必须用测试仪器或设备对汽车的主要使用性能和技术状况进行检测诊断，以了解和掌握汽车的技术状况和磨损程度，并做出技术评定，根据评定结果确定该车的附加作业或小修项目，并结合二级维护一并进行。

强制维护是在计划预防维护的基础上进行状态检测的维护制度。汽车的维护工作必须遵照交通运输管理部门或汽车使用说明书规定的行驶间隔里程或间隔时间，按期执行，不得任意拖延。

坚持“预防为主、定期检测、强制维护”的原则，做好汽车维护工作并按照GB/T 18344—2016《汽车维护、检测、诊断技术规范》的要求定期进行，是有效地保持汽车良好技术性能的唯一途径。

2. 汽车维护的分类

汽车维护可分为定期维护和特殊维护两类。定期维护分为日常维护、一级维护和二级维护；

特殊维护分为季节性维护和走合期维护，如图6-4所示。

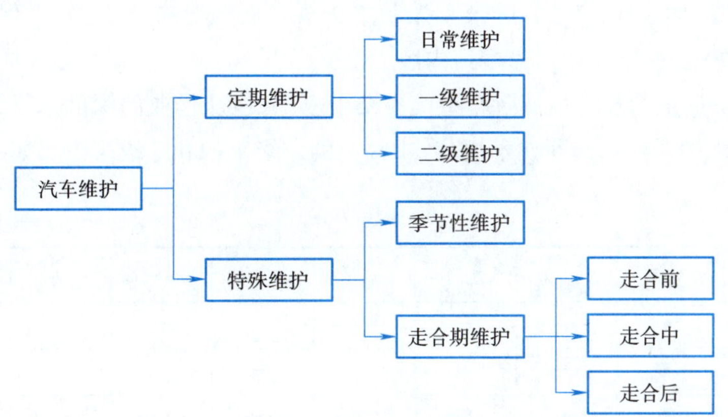

图6-4　汽车维护分类

(1)日常维护

日常维护是驾驶人为保持汽车正常工作状况的经常性工作，其作业的中心内容是清、补给和安全检视，通常是在每日出车前、行车中和收车后进行的车辆维护作业。

(2)一级维护

一级维护是对经过较长里程运行后的车辆，由维修人员对汽车安全部件进行检视维护的作业。该作业的中心内容除日常维护作业外，以清洁、润滑、紧固为主，并检查有关制动操控、灯光、信号等安全部件。

(3)二级维护

二级维护是由维修企业负责执行的汽车维护作业，其作业中心内容除一级维护作业外，以检查、调整为主，并拆检轮胎，进行轮胎换位。汽车经过更长里程运行后，必须对车况进行较全面的检查、调整，以维持其良好的技术状况和使用性能，确保汽车的安全性、动力性和经济性等达到使用要求。

(4)季节性维护

在入冬或入夏时，为使汽车适应季节的变化而实行的维护作业称为季节性维护。

(5)走合期维护

汽车的使用寿命、工作的可靠性和经济性在很大程度上取决于汽车使用初期的走合。汽车的走合期就是指新车或大修后的车辆最初行驶的一段里程。汽车的走合期一般规定为1 500～2 500 km，或按汽车使用说明书规定的里程执行。

3. 各级维护周期

汽车日常维护通常是在每日出车前、行车中和收车后进行的。汽车一级和二级维护周期的确定，一般根据车辆使用说明书的有关规定，或依据汽车使用条件的不同，由省级交通行政主管部门规定汽车行驶里程。一级维护周期一般为1 500～2 000 km(或10～20天)，二级维护周期一般为10 000～12 000 km(或2～3个月)。

对于不使用行驶里程统计、考核的车辆，可用行驶时间间隔确定汽车一级、二级维护周期，其间隔时间(天)应依据本地区汽车使用强度和条件的不同，参照汽车一级、二级维护里程周期，由各地自行规定。

由于引进车型的维护规定与我国汽车强制维护规定的内容有所不同,为保证车辆的合理使用,在汽车实际维护工作中应以厂家规定内容为准。

汽车强制维护周期的长短虽然各车型产品要求不一,但从作业的深度来看,基本上都分为两级,相当于《汽车维护、检测、诊断技术规范》中提出的一级维护和二级维护。如图6-5所示为迈腾车型维护周期。

行驶里程	机油	机滤	空气滤清器	空调滤清器	汽车滤清器	刹车油	变速箱油	转向助力油	火花塞	正时皮带
5 000 km	●	●	—	—	—	—	—	—	—	—
10 000 km	●	●	—	—	—	—	—	—	—	—
20 000 km	●	●	●	●	—	—	—	—	●	—
30 000 km	●	●	—	—	—	—	—	—	—	—
40 000 km	●	●	●	●	—	—	—	—	●	—
50 000 km	●	●	—	—	—	—	—	—	—	—
60 000 km	●	●	●	●	●	—	●	—	●	—

图6-5 迈腾车型维护周期

4. 汽车维护的主要内容

(1)清洁工作

清洁工作是提高汽车维护质量、防止机件腐蚀、减轻零部件磨损和降低燃油消耗的基础,并为检查、补给润滑、紧固和调整工作做好准备。其工作内容主要包括对燃油、机油、空气滤清器滤芯的清洁,对汽车外表的养护,对有关总成、零部件内外部的清洁作业。

(2)检查工作

检查工作是通过对汽车的检查,以确定零部件的异常和损坏。其工作内容主要是检查汽车各总成和机件是否齐全,连接是否紧固;是否有漏水、漏油、漏电和漏气等现象;通过汽车上的指示仪表、警报装置等随车诊断装置检查各总成、机构和仪表等技术状况,对影响汽车安全行驶的转向、制动、灯光等工作情况应加强检查;汽车拆检或装配、调整时应检查各主要部分的配合间隙。

出车前检查项目和检查内容见表6-2。

表6-2 出车前检查项目和检查内容

序号	检查项目	检查内容
1	油液	检查油液量、检查有无漏液情况
2	仪表	检查仪表盘各指示灯是否正常工作
3	轮胎	检查轮胎花纹磨损情况、轮胎胎压
4	负载物	检查成员座椅、装载的货物是否牢固、拖挂链接是否正常
5	四漏	检查发动机及底盘各部分是否存在漏水、漏油、漏气、漏电的现象

(3)补给工作

补给工作是指在汽车维护中,对汽车的油、液进行加注补充;蓄电池充电及电解液补充、轮胎补气等作业。为使汽车润滑良好,应选用合适的型号,并及时正确地添加或更换润滑油。

(4)润滑工作

润滑工作的目的是为了减少有关摩擦副的摩擦力,减轻机件的磨损。其工作内容包括按照汽车的润滑图表和规定的周期,用规定牌号的润滑油或润滑脂进行润滑;各油嘴、油杯和通气塞必须配齐,并保持畅通;发动机、变速器、转向器、驱动桥等应按规定补充、更换润滑油。

(5)紧固工作

紧固工作是为了使各部机件连接可靠,防止机件松动的维护作业。汽车在运行中,由于振动、颠簸、热胀冷缩等原因,会改变零部件的紧固程度,以致零部件失去连接的可靠性。紧固工作的重点应放在负荷重且经常变化的各部机件的连接部位上,以及对各连接螺栓进行必要的紧固和配换。

(6)调整工作

调整工作的目的是保证各总成和机件长期正常的工作。作业内容主要是按技术要求,恢复总成、机件的正常配合间隙及工作性能等工作。调整工作的好坏对减少机件磨损、保持汽车使用的经济性和可靠性有直接关系。

5. 汽车维护生产工艺

汽车维护工艺流程为:在车主进厂报修后,由前台业务接待人员进行车辆进厂交接,并根据车主的报修单做汽车进厂检验,根据检测与诊断故障确定具体的维修项目和费用预算;然后向车间下达派工单,明确作业项目和定额工时,由车间安排维修班组及主修人按照派工单实施修复、调校或故障排除;在汽车维修过程中,由主修人或主修班组执行自检、互检,维修竣工后由专职检验员实施质量检验;倘若维修质量合格,则交回前台,由前台业务接待人员向车主交车,同时汇总汽车维修工时和材料消耗,结算汽车维修费用。

我国目前用户所用的车辆成色较新,维修业务大多是日常维护或小修,因此汽车维修企业如果沿用以上正规的汽车维护工艺流程以实施均衡生产,恐怕会让用户等得不耐烦。为此,在车辆急修店或快修店中,或者在3S、4S汽车维修企业,连锁经营的急修或快修门市部中,必须建立一种专为快修和急修服务的汽车维护工艺流程。该流程的要点是增大前台业务接待人员的权力,用前台业务接待人员替代汽车维修企业中的生产经营管理,从而压缩原有的管理层级,即由前台业务接待人员直接派工调度,由维修工通过自检合格直接竣工交车,最后由前台业务接待人员根据格式合同进行费用结算。这种改革不仅减少了用户待修时间,提高了用户满意度,还可以简化快修店的工艺流程,提高企业生产效率,增强市场竞争能力。但需要说明的是,由于目前大多数汽车维修企业的前台业务接待人员并不具备故障诊断和质量检验的实际能力,因此要实现上述改革,关键并不在于增大业务接待人员的权利,而在于如何提高其业务素质。

三、汽车维修技术管理

所谓汽车维修,就是为恢复汽车完好技术状况或工作能力而进行的技术作业。汽车由于其本身使用寿命的限制,在使用过程中技术状况的恶化是不可逆转的,维修只能是尽量保持其技术状况，延长其使用寿命。所以，汽车维修不仅应考虑车辆零部件的损耗情况，更应该考虑当前的技术发展和车辆的使用条件。车辆维修作业开展，必须结合上次二级维护作业经过检测诊断和技术鉴定后确定，一般遵循以最低程度的修理达到最大的使用效率，要避免盲目修理造成的失修和早修的浪费。

1. 汽车维修的分类

汽车维修分为以下几类：

- 汽车大修：新车或经过大修后的车辆，恢复车辆的完好技术状况，完全或接近完全恢复车辆寿命的恢复性修理。
- 总成修理：汽车的总成经过一定使用里程（或时间）后，恢复总成完好技术状况和寿命的恢复性修理。
- 汽车小修：用修理或更换个别零件的方法，保证或恢复汽车工作能力的运行性修理，主要是消除汽车在运行过程或维护作业过程中发生、发现的故障或隐患。
- 零件修理：对因磨损、变形、损伤等而不能继续使用的零件进行修理。零件修理要遵循经济合理的原则，是修旧利废、节约原材料、降低维修费用的重要措施。

2. 汽车和总成送修前的技术鉴定

汽车大修的间隔周期是根据汽车实际技术状况变化的统计规律确定的。汽车大修的间隔周期因汽车结构类型、设计制造质量、使用条件和使用状况、日常维修状况、汽车使用年限（新旧程度）的不同而有所差异。通常车辆技术管理部门应结合大修前最后一次汽车二级维护作业进行车况技术鉴定，确定该车辆是否继续使用或立即送修。

- 对可继续使用的车辆，应确定可继续运行的里程，以便确定下次车况技术鉴定的期限。
- 对符合汽车大修送修条件的应及时送修（即视情况修理原则）。
- 对于未达到规定大修间隔里程的汽车，若因为实际车况不良或者因为事故损伤而需要提前送厂大修的，在送厂大修前也应经过车况技术鉴定，以防止汽车或总成的盲目提前修理或延后修理。

汽车大修的间隔里程定额一般为 15 万 ~ 20 万 km，发动机的大修间隔里程定额一般为 9 万 ~ 12 万 km，且后一次大修间隔里程定额应为前一次大修间隔里程定额的 75% ~ 85%，以此类推。但是否确定汽车或总成确需进行大修，还需以汽车或总成的实际技术状况是否符合汽车或总成的大修送修标志（或送修技术条件）为准。

3. 汽车和总成大修的送修标志

要确定汽车及其总成是否需要大修，必须掌握汽车和总成大修的送修标志。

- 汽车大修送修标志：客车以车身为主，结合发动机总成；货车以发动机总成为主，结合车架总成或其他两个总成符合大修条件。
- 挂车大修送修标志：挂车车架（包括转盘）和货箱符合大修条件；定车牵引的半挂车和接式大客车，按照汽车大修的标志与牵引车同时进厂大修。
- 总成大修送修标志：总成大修的送修标志中，多数仅为定性规定，在执行时会遇到。

汽车和总成大修的送修标志见表 6-3。

表 6-3　汽车和总成大修的送修标志

总　成	送修标志
发动机	气缸圆柱度误差达到0.175～0.250 mm 或圆度误差已达到0.050～0.063 mm(以其中磨损量最大的一个气缸为准);最大功率或气缸压缩压力比标准值降低25%以上;燃料和润滑油消耗显著增加
车架总成	车架断裂、锈蚀、弯曲、扭曲变形逾限,大部分铆钉松动或铆钉孔磨损,必须拆卸其他总成后才能进行校正、修理或重铆方能修复
变速器(分动器)	壳体变形、破裂、轴承孔磨损逾限,变速齿轮及轴恶性磨损、损坏,需要彻底修复
后桥(驱动桥、中桥)	桥壳破裂、变形,主轴套管承孔磨损逾限,减速器齿轮恶性磨损,需要校正或彻底修复
前桥	前轴裂纹、变形,主销孔磨损逾限,需要校正或彻底修复
客车车身	车厢骨架断裂、锈蚀、变形严重,蒙皮破损面积较大,需要彻底修复
货车车身	驾驶室锈蚀、变形严重、破裂;货厢纵、横梁腐蚀,底板、栏板破损面积较大,需要彻底修复

4. 修竣出厂车辆装备规定

汽车维修企业对于修竣出厂车辆,不仅应保证经常性装备一律配齐有效,且维修中不得任意改变(不包括经常性装备以外的临时性装备)。

所谓车辆的经常性装备,是指基本型汽车的原厂装备规定。车辆的经常性装备应符合GB 7258—2017《机动车运行安全技术条件》、GB 13094—2017《客车结构安全要求》、GB/T 17275—2019《货运牵引杆挂车通用技术条件》等有关规定。

所谓车辆的临时性装备,是指除经常性装备以外临时增加的装备。例如当车辆运输特殊物资(如超长、超宽、超高、保鲜、防碎、危险货物等)时,或当车辆在特殊条件下使用时(如防滑、保温预热、牵引等),根据需要所配备的临时性装备或临时性设施。

5. 汽车修理的方法

汽车修理方法是指进行汽车修理作业的工艺和组织规则的总和。

(1)汽车修理的基本方法

按汽车修理以后对汽车属性保持程度来区分,有就车修理法、混装修理法和总成互换修理法三种。

就车修理法指进行修理作业时要求被修复的主要零件和总成装回原车的修理方法。汽车在修理时,从车上拆解的总成和零件,经检验凡能修复的,均在修竣后全部装回原车,不得进行互换。采用这种修理方法,由于各总成和零件的修理难易程度、所需工时都不一样,因此经常会影响汽车最后总装的连续性,以致拖延汽车修理竣工出厂的时间。不过,承修汽车车型较杂、产量不大的汽车修理企业比较适宜采用这种修理方法。

混装修理法指进行修理作业时,不要求被修复零件和总成装回原车的修理方法。这种修理方法与就车修理法完全不同,过多地调换了汽车原来的零件和总成,破坏了汽车原有的装配性能,这已成为汽车修理的大忌。因此,这种修理方法现已不推荐采用。

总成互换修理法指用储备的完好总成替换汽车上的不可用总成的修理方法。总成互换修理法实际上是一种综合拆装、专业化修理的修理工艺。它在汽车修理过程中,除车架与车身等重要基础件仍采用就车修理法外,其他待修总成均由综合性拆装班组负责拆除,并立即换装从旧件总成库内领出的已经预先修好的旧总成,或者换用配件库内新购的新总成,然后进行汽车总装配。

从原车拆下的总成或零件均由综合性拆装班组送往各专业修理班组去修复,修复后的总成则一律存入旧件库。由于这种作业方式分工很细,故专业化程度很高。

总成互换修理法的优点是把汽车修理过程简化为综合性拆装班组的“拆拆装装”,由于拆装作业相对简单,所需设备不多,占地面积也小,有利于实现汽车修理的流水线作业,保证汽车修理过程的及时性和连续性,压缩修理作业周期。而且由于拆散后的总成都被送到各专业修理班组进行专业化修理,既简化了过程管理,又确保了汽车修理的质量和周期。另外,总成互换修理要求工人的操作技术较为专业和单一,可大大提高工人单项作业的技术水平和工作效率,并有利于专用工具的采用,确保汽车修理质量和降低汽车修理成本。

总成互换修理法的缺点是要求零部件或总成的周转量较大,旧件库管理也比较复杂(要求互换的旧件质量的成色与原车匹配,否则会造成互换困难);而且需要有机械化运输设备(以运送笨重总成),因此只适合于车型单一、生产规模较大,且具有一定总成周转量的大中型汽车修理企业(如城市公共交通维修企业)。总成互换修理法具有一定的优越性,是汽车维修生产发展的方向。

(2)汽车修理作业形式

汽车修理作业形式是按汽车和总成在修理过程中的相对位置来区分,有定位作业法和流水作业法两种。

定位作业法指在固定工位上进行汽车修理作业的方法。汽车大修采用定位作业法时,将汽车的拆解和总装作业固定在一个工作位置(车架不变移位置)来完成,而拆解后总成和零件修理作业仍分散到各个工位上进行。采用这种作业方式的优点是占用工作场地较小,拆解和总成作业不受连续性限制,生产调度方便;缺点是总成和零件要来回搬运,工人劳动强度较大。定位作业法一般适用于规模不大或修理车型较杂的汽车修理厂。

流水作业法指汽车在生产线的各个工位上,按确定的工艺顺序和节拍进行修理的方法。汽车大修采用流水作业法时,将汽车的拆解和总装作业安排在流水线上完成,对于总成和零件的修理仍然可以分散到各个工位上进行,并根据条件尽量采用总成和零件修理的流水线,或采用总成互换修理法,以配合汽车大修流水作业连续性要求,避免“窝工”现象。流水作业又可分为连续流水作业和间流水作业两种,前者是利用流水线上的传动机构,使汽车沿拆解和总装流水线有节地连续移动;后者是利用汽车车轮组成输送机,使汽车沿拆解和总装流水线每移动到一个工位上停顿一定时间。

采用流水作业法的优点是专业化程度高,分工细致,修理质量较高,便于集中利用工具设备;缺点是要有较大的生产场地和完善的生产设施及工艺组织。流水作业法适用于生产规模较大或修理车型单一的汽车修理厂。

思政内涵

【思政元素】

培养科技报国的家国情怀,与国家民族复兴同向同行,与时代发展同频共振;培养遵纪守法、诚信、敬业、吃苦耐劳、严谨的工作态度;加强团队精神和协作精神;培养良好的心理素质和克服困难的能力;树立事业心、责任感和使命感;培养工匠精神,树立干一行爱一行的敬业精神。

【案例】

“你是兄弟,是老师,是院士,是这个时代的中流砥柱。表里如一,坚固耐压,鬼斧神工,在平

凡中非凡，在尽头处超越。这是你的人生，也是你的杰作。”这是感动中国十大人物颁奖词，说的正是“大国工匠”李万君。“技能报国”是他终生夙愿，“大国工匠”是他至尊荣光。他从一名普通焊工成长为中国高铁焊接专家，是“中国第一代高铁工人”中的杰出代表，是高铁战线的“杰出工匠”，被誉为“工人院士”“高铁焊接大师”。如何在外国对中国高铁技术封锁面前实现“技术突围”，他凭着一股不服输的钻劲儿、韧劲儿，积极参与填补国内空白的几十种高速车、铁路客车、城铁列车转向架焊接规范及操作方法，先后进行技术攻关100余项，其中21项获国家专利，《氩弧半自动管管焊操作法》填补了中国氩弧焊焊接转向架环口的空白。专家组以他的试验数据为重要参考编制了《超高速转向架焊接规范》。他研究探索出的“环口焊接七步操作法”成为公司技术标准。依托“李万君大师工作室”，先后组织培训近160场，为公司培训焊工1万多人次，创造了400余名新工提前半年全部考取国际焊工资质证书的“培训奇迹”，培养带动出一批技能精湛、职业操守优良的技能人才，为打造“大国工匠”储备了坚实的新生力量。

【案例分析】

焊工是最平凡的工匠，被誉为“没有翅膀的飞机”的高铁，离不开他们非凡的双手。在全国优秀共产党员、中车长春轨道客车股份有限公司焊工李万君看来，工匠精神有两种：一种是创新发明开拓，攻克非凡的难题；另一种是始终如一日，干一行爱一行，把平凡的工作做到极致。工作了29年，已获得“中华技能大奖”的李万君，每天都在手握焊枪、踏踏实实地做着这两件事。

通过大国工匠的案例，激励学生树立精益求精、兢兢业业的工匠精神。工匠精神是一种严谨认真、精益求精、追求完美、勇于创新的精神。党的十八大以来，习近平总书记多次强调要弘扬工匠精神。党的十九大报告提出“弘扬劳模精神和工匠精神”。党的十九届四中全会《决定》提出“弘扬科学精神和工匠精神”。在新时代大力弘扬工匠精神，对于推动经济高质量发展，实现“两个一百年”奋斗目标具有重要意义。

弘扬工匠精神有助于提高创新能力、加快建设制造强国。我国是世界制造业第一大国，在世界500多种主要工业产品中，我国有220多种工业产品的产量位居世界第一，但总体而言，我国制造业大而不强，实现制造业转型升级迫在眉睫。加快建设制造强国，加快发展先进制造业，关键在于提高创新能力，而工匠精神是助推创新的重要动力。

工匠精神不是因循守旧、拘泥一格的“匠气”，而是在坚守中追求突破、实现创新。把工匠精神融入生产制造的每一个环节，敬畏职业、追求完美，才有可能实现突破创新。我们要通过弘扬工匠精神，培育劳动者追求完美、勇于创新的精神，为实施创新驱动发展战略、推动产业转型升级奠定坚实基础，加快建设制造强国，推动经济高质量发展。

能力训练

某车辆到汽车维修企业进行维护，目前车辆行驶里程是18 000 km，经过技术人员对车辆技术状况的检查，确定车辆无明显损伤和故障。4～6名同学为一组，每组制定一份该车辆维护项目清单。

评价反馈

以小组为单位完成能力训练内容，并根据完成情况，通过学生自评、小组互评和教师评价的方式，对每个小组进行评价，完成表6-4。

表6-4 评 价 表

考核项目	评价标准	分 值	学生自评	小组互评	教师评价
小组合作	和谐	15			
活动参与	积极、认真	15			
语言	礼貌、规范	10			
问题提问	专业	10			
表达能力	强	20			
沟通能力	强	10			
解决方案	正确、规范	10			
开拓能力	灵活、机动、创新	10			
合计		100			
总评（学生自评×20%+小组互评×20%+教师评价×60%）					

思考与练习

1. 什么是汽车维修质量管理？
2. 汽车维修质量管理的任务是什么？
3. 汽车维修质量检验方法有哪些？
4. 汽车维修企业技术管理的具体工作有哪些？
5. 汽车维修企业技术管理的岗位职责有哪些？
6. 汽车维护的原则是什么？
7. 汽车维护的主要内容有哪些？
8. 汽车修理作业形式有哪些？

知识拓展

汽车维修企业如何有效提升维修质量

维修质量是汽车维修企业的核心竞争力，其中一次修复率是主要指标之一。一次修复率计算方法以月为单位，具体计算公式如下：

一次修复率=（当月一次维修合格项目总数/当月进店维修车辆报修项目总和）×100%

如何有效提升一次维修率？可以通过以下方法实现。

1. 提升客服人员的业务能力

预约是客户问题反馈的第一个渠道和开始，作为客服人员，在预约客户进店做保养和维修的过程中，有效掌握客户的问题反馈是关键。客服人员要熟知品牌车辆常见故障问题点、维修案例、主动整改内容等，以及客户上次维修故障点、历史维修问题点等，在客户问题反馈时，无须客

户进站，就可以快速处理客户问题，减少客户进站维修的次数和维修的成本。这样在预约阶段就能消除一些可能影响一次修复率的问题，既提升了客户满意度，又提高了专卖店的一次修复率。预约阶段的问题处理，也是目前汽车品牌修理厂务必关注的焦点。

2. 车辆进店的SA准确问诊和科学查看

规范的问诊技巧和扎实的技术功底，是品牌汽车修理厂SA长期不断积累的结果。SA和客服人员一样，都要熟知品牌车辆常见故障问题点、维修案例、主动整改内容等，以及客户上次维修故障点、历史维修问题点，才能有效在接车环节化解客户问题，减少客户进入车间维修的项目和次数，从而控制一次修复率的下滑。

SA拥有良好的故障诊断能力需要两个方面的技能，即扎实的技术基本功和规范的诊断询问技巧。技术功底和经验可以通过培训和阶段性的车间实习积累，因此服务顾问技术的提高是服务部门必须重视的环节，确保服务的问题准确把握客户车辆的真实信息。规范的问诊技巧是各品牌都有的相关的指导思路和询问方法，5W2H的使用和开放、封闭问题的结合，是准确把握客户故障和需求的科学途径。

3. 维修派工与技师的维修诊断

科学合理的派工是维修质量有效的保障，有条件的企业建议由车间主管进行派工，将故障交给处理这种故障技术最好的维修技师进行维修。初步诊断无法确认的故障，需要与车间其他维修技工一起诊断来确认。

看似简单的“三现”——现听、现试、现测，不是每个技工都能做到，准确判断车辆故障的细节，属于电器的问题，要找电器较专业的技师处理；属于底盘的问题，要找熟知底盘问题的技师去处理，需要仔细判断和准确分析后得到综合结论，所以车间技工的专业技能是非常必要的。在这个环节，服务顾问需要克服私交关系的障碍，客观准确地选取施工对象，保证车辆的一次修复率。

4. 技术案例的汇总与共享

维修案例和主动整改内容在所有的汽车维修企业都是必不可少的资料，是品牌产品质量维修的经验积累，是可以套取的公式和方法，维修技师无须花费太多的时间去诊断车辆问题，只需按照案例的操作方案就可以解决问题，省事省力，还能提高一次修复率。在维修企业中，不管是客服人员，还是前台服务顾问、车间维修技师等，都要熟知并能够按照案例的内容排除故障，相比掌握理论，实际操作应用才是一次修复率的保障。

5. 疑难杂症和偶发性故障排除

疑难杂症、偶发性故障和重复出现的问题，是目前影响一次性修复率的难题。很多品牌汽车修理厂，一次修复率低，往往是因为几辆车的重复维修或者重复返厂。出现这种情况，宏观上来看是一次修复率偏低，深入剖析则是修理厂维修能力薄弱，但基本上所有品牌的车子都存在类似的问题，根据维修企业常见的一些情况，提出以下建议，供大家参考：

- 维修技师要具备快速诊断的能力。维修技师在遇到疑难杂症、偶发性故障时，要能果断界定问题，不能钻牛角尖，要量力而行，不能解决问题时要及时寻求帮助，及时寻找技术强手或者技术总监帮助处理，切忌为了脸面拖延维修时间或者掩盖问题，坚决杜绝放弃问题不处理，放行有质量问题的车辆出厂。
- 会诊。维修技师要养成会诊的习惯，遇到问题，能力达不到，要及时与其他维修技师会诊，多一个技术上的帮扶或者指导，对于维修技师来说也是解决问题的方法之一。

- 扩大维修范围。很多维修技师在解决故障时总是盯住一个点不会发散思维系统地解决问题，其实实时扩大维修范围，也是解决问题的方法，是部件的问题，可以先更换总成，再进行排查，不要拘泥于传统的处理方案，要敢于破立同行的办法。
- 厂家专业技术人员或第三方的现场支持。当遇到真正无法解决的问题，与厂家专业技术人员或邀请第三方的对接是必要的，厂家积累的经验要比修理厂多，当电话沟通不能解决问题时，要及时申请厂家的技术人员或第三方到达现场帮助修理厂解决问题。

6. 配件的质量保证

零部件的质量直接影响修理厂的一次修复率，不合格的零部件造成的重复更换会直接降低一次修复率。为了保证配件的质量，修理厂的备件经理要把控好以下几个方面：

- 备件订购的准确性。要对技师确定的备件订购精准，很多厂家的备件存在一个图号多个备件的现象，往往装车后性能存在偏差，使得车辆问题不能解决，还可能滋生其他问题，造成车辆返厂重新维修。
- 备件到货检验的准确性。备件到达修理厂后，备件经理要对到达备件100%检验，确保备件没有破损、断裂、缺少等，对于电器类配件，要依靠车间设备及时进行测试，对于不合格品绝对不能接收，要返厂并隔离。
- 备件出库要有明确的台账，出库记录便于查询，以便下次维修作为参考。

7. 维修仪器设备的支持

专业的工具设备支持是保证一次修复率的关键，毕竟参加过系统性正规培训的人员是少数，如果专用工具使用不到位，会直接影响车辆维修的质量。良好的仪器设备需要日常维护和点检，保证良好的工作性能，不能出现关键的检测设备或者施工专用设备频繁损坏罢工的现象，造成客户多次进店，降低一次修复率。

现在很多汽车品牌的修理厂，日常设备点检、维护、保养做不到位，很多维修设备随意摆放、堆积，检测设备不校验，大型设备不使用的情况普遍存在，一定程度上影响了在维修过程的使用，降低了一次修复车辆的机会。修理厂对于设备和工具的管理应该重视起来，管理和监督部门要定期检查和督导服务部门及时检查和维护、校验设备，工欲善其事，必先利其器，设备正常使用是必需的。

8. 完整的检验流程

维修过程的自检是维修技师完工后的首要工作。车辆修复后，对于维修报修的项目在交付前进行自我检验是技师最基本的职业素养，不管是报修的项目还是追加的项目，都要在交付前做好自检。

班组长的互检是维修质量的第一次监督的实施。不管维修技师的技术水平如何，也不管从业时间多长，都要对维修后的车辆进行互检，防止维修技师在维修过程中有所遗漏，维修不彻底，维修过度等问题存在，避免有问题没解决就交车。

技术总监或者质检员的终检是维修质量的第二次监督的实施。技术总监和质检员的技术能力相对较强，在进行终检时，对于涉及的电器类维修、性能维修、发动机维修等，要进行试车、检测，确保问题处理完毕，才能盖章签字放行。

车间对于涉及一次修复率的内外返要做好规范的记录。维修过程的记录，绩效考核的完善，

内部培训的组织等，都要建立完整的体系管理文件，用规范管理来保证一次修复率的指数。

9. 出厂前服务顾问交车前检验

服务顾问作为最后的检验员，是目前行业定义的第四道检验的关键，把客户交付给服务顾问的有产品质量的车辆彻底解决，是服务顾问对客户负责的根本。服务顾问需要确认客户报修项目是否完成，是否按照客户的需求彻底解决了问题，追加的项目是否完工，加装或者养护完成情况，车身内外饰是否出现新的质量问题，洗车是否造成车辆损伤等，这些都是服务顾问在交车前必须一一检查的内容。这一关要是把握不住，车辆问题就会流出，一次修复率就无法保证。

10. 服务顾问维修项目的解释

适当合理的解释也是服务顾问重要的工作内容。客户可能将产品呈现的某种或某类现象误解为是同一问题，但实际上不是重复的问题，这时需要服务顾问给予合理的解释，明确告知客户引起产品质量问题的原因，解释上次维修存在的问题点，这一过程对于客户来说可以加深对修理厂的了解，杜绝客户误解或者在第三方调查时对于维修质量测评偏低。

11. 重点车辆回访过程的问题解决

维护结束后，很多涉及性能匹配的性能件可能需要一个适应和匹配的过程，这就需要客服人员在回访客户时提醒客户需要关注哪些细节，使用过程中需要注意的操作方法，遇到问题时排除故障的办法等。

项目七 汽车维修企业文化建设管理

学习目标

知识目标

(1)掌握企业文化的概念、主要功能和内涵。

(2)掌握企业精神的特征和作用。

(3)掌握企业形象的基本含义。

(4)掌握企业形象的构成因素和存在的突出问题。

能力目标

(1)培养自我约束、自我管理的能力。

(2)能够自主学习,强化专业技能。

(3)塑造良好的企业形象,理解企业形象的主要内涵。

思政目标

(1)开展爱国主义教育,树牢只有国家强大,民族才有尊严的理念。不断学习吸收先进的思想、道德准则、价值观念,培养良好的从业心态和奉献精神,努力拼搏,刻苦学习。

(2)尊重企业文化和民族文化。以企业的精神和价值观为引领,教育学生遵章守纪、爱岗敬业、团结奋进、创新发展的职业发展新路径。

学习方案

结合某家汽车维修企业的企业文化和企业精神进行分析和学习。

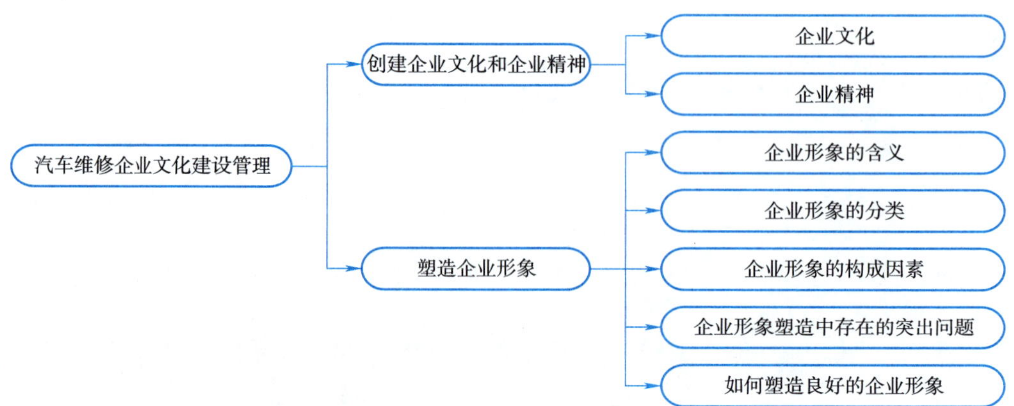

任务一　创建企业文化和企业精神

任务导入

四川亚联高科技股份有限公司董事长王业勤坦言:"一个没有优秀企业文化的企业是不可能持续、快速、健康发展的。"亚联原本是一个名不见经传的小企业,如今所取得的成就与亚联人注重企业文化建设密不可分。企业要想发展壮大,要想走得更远,就不能不把企业文化建设放在一个重要位置上;企业必须有属于自己的灵魂。亚联之所以能有今天的发展规模和良好态势,就是因为成功地运用企业文化这个软性组织,时时处处以其培育人、凝聚人。远见卓识的王业勤认为,21 世纪企业之间的竞争,必将伴随一场企业文化的竞争。

上海同济同捷科技股份有限公司董事长雷雨成认为,企业文化不应是一句口号,不应是企业装饰门面的表面文章,也不是搞几次活动就能完成。

企业千千万万,情况不尽相同,企业文化也没有定式,关键是联系企业实际情况建设符合企业特征、具有企业独特个性的企业文化。

任务目标

◎掌握企业文化的概念、主要功能和内涵。

◎掌握企业精神的特征和作用。

◎培养自我约束、自我管理的能力。

◎能够自主学习,强化专业技能。

相关知识

"企业文化"一词源于美国英文 Corporate Culture,Corporate 有团体的、法人的、共同的等含义,所以企业文化又称公司文化、组织文化和管理文化。在 20 世纪 80 年代,Corporate Culture 被西方管理学界频繁使用时,由于我国当时实行"部—局—公司"直线管理,大多数公司都是兼有行政与经营职能的一级组织,为避免发生误会,就把这个新术语翻译成了"企业文化"。企业文化实际上是整体文化系统下面的一种分支文化,是用文化学的理论和方法,研究经济与文化融合的现象时产生的一种亚文化。

企业文化是企业的灵魂,是推动企业发展的不竭动力,它包含着非常丰富的内容,其核心是企业的精神和价值观。这里的价值观不是泛指企业管理中的各种文化现象,而是企业或企业中的员工在从事商品生产与经营中所持有的价值观念。

一、企业文化

1. 企业文化的定义

关于企业文化的定义,国内外大约有 400 种,几乎每一个管理学家和企业文化学家都有自己的定义。虽然人们使用的词语组合不同,但基本含义是一致的,即企业在一定价值体系指导下所选择的那些普遍的、稳定的、一贯的行为方式的总和。

企业文化与其他文化的区别在于，企业文化是从事经济活动的组织中形成的一种组织文化，它所包含的价值观念、行为准则等意识形态和物质形态均为该组织成员所共同认可。企业文化有广义和狭义之分，广义的企业文化是指企业物质文化、行为文化、制度文化、精神文化的总和；狭义的企业文化是指以企业价值观为核心的企业意识形态。

企业文化是企业在生产经营实践中逐步形成的，为全体员工所认同并遵守的，带有本组织特点的使命、愿景、宗旨、精神、价值观和经营理念，以及这些理念在生产经营实践、管理制度、员工行为方式与企业对外形象的体现的总和。

2. 企业文化的结构

企业文化由以下内容构成。

(1)思想内涵

企业文化的思想内涵包括企业哲学、经营理念与企业精神。企业哲学主要包括企业的价值体系和综合处理信息的方法，它在总体上规范了企业的经营宗旨和行为；经营理念是企业经营的指导思想，是经过整理后可以宣示于人的条理性思想，是企业的使命和经营目标，它直接决定了企业的经营行为；企业精神指企业在生产经营实践活动中形成的，促进企业发展并能激发职工干劲的一种无形的力量，包括创新精神、独立与协作精神、顽强拼搏的精神、务实的精神等。

(2)信息网络

企业文化的信息网络是连接企业组织中各种信息通道的网状结构，包括正式渠道、非正式渠道和纵横交错的立体式渠道三种。正式渠道犹如一个人的动脉血管，非正式渠道犹如静脉血管与经络系统。只有全身的动脉和静脉血管与所有经络系统都通畅，人体才是健康与充满活力的。在企业的信息网络中，各种信息往往不是以单一的渠道或方式发布，而是纵横交错，如蛛网般密布，以立体的网络式发布和接收，因此，这些网络组成了纵横交错的立体式渠道信息网络。

(3)行为规范

企业文化的行为规范包括人们一般都认可的制度文化，但它又比制度文化广泛得多。事实上，企业的行为规范不是规章制度所能概括的。除了企业正式制定的规章制度能对企业人的行为进行规范以外，非正式制度所引导的行为规范，也就是企业的潜在规则，对企业人的规范作用也很大，有时甚至超过正式的规章制度所起的作用。非正式制度形成的行为规范可能是建立在正式制度基础之上，并且形成对正式制度的一种反映和强化；也可能不是建立在正式规章制度之上，而是由有一定权力与威望的人引导的、企业真正实施的行为规范。由于不同企业所遵循的管理哲学不同，企业领导层身体力行的效应不同，所以他们所实施的管理制度和实践结果也会不一样，而这种管理制度与实践的不同，则会导致具有不同行为方式的企业文化出现。

(4)企业形象

企业形象包括外部形象和内部形象。外部形象主要指企业的名称标志、建筑装饰、标号、文化仪式、知名度、美誉度等；内部形象主要指企业风尚、工作氛围、设施摆放组合、装束等。

3. 企业文化的层次

企业文化分为三个层次：一是物质文化层次，即企业环境以及一些文化建设的硬件设施等；二是制度文化层次，包括企业中那些长期形成的习俗、礼仪、习惯，成文与不成文但已约定俗成的制度等；三是最核心的精神文化层次，主要指价值观念。

4. 企业文化的特征

企业文化具有以下特征。

(1)系统性

根据系统论的观点,企业文化是一个开放的复杂巨系统,是由相互联系、相互依赖、相互作用的部分和层次构成的有机整体。具体表现如下:

- 企业文化具有开放性,是一个开放的系统,其内部资源与外部资源始终处于相互作用、相互交流的过程中。
- 企业文化具有复杂性,是一个复杂系统,包括不同层次的各个子系统。
- 企业文化具有自组织性,是一个不断制造知识和利用知识的复杂自组织系统,其发展是一个自创生、自生长、自适应、自复制的自组织过程,是自发形成、维持和演化成一种有序的企业文化结构的过程。
- 企业文化还具有巨量性,即子系统数量巨大,企业文化系统包括了企业所有的成员,无论管理层还是普通工人,只要存在于企业内部,都包含于企业文化系统之中。

此外,企业文化还涉及企业运行的方方面面,例如招聘、培训、生产等,而在不同的企业活动中,各要素之间相互作用又形成了数目巨大的子系统。企业文化作为一个系统来说,具备衡量复杂巨系统的指标。

(2)人文性

企业文化具有人文性,企业内外一切活动都是以人为中心的,从企业内部来看,企业应该是员工能够发挥聪明才智、实现事业追求、和睦相处、舒畅生活的大家庭;从企业外部看,企业生产经营的最终目的是为了满足广大人民的需要,是为了促进人类社会的发展。企业文化强调人的社会性,强调以人为中心,强调人的价值观念在企业运作中的重要地位和作用。企业文化注重群体精神,倡导平等、友善、信任、互助、合作的人际关系,注意人的自尊和自我实现等高层次。

(3)目的性

企业文化具有鲜明的目的性,紧紧围绕企业自身为其终极目标服务。企业文化与该企业的生存发展同生死、共存亡,企业文化的形成与实践的主体是该企业的员工,员工的切身利益与企业盈利性程度息息相关,当具体的某个企业目的与社会发展目标相悖时,企业的目的性必须作出适当的调整和修改。

(4)独特性

每个企业的企业文化都有其区别于其他企业的独特之处。虽然很多企业处于相同的民族文化环境中,它们的企业文化都具有民族文化的烙印,但每个企业由于其特殊的历史、人员结构及领导风格等形成了各自不同的企业文化,因此可以说没有两个企业文化完全相同的企业。企业文化的重要特点是企业的文化个性,没有个性就没有企业文化。

(5)可塑性

企业从整体和长远的利益积极倡导新的价值观念、新的道德观念和行为规范,促使企业文化不断更新。企业文化与企业领导人的个性特点及其价值观休戚相关,因此企业领导人的变化也影响着企业文化的不断变化。另外大的形势变化和内部危机也会使企业文化建设出现问题,但是企业文化可以通过企业人员的努力重新塑起来。

(6)共识性

企业文化代表企业共同的价值判断和价值取向,即多数员工的共识。当然,共识通常是相对而言的。在现实生活中,由于人的素质参差不齐,人的追求呈现多元化,人的观念更是复杂多样的,因此,企业文化通常只能是相对的共识,即多数人的共识。

(7)社会性

企业文化是社会文化主流的一个文化支流,企业文化属于社会文化的一个组成部分并且与社会文化紧密相连,彼此之间相互影响。企业文化有自己独特的个性,但在社会大文化背景下,处于绝对的从属地位,脱离社会文化的企业文化没有生存的可能,与社会文化背道而驰的企业文化也必然被取缔。

(8)时代性

企业文化是时代的产物,它作为管理科学的最新成果,是在一定的历史文化、现代科学技术和现代意识影响下形成和发展起来的,也就必然受到当时当地的政治、经济、文化的影响,带上时代的特征。

5. 企业文化的功能

企业文化具有一定的功能,具体表现如下。

(1)企业文化具有导向功能

所谓的导向功能是指企业文化对企业的领导者和员工具有一定的引导作用。企业文化的导向功能主要体现在以下两个方面。

经营哲学和价值观念的指导。经营哲学决定了企业经营的思维方式和处理问题的法则,这些方式和法则指导经营者进行正确的决策,指导员工采用科学的方法从事生产经营活动。企业共同的价值观念规定了企业的价值取向,使员工对事物的评判形成共识,有着共同的价值目标,企业的领导和员工朝着他们所认定的价值目标去努力。

企业目标的指引。企业目标代表着企业发展的方向,没有正确的目标就等于迷失了方向。好的企业文化会从实际出发,以科学的态度确立企业的发展目标,这种目标一定具有可行性和科学性。企业员工就是在这一目标的指导下从事生产经营活动的。

(2)企业文化具有约束功能

企业文化的约束功能主要通过完善管理制度和道德规范来实现。

有效规章制度的约束。企业制度是企业文化的内容之一,是企业内部的法规,企业的领导者和员工必须遵守和执行,从而形成约束力。

道德规范的约束。道德规范是从伦理关系的角度来约束企业领导者和员工的行为,如果人们违背了道德规范的要求,就会受到舆论的谴责,心理上会感到内疚。例如同仁堂药店"济世养生、精益求精、童叟无欺、一视同仁"的道德规范约束着全体员工必须严格按工艺规程操作,严格质量管理,严格执行纪律。

(3)企业文化具有凝聚功能

企业文化以人为本,尊重人的感情,在企业中建立了团结友爱、相互信任的和睦氛围,强化了团体意识,使企业员工之间形成强大的凝聚力和向心力。共同的价值观念形成了共同的目标和理想,员工把企业看成一个命运共同体,把本职工作看成实现共同目标的重要组成部分,整个企业步调一致,形成统一的整体。"企兴我荣,企衰我耻"是员工发自内心的真情实感,"爱企如家"

是他们的实际行动。

(4)企业文化具有激励功能

共同的价值观念使每个员工都感到自己存在和行为的价值,自我价值的实现是人的最高精神需求的一种满足,这种满足必将形成强大的激励。在以人为本的企业文化氛围中,领导与员工、员工与员工之间互相关心,互相支持。特别是领导对员工的关心,会让员工感到受人尊重,自然会振奋精神,努力工作。另外,企业精神和企业形象对企业员工也有着极大的鼓舞作用,特别是企业文化建设取得成功,在社会上产生影响时,企业员工会产生强烈的荣誉感和自豪感,会激励他们加倍努力,用自己的实际行动去维护企业的荣誉和形象。

(5)企业文化具有调适功能

调适就是调整和适应。企业各部门之间、员工之间,由于各种原因难免会产生一些矛盾,解决这些矛盾需要各自进行自我调节;企业与环境、与顾客、与企业、与国家、与社会之间也会存在不协调、不适应之处,这也需要进行调整和适应。企业哲学和企业道德规范使经营者和普通员工能科学地处理这些矛盾,自觉地约束自己。完美的企业形象就是进行这些调节的结果。调适功能实际也是企业能动作用的一种表现。

6. 企业文化的内涵

我们从以下几个方面来了解企业文化的内涵。

(1)企业精神文化建设

企业精神文化建设是整个体系中最为关键的一点,是制度文化、行为文化和物质文化的根本。由于企业的历史文化背景不同,企业在生产经营过程中受其影响会形成具有自己特征的文化理念,这种理念展现了企业独特的经营理念、与众不同的风格特点,反映了企业的理想和信念,是企业整体的集中体现。

(2)企业制度文化建设

企业制度文化建设是对内行为规范制度和对外行为规范制度的总和,是企业精神文化的具体化。它的实施把企业物质文化和精神文化统一成整体,是企业为实现自身目标,对员工的行为给予一定指导和调整的文化,对组织行为和员工行为具有较强的要求。对内表现为促使全体员工认可企业的价值理念,形成企业向心力,从而营造一个和谐进步的内部经营环境。对外表现在通过一些外部行为活动,拓展企业的社会影响力,为企业打造一个相对理想的外部经营环境。

(3)企业行为文化建设

企业行为文化建设是企业在生产经营、人际交往、市场营销、社会活动中所产生的文化。从行为文化中可以体现企业的精神面貌、经营理念、人际关系,同时也展示了企业价值观和企业精神,是企业与社会良好互动的载体。从人员结构上看,企业家行为、企业模范人物行为和企业员工行为构成了企业行为,从他们的生活习惯、工作方式中可以更好地了解企业。企业行为文化建设是企业整体精神风貌和文明程度的载体。

(4)企业物质文化建设

企业物质文化建设的显著特点是以物质为载体,通过高质量的产品、企业生产环境以及企业形象等来体现,是企业文化在物质上的凝结。企业物质文化是一种显性文化,是具体的物质形态,其重要的内容是产品生产和服务。此外,企业生产环境、技术设备、广告标示、产品包装等都是物质文化建设的范畴。

二、企业精神

我们从企业精神的特征和作用两方面来了解企业精神。

1. 企业精神的特征

企业精神的特征主要表现在以下几个方面。

(1)企业精神具有意识的反映性特性

企业精神是企业文化优化的结果,是企业全体成员优秀思想文化的集中表现,它能够准确反映企业现实状况中的优秀一面和企业文化中的精华部分。同样,意识的反作用也决定了只有正确反映现实的企业精神,才能起到指导企业实践活动的作用。企业精神是企业现实状况、现存生产经营方式、员工生活方式的反映,这是它最根本的特征。

(2)企业精神具有全员性的特点

企业精神要发挥作用必须成为全体员工共同拥有、普遍掌握的理念。企业员工是企业精神发挥自身作用的载体,企业精神能否让企业全体员工主观地理解和接受决定了企业精神能否发挥出应有的作用,同时,企业全体员工对于企业精神的认知程度和认同程度也决定了企业精神作用发挥的效果。否则,企业拥有再好的企业精神也只是一种空谈,不能成为企业内部的一种群体意识。

(3)企业精神具有相对稳定性和历史传承性的特点

企业精神是企业在精神层面的表现,一定意义上代表了企业的灵魂,当企业演变出了适应自身企业特点的企业精神理念后,企业精神的存在和作用在一段较长的时间内会相对比较稳定。但这种稳定并不意味着一成不变,它还会要随着企业的发展而不断发展的。企业的发展有很多种表现,例如发展壮大、成为国际性企业、从事的行业改变等等,这些都会使得企业的精神发生变化。

(4)企业精神具有鲜明的个体差异性

不同的事物具有不同的特点,不同的企业有着不同的特色,有着具有自身特色的企业文化和企业精神。每个企业的企业精神都应有能够反映出自身企业的特色,区别于其他企业,只有能够做到正确反映自身企业特色的精神,才能起到指导企业实践活动的作用。这是企业精神存在的基本条件和企业精神发挥作用的存在前提。

(5)企业精神具有时代性

企业精神是时代精神的体现,是企业自身和时代精神相结合的具体产物。时代的变化必然会给企业带来改变,从而引起企业精神的改变,每一个时代都有着不同的特点,优秀的企业精神应当能够紧跟时代的步伐,感受到时代赋予企业的勃勃生机,并且能够将这种时代的气息通过企业精神传递给企业的全体员工。

2. 企业精神的作用

企业精神的作用主要表现在以下几个方面。

(1)保证和导向作用

我们所要实现的企业精神既蕴含企业员工对理想企业状态的追求和向往,具有企业自身特色,又包含了社会对于企业所需要负担的责任要求,是企业所存在的环境内外部共同要求的产物。积极向上的企业精神是企业建设和发展必须把握的核心价值理念,是实现企业目标的基本

前提。具有社会责任的企业精神不仅保证企业在当前时期环境下的传承延续，同时也保证它的建设发展的实践不脱离所处的环境，融入到企业所处的激烈市场竞争当中。由此，才能保证在形成企业精神的历史进程中始终遵循正确的方向和道路，在践行企业精神的实践中丰富企业精神的理论与实践内涵。

(2)凝聚和支撑作用

明确的企业精神使更多的企业员工凝聚到企业共同目标这面旗帜的周围，给员工以同心协力实现企业发展的力量。同时，企业精神能够引导人们将个人聪明才智凝聚成为企业整体的智慧，激发员工实现企业目标的热情，为实现企业目标而努力拼搏，顽强奋斗。此外，企业精神作为一种文化软实力，能够对企业的综合实力起到支撑作用，从而为企业目标的实现提供无形而强大的、永恒的和无限的智力资源和精神动力。

(3)提炼和引领作用

培育企业精神的过程，一方面是通过企业发展不断增强企业自身的物质实力，创造坚实丰厚的物质基础的过程；另一方面也是企业精神不断拓展深化，将企业中的各种文化高度提炼的历史过程。想要实现企业的发展壮大，需要抵制、批判和改造落后的企业文化，需要营造和谐的企业氛围，需要健康积极向上的企业精神的引领。培育企业精神需要通过倡导和实行互助、高效、进取、合作、团结、稳定、有序、爱国、理性、敬业、诚信、友善、竞争等良好的企业氛围，内化员工的精神，营造实现企业精神所需要的企业氛围。

(4)稳定和调节作用

优秀的企业精神有助于加强企业内部团结，为实现企业的发展壮大营造良好的环境。优秀的企业精神可以通过企业上层的舆论引导，营造良好的舆论氛围，帮助员工树立正确的价值观，调节企业和员工之间的利益关系，化解二者间的各种矛盾，使得企业员工能够凝聚积极健康的心理和情绪，激发员工的工作热情，形成符合实现企业目标要求的企业精神。培育企业精神必须立足提升员工的精神，促进员工素质的不断发展和提高，这是培育企业精神的目标和功能定位。

(5)促进和激发作用

企业精神发挥作用的过程是潜移默化的，它往往在不经意间激发了企业员工的活力、创造创新的意图愿望、追求美好生活的动力。这些主观内在的东西一旦被激活，就会焕发出无穷无尽的力量。一个个员工个体的力量汇聚成企业全员的力量，精神的力量转换成为物质的现实的力量，企业的发展壮大就是在这些力量推动下一步步实现的。在实现企业发展的进程中，企业精神强调用科学发展理论武装员工头脑，以正确的世界观、人生观、价值观作指导，使以人为本的观念深入员工心中。这些先进的思想、道德准则、价值观念、企业规章规约了人们的行为，促进了员工的全面发展，激发了员工的积极性和创造力，形成了促进企业发展的强大动力。

思政内涵

【思政元素】

树牢只有国家强大，民族才有尊严的理念。传承中华民族自强不息的奋斗精神，引导学生努力学习，树立远大理想报复。

【案例】

“十一”举国同庆之际，吉利汽车提出了“敢为，做时代的中国星！”作为中国星高端系列的价值主张。无论是时机的选择，还是点题的“敢为”二字，吉利的做法都很巧妙，亦很有玩味之处。所谓时机的选择，除了“国庆”这个特殊时点之外，众所周知，今天的中国正面临一些前所未有的新局面。

从好的方面来说，中国正处在国力空前强盛的崭新历史阶段。航空航天领域，“嫦娥五号”登月、“天问一号”火星着陆、中国空间站天和核心舱成功发射、神舟十二号载人飞船返回舱顺利着陆；科技上，我们实现了从5G到6G的跨越式领先，各行各业涌现出更多的如华为、大疆等拥有硬科技实力、在全球有影响力与话语权的企业。

但是，从不好的一面我们也应该看到，站在科技创新发展的十字路口，面对百年未有之大变局，我们也面临着国际科技博弈日趋激烈，世界主要科技大国纷纷抢占科技竞争制高点、加大前沿科技布局的挑战……

如果更聚焦到汽车产业，2021年中国车企磨难不断，减产、停产成为过去几个月来听到最多的内容。这些都让我们必须去正视和警醒，无论是中国的科技发展，还是中国汽车产业发展，我们还有着许多短板，需要中国的汽车企业和汽车人不断为之努力奋斗。改革开放40多年的今天，我们正迎来这个前所未有的质变时刻。消费大众这份对中国品牌的喜爱和认可，为吉利中国星创造了“敢为”的肥沃土壤。

正是有了“想为”的自我驱动，有了“能为”的实力积淀，有了“可为”的天时地利人和，才有了今天中国星的“敢为”宣言，有了吉利“为中国汽车价值而战”的振聋发聩。

【案例分析】

在科技发展与消费升级的当下，我们也呼唤更多“敢为”的中国企业与中国品牌，能够像吉利中国星一样，拿出最硬核的技术、最牛的产品，在市场上与那些跨国企业掰手腕。因为这片市场不会辜负有胆有识的品牌，他们有多“敢为”，今天的中国消费者就有多“敢为”。

任务二　塑造企业形象

任务导入

一个企业有了良好的形象，不等于有了终身的保障。塑造良好的企业形象是一项长期的、有计划的、不间断的工作，是不断追求完善的过程，需要从长远着眼，从现在做起，对各方面的细节都做到全面的、精心的管理。企业要塑造良好的企业形象，就必须把这项工作作为一个战略任务来对待，长期精心经营，才可能取得良好的结果。

那么，怎样才能塑造良好的企业形象呢?

任务目标

◎掌握企业形象的基本含义。

◎掌握企业形象的构成因素和存在的突出问题。

◎掌握塑造良好的企业形象的方法。

◎理解企业形象的主要内涵。

相关知识

企业形象管理是一项科学的、系统的、综合性的现代管理工作，它以企业的思想内涵为总纲，以全面质量管理为核心，以产品及服务形象管理为基础，以员工形象管理为支柱，通过强化企业的内在素质和规范企业的外在表现，全面提升企业的社会形象和市场形象，最终达到提高企业核心竞争能力的目的。

一、企业形象的含义

企业形象是人们通过企业的各种标志而建立起来的对企业的总体印象，是企业文化建设的核心。企业形象是企业精神文化的一种外在表现形式，它是社会公众与企业接触交往过程中所感受到的总体印象。这种印象是通过人体的感官传递获得的。

所谓企业形象，是指社会公众对企业内在精神和外在特征的整体感觉、印象和认知，它包含了三个方面的含义：第一，企业形象是社会公众对企业的总体评价；第二，企业形象要素的确定者是社会公众；第三，社会公众对企业的总体评价不是凭空产生的，而是源于企业自身行为的表现。

二、企业形象的分类

企业形象的分类方法很多，根据不同的分类标准，企业形象的具体表现如下。

1. 内在和外在

这是以企业的内外在表现来划分的。好比我们观察一个人，有内在气质和外在容貌、体形之分，企业形象也同样有这种区别。内在形象主要指企业目标、企业哲学、企业精神、企业风气等看不见、摸不着的部分，是企业形象的核心部分。外在形象则是指企业的名称、商标、广告、厂房、厂歌、产品的外观和包装、典礼仪式、公开活动等看得见、听得到的部分，是内在形象的外在表现。

2. 实态和虚态

这是按照主客观属性来划分的。实态形象又可以叫作客观形象，指企业实际的观念、行为和物质形态，它是不以人的意志为转移的客观存在。诸如企业生产经营规模、产品和服务质量、市场占有情况、产值和利润等，都属于企业的实态形象。虚态形象则是用户、供应商、合作伙伴、内部员工等企业关系者对企业整体的主观印象，是实态形象通过传播媒体等渠道产生的印象，就好像我们从镜子中去观察一个物体，得到的是虚像。

3. 内部和外部

这是根据接受者的范围划分的。外部形象是员工以外的社会公众形成的对企业的认知，我们一般所说的企业形象主要就是指这种外部形象。内部形象则指该企业的全体员工对企业的整体感觉和认识。由于员工置身企业之中，他们不仅能感受到企业外在属性，而且能够充分感受到企业精神、风气等内在属性，有利于形成更丰满深刻的企业形象。但是如果缺乏内部沟通，员工往往只重局部而看不到企业的全部形象，则会有“不识庐山真面目”的感觉。我们通常认为，内部形象的接受者范围更小，但作用却很大，与外部形象有着同等重要的地位，决不可忽视。

4. 正面与负面

这是按照社会公众的评价态度不同来划分的，社会公众对企业形象的认同或肯定的部分就是正面形象，抵触或否定的部分就是负面形象。任何企业的企业形象都是由正反两方面构成的，换言之，企业形象应是一分为二的，公众中任何一个理智的个体都会既看到企业的正面形象，又看到企业的负面形象。对于企业来说，一方面要努力扩大正面形象，另一方面又要努力避免或消除负面形象，两方面同等重要，因为往往不是正面形象决定用户一定购买某企业产品或接受某项服务，而是负面形象一定使得他们拒绝购买该企业产品或接受其服务。

5. 直接和间接

这是根据公众获取企业信息的媒介渠道来划分的，公众通过直接接触某企业的产品和服务，由亲身体验形成的企业形象是直接形象，而通过大众传播媒介或借助他人的体验形成的企业形象是间接形象。对企业形象做这种划分十分重要，如果一个用户在购买某种商品时看到的是粗陋的包装、落后的设计，试用时这里有毛病，那也不如意，那么无论其他人告诉他这个产品如何如何好，这家企业如何如何不错，他也一定不会购买，因为直接形象比间接形象给人的印象要更为深刻，也更能决定企业形象。有些企业以为树立企业形象靠广告宣传就够了，而不注重提高产品质量和服务水平，这样做就是只看到间接形象而忽视了直接形象。

6. 主导和辅助

这是根据公众对影响企业形象因素的关注程度来划分的，公众最关注的企业形象因素构成主导形象，其他一般因素构成辅助形象。例如，公众最关心电视机的质量（图像、色彩、音质等）和价格（是否公道合理），因而电视机的质量和价格等构成电视机厂的主导形象，而电视机厂的企业理念、员工素质、企业规模、厂区环境、是否赞助公益事业等则构成企业的辅助形象。企业形象由主导形象和辅助形象共同组成，决定企业形象性质的是主导形象；辅助形象对主导形象有影响，而且在一定条件下能够与主导形象实现相互转化。

三、企业形象的构成因素

企业形象的构成因素很多，具体可表现为：

- 产品形象，指产品的质量、性能、价格以及设计、外形、名称、商标和包装等给人的整体印象。
- 员工形象，指员工的服务态度、职业道德、进取精神以及装束、仪表等精神面貌给外界公众的整体印象。
- 主观形象，指企业领导者想象中的外界公众对企业所持有的印象。
- 自我期望形象，指企业内部成员，特别是企业领导希望外界对本企业所持的印象。
- 实际形象，指外界对企业现状所持有的印象，是企业的真正形象。
- 公共关系形象，指企业通过公共关系活动的努力，在公众中留下的对企业本身的印象。

四、企业形象塑造中存在的突出问题

我国企业越来越重视企业形象的塑造，有相当部分的企业已经在社会公众中树立了较好的形象。但在现实中，一些企业对塑造企业形象的认识上还存在误区，或者认识不够全面，存在一定的片面性，塑造的方式方法也与现实需要存在一定差距。概括起来，最突出的问题主要有以下五个方面：

- 对企业形象的认识存在片面性。
- 对企业形象重视不够，缺少塑造战略。
- 社会责任感缺失。
- 企业形象塑造持续性不强。
- 不能冷静应对危机。

五、如何塑造良好的企业形象

可以通过以下方法塑造企业形象。

- 准确定位，制定企业形象塑造战略。
- 培育优秀的企业文化。
- 树立正确的品牌意识。
- 增强企业的社会责任感。
- 树立企业领导人的形象。
- 着力提高员工素质。
- 积极应对各种危机。

思政内涵

【思政元素】

尊重企业文化和民族文化；围绕企业形象如何塑造，让学生树立创新的意识、团队精神，增强民族自豪感；弘扬工匠精神、科技创新精神。

【案例】

当代，文化制胜已成为企业管理变革的新趋势。博大精深的中华传统文化蕴涵着丰富的人文精神，企业只有充分运用这份宝贵文化财富，并汲取其营养和精髓，才能构建具有创新精神、团队精神与和谐精神的企业文化，在剧烈的市场竞争中立于不败之地。弘扬推陈出新的传统文化，构建具有创新精神的企业文化，是企业健康稳定发展的源泉动力。党的十八大指出，科技创新是提高社会生产力和综合国力的战略支撑，必须摆在国家发展全局的核心位置。

长安汽车是中国汽车四大集团阵营企业，拥有159年历史底蕴、37年造车积累，全球有14个生产基地，33个整车、发动机及变速器工厂。2014年，长安系中国品牌汽车销量累计突破1 000万辆。2021年，长安系中国品牌汽车销量累计突破2 000万辆。2017年，长安汽车发起“第三次创业——创新创业计划”，将效率和软件能力打造成为核心竞争力，向智能低碳出行科技公司转型。长安汽车始终以“引领汽车文明，造福人类生活”为使命，以客户为中心，以产品为主线，持续提供高品质的产品和服务，为员工创造良好的环境和发展空间，为社会承担更多责任，奋力推进第三次创业——创新创业计划，向智能低碳出行科技公司转型，为实现世界一流汽车企业努力奋斗。

【案例分析】

企业文化是企业的灵魂，是推动企业发展的不竭动力。它包含着非常丰富的内容，其核心是企业的精神及形象塑造。在现代社会中，一个企业形象的好坏与企业的经营绩效存在着确定的因果关系。在CI理论中。企业形象只是一种结果和目的。为了树立企业形象需要经历多方面的努力，主要关键词就是创新、引领、进步和发展。因此，作为新一代青年学子，要时刻把握国家发展方向，树立创新意识，发展意识，为提高国家的综合实力而不懈努力。

能力训练

以小组为单位完成实训内容，通过网络或企业实践进行调研，完成一篇关于企业形象塑造的调研报告，并以小组为单位进行讲解。

评价反馈

以小组为单位完成能力训练内容，根据完成情况，通过学生自评、小组互评和教师评价的方式，对每个小组进行评价，完成表 7-1。

表 7-1 评 价 表

考核项目	评价标准	分值	学生自评	小组互评	教师评价
小组合作	和谐	15			
活动参与	积极、认真	15			
语言	礼貌、规范	10			
问题提问	专业	10			
表达能力	强	20			
沟通能力	强	10			
解决方案	正确、规范	10			
开拓能力	灵活、机动、创新	10			
合计		100			
总评(学生自评×20%＋小组互评×20%＋教师评价×60%)					

思考与练习

1. 什么是企业文化，其主要结构有哪些？
2. 企业文化有哪些特征？
3. 企业文化的功能有哪些？
4. 企业精神的主要特征是什么？
5. 企业形象的基本含义是什么？
6. 简述企业形象的主要分类。
7. 企业形象塑造中存在的突出问题有哪些？如何塑造良好的企业形象？

知识拓展

国人的骄傲——一汽红旗轿车

中国第一汽车集团公司简称“中国一汽”或“一汽”，总部位于吉林省长春市，前身是第一汽车制造厂，毛泽东主席题写厂名。一汽 1953 年奠基兴建，1956 年建成并投产，制造出新中国第一辆解放牌卡车。1958 年制造出新中国第一辆东风牌小轿车和第一辆红旗牌高级轿车。一汽的建成，开创了中国汽车工业新的历史。经过 60 多年的发展，一汽已经成为国内最大的汽车企业集团之一。

1958 年诞生于一汽的我国第一辆国产小轿车当时叫“东风”，是红旗的前身，编号为 CA71。1958 年 8 月，由“东风”轿车改进而来的新型高级轿车问世，编号为 CA72，吉林省委第一书记吴德给轿车命名为“红旗”，并誉为“中国第一车”，这是我国有编号的第一辆真正的红旗牌高级轿车。新中国的缔造者们曾寄予了“红旗”汽车无限的期望与关怀，特别是毛泽东主席，曾三次提及“坐我们自己制造的轿车”。1958 年 9 月 19 日，邓小平、李富春、杨尚昆、蔡畅等中央领导到一汽视察，赞扬了红旗轿车，并从此定型。1959 年 9 月，第一辆红旗检阅车送到北京，供国庆十周年阅兵使用。10 月 1 日，10 辆崭新的红旗轿车在首都的国庆 10 周年庆典上登台亮相，红旗检阅车庄重典雅，造型光顺谐调，尤具巡洋舰的雄姿，显示了检阅的威武气势。国内外竞相报道了“中国第一车”的消息。1960 年，红旗轿车编入《世界汽车年鉴》。1966 年 4 月，20 辆红旗三排座高级轿车送到北京，周恩来总理、陈毅外长等国家领导人正式乘用。20 世纪 60 年代起，红旗轿车成为国家礼宾用车，被誉为“国车”。当时，外国政府首脑访华，把“见毛主席，住钓鱼台，乘坐红旗轿车”为最大愿望。1972 年，毛泽东主席坐上红旗特种保险车，为久负盛名、享誉中外的“中国第一车”罩上了耀眼的光环。1984 年，在建国 35 周年的盛大庆典上，邓小平同志乘坐红旗高级检阅车，在天安门广场检阅了三军，成为让世界瞩目，让全国人民振奋的历史镜头。1998 年，在红旗轿车诞生 40 周年之际，新一代高级红旗轿车再度成为国家礼宾用车。

对于中国人而言，红旗不仅是一个著名的汽车品牌，还是一种深深的情怀和神圣的记忆。对于一汽人而言，红旗更是一种强烈的责任和历史的使命。在 20 世纪六七十年代，红旗轿车是中国汽车工业的一面旗帜。改革开放后，“红旗”在继续承担“国车”重任的同时，开始了市场化进程。2018 年 4 月，红旗品牌历史上首次独立亮相北京车展，高端 B 级车红旗 H5 震撼上市。2019 年 2 月，红旗 HS5 于 2019 年央视春晚吉林长春(一汽)分会场首次正式亮相，并于 2019 年 5 月正式上市。2019 年 7 月，长春国际汽车文化节暨首届红旗嘉年华在长春举行，红旗 HS7 也正式上市。

新红旗品牌理念：中国式新高尚精致主义。

新红旗将突出“新高尚”“新精致”“新情怀”的理念，把中国优秀文化和世界先进文化、现代时尚设计、前沿科学技术、精细情感体验深度融合，打造卓越产品和服务。

新红旗目标客户：中国式新高尚情怀人士。

新红旗战略目标：把新红旗打造成为“中国第一、世界著名”的“新高尚品牌”，满足消费者对新时代“美好生活、美妙出行”的追求，肩负起历史赋予的强大中国汽车产业的重任。

2019 年 12 月，红旗入选 2019 中国品牌强国盛典榜样 100 品牌。

项目八 汽车维修设备及配件管理

学习目标

知识目标

(1)掌握汽车维修设备的管理、修理制度与维护。

(2)熟悉汽车维修设备的选购与档案建立。

(3)了解汽车维修设备的改造和更新。

(4)掌握汽车配件的采购和入库验收、库房和出库管理。

(5)了解汽车配件的分类、标志及仓库条码管理系统。

能力目标

(1)初步具备汽车维修设备的组织管理能力。

(2)能组织完成汽车维修设备的选购、建档及维护。

(3)能组织进行汽车配件的采购。

(4)能较规范地进行汽车配件入库验收、库房管理及出库管理。

思政目标

(1)强化爱岗敬业、有责任管理的意识。将爱岗敬业的思想深入工作中,并在工作过程中时刻牢记。

(2)树立团队精神、奋斗精神和爱国情怀。培养认真严谨的工作态度,拥有团队意识,不畏艰险,勇于挑战困难的工作和全新的内容,努力拼搏积极学习。

学习方案

掌握汽车维修设备和库房管理的制度及维护。

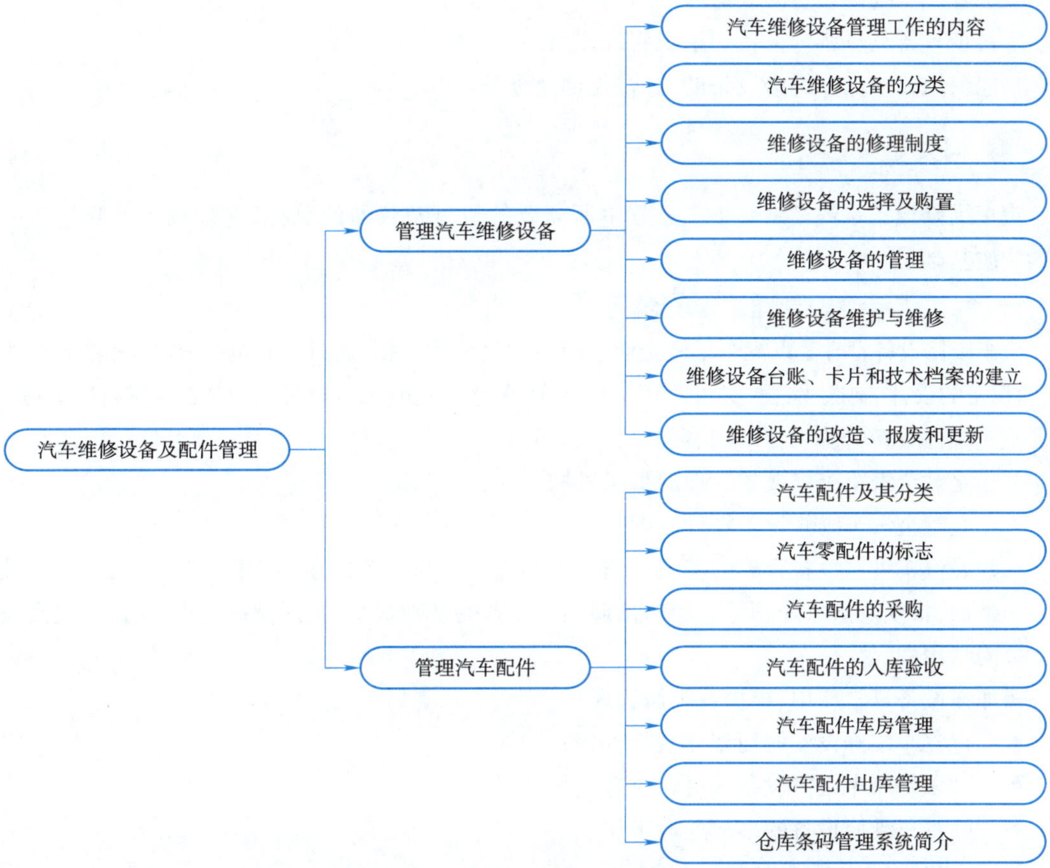

- 汽车维修设备及配件管理
  - 管理汽车维修设备
    - 汽车维修设备管理工作的内容
    - 汽车维修设备的分类
    - 维修设备的修理制度
    - 维修设备的选择及购置
    - 维修设备的管理
    - 维修设备维护与维修
    - 维修设备台账、卡片和技术档案的建立
    - 维修设备的改造、报废和更新
  - 管理汽车配件
    - 汽车配件及其分类
    - 汽车零配件的标志
    - 汽车配件的采购
    - 汽车配件的入库验收
    - 汽车配件库房管理
    - 汽车配件出库管理
    - 仓库条码管理系统简介

任务一　管理汽车维修设备

任务导入

张先生自己开办一个小型汽车修理厂，创业初期，由于缺少设备管理方面的经验，汽车维修设备选购不当，以及对汽车检测设备等部分贵重设备缺乏维护，导致部分设备无法满足需求，贵重设备损耗问题较为突出，从而使设备费用支出大幅增加，汽车维修经营不景气。这种情况下，张先生急于寻求一套较好的设备管理制度和措施。

汽车维修企业的维修设备占据企业相当的资产数量，维修作业的质量在一定程度上由维修设备的使用情况决定。所以对维修企业来说，应从设备的采购、使用、维护、更新等多方面综合考虑，制定与实际情况相符的设备管理制度并付诸实施，才能获取好的服务质量、社会声誉及更大的经济效益。

任务目标

◎掌握汽车维修设备的管理、修理制度与维护。

◎熟悉汽车维修设备的选购与档案建立。

◎了解汽车维修设备的改造和更新。

◎初步具备汽车维修设备的组织管理能力。

◎能组织完成汽车维修设备的选购、建档及维护。

相关知识

汽车维修设备是汽车维修生产过程中所需要的机械及仪器的总称，它是汽车维修生产中必有的物质基础。

一、汽车维修设备管理工作的内容

汽车维修设备管理是以汽车维修企业生产经营目标为依据，通过一系列的技术、经济和组织措施，对设备的设计、制造、购置、安装、使用、维护、修理、改造、更新，直至报废的全过程进行的管理。

汽车维修设备管理工作的内容如下：

- 建立健全汽车维修设备管理的组织机构。
- 建立健全汽车维修设备管理制度。
- 开展汽车维修设备管理的基础工作。主要包括维修设备的建档立账、调入调出登记、维修维护、报废及事故处理等。动态把握维修设备的基础状态，保证设备正常运行，并提高设备的利用率。
- 加强设备日常使用、维护及维修管理。
- 进行汽车维修设备的规划、配置与选购。
- 适时做好汽车维修设备的更新改造工作。
- 做好汽车维修设备的事故处理工作。

二、汽车维修设备的分类

汽车维修设备一般分为通用设备和专用设备两类，通用设备也适用于其他行业，专用设备则只适用于汽车维修行业，如表 8-1 所示。

表 8-1　汽车维修设备分类一览表

<table>
<tr><td rowspan="15">汽车维修设备</td><td rowspan="2">汽车维修通用设备</td><td colspan="3">机械冷加工设备</td></tr>
<tr><td colspan="3">机械热加工设备(锻、压、焊、铸)</td></tr>
<tr><td rowspan="13">汽车维修专用设备</td><td colspan="3">汽车清洗设备(外部清洗、零件清洗)</td></tr>
<tr><td colspan="3">汽车补给设备(加油设备、充电设备、充气设备)</td></tr>
<tr><td colspan="3">汽车拆装设备、汽车整形设备(如车身整形)</td></tr>
<tr><td rowspan="2">汽车专用加工设备</td><td colspan="2">缸体加工设备</td></tr>
<tr><td colspan="2">曲轴、连杆及轴承加工设备</td></tr>
<tr><td rowspan="8">汽车检测诊断设备</td><td rowspan="3">发动机检测设备</td><td>测功机、冷磨热试设备</td></tr>
<tr><td>发动机综合检测设备</td></tr>
<tr><td>油泵、油嘴检测设备</td></tr>
<tr><td rowspan="3">底盘检测设备</td><td>底盘测功机</td></tr>
<tr><td>制动检测台、测滑试验台</td></tr>
<tr><td>前轮定位仪、车轮平衡仪</td></tr>
<tr><td rowspan="2">电气检测设备</td><td>电控系统检测设备</td></tr>
<tr><td>外用电气试验设备</td></tr>
</table>

1. 汽车维修通用设备

汽车维修通用设备是性能基本相同、汽车维修行业通用的设备,主要分为机械冷加工设备和机械热加工设备两类。汽车维修通用设备应按照《汽车维修企业开业条件》中的要求进行配置,如适用于多行业的电焊设备、气焊设备、钻床、压力机和空气压缩机等。图 8-1 所示为空气压缩机,图 8-2 所示为普通钻床。

图 8-1　空气压缩机

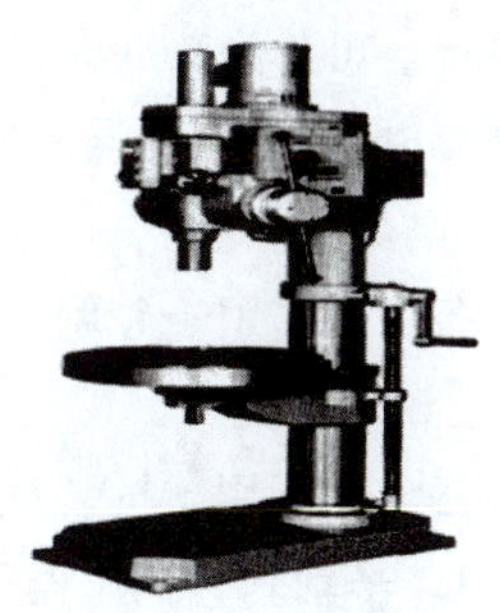

图 8-2　普通钻床

2. 汽车维修专用设备

汽车维修专用设备是结构、性能仅适用于汽车维修行业的专用设备,大多属于汽车维修专用的非标准设备,如曲轴磨床、镗缸机、连杆衬套脚压机等,其编号大多数参照通用设备的编号规则,用汉语拼音字母代表厂名,阿拉伯数字表示型号。例如,ZD701C 型“中大牌”电子控制汽车喷漆烤漆房;FVEM100 型佛山分析仪器厂生产的汽油车、柴油车排放检测设备。还有部分企业用设备名称确定型号,如 JY28 型连杆衬套绞压机、TM-210-100A 型液压卧式制动蹄/片铆接机等。

汽车维修专用设备及工具可按照其功能用途分类,大类 18 个,按车辆检测维修设备及工具的用途划分;小类 576 个,按产品的使用功能、设计原理及结构特征等综合划分。小类是大类的延拓和细化,表 8-2 中列举了大类的代码及类别名称。

表 8-2　汽车维修设备及检测诊断设备的分类

代　码	类 别 名 称	代　码	类 别 名 称
A	汽车检测诊断设备	K	汽车电气设备、车用辅助装置维修作业设备及工具
B	汽车发动机检测诊断设备	L	汽车车身维修整形设备及工具
C	汽车发动机检测设备	N	汽车维修喷涂电镀设备及工具
D	汽车发动机维修作业设备及工具	P	汽车清洗除尘设备及工具
E	汽车发动机加工设备及工具	Q	汽车举升吊运设备及工具
F	汽车底盘检测设备及工具	R	汽车润滑油加注设备及工具
G	汽车底盘维修作业设备及工具	S	汽车过盈配合件拆装设备及工具
H	汽车底盘维修加工设备及工具	M	汽车检测维修设备微机控制系统
J	汽车电气设备、车用辅助装置检修设备及工具	Z	摩托车及其他机动车辆检测维修设备及工具

(1)汽车清洗设备

汽车外部清洗设备。主要用于清洗汽车外部污垢,有喷射式和滚刷式两种,常用于清洗客车和轿车。

汽车零件清洗设备。主要用于清洗汽车零件，目前国内多用的汽车零件清洗机按其清洗室结构可分为通道式和封闭式两种，通道式主要用于大型汽车维修企业，封闭式则用于中小型汽车维修企业。

(2)汽车补给设备

汽车加油设备。按油品可分为燃油加油泵、润滑脂加注器、润滑油加注器等；按其动力方式可分为手动、电动、气动等。

汽车充电设备。可分为普通充电器、快速充电器和多用途充电器等，其中，普通充电器只适用于蓄电池常规充电；快速充电器除常规充电外，还可用于快速充电；而多用途充电器还适用于汽车充电、起动和电焊等。

汽车充气设备。主要用于轮胎的定压充气，包括轮胎充气胎压枪、空气压缩机等。

(3)汽车拆装整形设备

汽车拆装设备。主要用于拆装汽车的总成和零部件，如气动冲击扳手、油箱盖扳手、汽车刹车片拆装更换工具、半轴套管拉压器等。

汽车整形设备。主要用于校正车身变形，如车身校正仪、液压机、汽车车身凹陷钣金修复机等。

(4)汽车维修专用加工设备

主要用在汽车维修过程中机械加工汽车重要基础件，其种类繁多，通常按加工部位进行分类，如气缸体镗磨加工设备、配气机构加工设备等。

(5)汽车举升、搬运设备

常用举升设备。有液压千斤顶、单柱机械移动式举升机、双柱固定式汽车举升器(图8-3)、可移动式轿车升降机平台(图8-4)、前桥作业小车、发动机翻转磨合架等。目前，汽车维修企业应用较多的是汽车举升器，而不再是传统的维修地沟。

图8-3　双柱固定式汽车举升器

图8-4　可移动式轿车升降机平台

汽车搬运设备。常用的有叉车、随车吊和各种自制的搬运车等。

(6)汽车检测设备

主要用于维修前的故障诊断、维修过程中的零部件检验、修竣后的性能检测，还用于汽车使用过程中的技术状况定期检测等。可分为发动机检测诊断设备、零部件检测诊断设备、底盘检测诊断设备、汽车电气及电控系统检测设备等。如图 8-5 所示为汽车轮胎检测设备轮胎平衡机。

图 8-5　轮胎平衡机

(7)汽车维修工具

按照其使用范围,可分为通用型和专用型两类。通用工具主要有各种扳手、卡钳、套筒、螺钉旋具等;专用工具适用于某一种或几种特定的车型,种类繁多。汽车维修用的量具主要有塞尺、游标卡尺、千分尺和深度尺等。

三、维修设备的修理制度

设备维修制度是指在设备的维护、检查、修理过程中,为保持、恢复设备良好的性能而采取的一系列技术措施的总称。目前,我国实行的设备维修制度主要是计划预防维修制度和计划保修制度。

1. 计划预防维修制度

计划预防维修制度是根据设备的一般磨损规律和技术状态,按预定修理周期及其结构,对设备进行维护、检查和修理,以保证设备经常处于良好的技术状态的设备维修制度。计划预防维修的方法有检查后修理法、定期修理法和故障修理法三种。

2. 计划保修制度

计划保修制度是在总结计划预防维修制度的经验和教训的基础上建立起来的一种以预防为主、防修结合的设备维修制度,是有计划地进行设备三级维护和大修理的体制和方法。

要真正发挥计划保修制度的作用,必须做好以下工作:

- 根据各类设备的磨损规律、工作条件和技术状态,分别制定不同的维护间隔期,并严格按规定的维护间隔进行计划维护。
- 根据设备特点、操作人员的技术水平及生产情况,明确划分操作人员和维修人员应负责检查的维护内容。
- 建立设备维护记录和故障分析报告制度。
- 积极组织和开展群众性设备维修活动。

四、维修设备的选择及购置

汽车维修设备的配备是汽车维修企业根据维修业务的实际需要进行合理选购的,防止盲目采购。维修设备的选购也是汽车维修企业设备管理中的重要环节，要在选购前做好相关的技术经济可行性论证。

1. 选购设备的一般原则

- 生产上适用。选购设备应与企业规模与发展以及所维修的主流车型、实际维修能力、动力和原材料供应等相适应，要具有较高的生产率和利用率。
- 技术上先进。所选购设备的基本性能应能满足提高工效和保证质量的基本要求。
- 经济上合理。所选购的设备具有售价低、维修费低、性价比高的特点。
- 具有较好的安全性、可靠性、维修性、节能性和环保性。
- 就近购置优先。国产设备或本地设备优先选购，同时要求设备供应商具有良好的售后服务。

例如，空气压缩机的选型可按照以下原则进行确定：

①排量和气罐应稍大一些。

②附属设备应用有喷漆的，安装干燥器及过滤器的。

③气罐的许用压力选用比实际使用压力高 0.1 ~ 0.2 MPa 的。

2. 维修设备的购置

维修设备的购置分为以下两种情况：

- 对于单台设备价值较低的设备，通过调研、选型分析后，可直接与制造商或经销商签订合同。
- 对于价值较高的设备，通过调研、选型分析后，要求采用招标的方式进行采购。如按集团公司的要求，单台设备价值在 100 万元以上的设备，大多采用招标的形式采购。

3. 设备验收

设备验收可按照设备出厂前和设备到货后的验收分阶段进行。

- 设备出厂前，企业派遣专业技术人员到厂家进行初步验收并监督发货情况。
- 设备到货后，验收设备到货的及时性和完整性。

4. 设备安装与调试

车间、厂房设备安装定位的基本原则为：应按照满足生产工艺的需要及维护、检修、安全、工序连接等方面的要求来确定。

5. 设备交付使用验收

进行设备的安装、调试及试运行，完毕后由使用单位设备部门牵头，会同有关的技术部门、安装单位及质量安全环保部门，对整个设备的安装与调试工作予以验收，合格后在验收单上签字认可，并填写设备安装与调试验收移交记录。

对于不符合项，如安装的问题，要求安装单位限期整改，整改完毕后按以上程序重新组织验收，直到安装调试验收合格为止，最后由使用单位设备部门编写设备安装验收报告。

维修设备常见的质量问题如下：

- 汽车维修设备的密封件质量不过关，容易造成漏油现象。
- 不少设备、仪器的开关质量有问题。
- 对售后服务重视不够，售后服务点少。
- 缺乏深入的技术研究工作，比如缺乏对设备售后的用户反映的跟踪。

- 电子检测设备存在检测精度和反应速度问题,容易导致对问题的判断失误。
- 检测读取类设备存在实际检测到的数据范围与宣传的内容不符的问题。

五、维修设备的管理

1. 设备管理的一般要求

企业应实施维修设备专人管理、合理使用、定期维护和视情修理,制定相应的设备管理制度。在设备管理的过程中可按照以下要求进行:

- 设备专人负责,安全操作规程齐全。
- 分层管理,维护规范化。
- 保持设备整洁。
- 账物相符。
- 按周期检定设备,每周巡检一次,每半年进行一次评审。
- 修理、维护、检查有记录。
- 严把托修单位资质关。

2. 设备台账与档案管理

设备购置入库后,应及时按照《机械设备管理标准》的要求,建立设备台账与档案。同步将设备相关信息录入企业物资装备管理系统中,便于企业跟随掌握设备的技术状况、使用状况与分布,有利于对设备进行有效管理。

3. 现场设备管理组织机构与制度

机长负责制。实行机长负责制,明确机长的职责和义务,明确奖惩规定。

“三检制”。设备操作人员在设备开机前、设备运行中和设备关机后,对设备进行“三检”检查。通过例行“三检”,及时排除设备故障隐患,防止设备故障的进一步扩大。

定期检查制度。现场设备管理人员定期对设备进行检查,检查内容如下:

- 检查设备的技术状况与运行状态。
- 检查设备操作人员是否按照设备操作与维护规程维护设备。
- 检查机长是否履职负责,是否认真填写设备运转记录等。

4. 设备技术资料管理

设备技术资料部门对企业主要生产设备和技术资料(包括说明书、修理手册、原图、底图、精度检验标准等)按机型分类,建立账卡。具体管理内容如下:

- 设备说明书。包括传动系统图、电气系统图、润滑系统图。
- 设备单台档案。包括设备装箱单,安装记录,设备附件及工具清单,精度验收单,固定资产拨交单,精度普查记录,大修理移交单,一级和二级维护验收单,设备事故报告单,大修理更换部件明细表,封存、启封及变更记录等。
- 精度检验标准。设备大修、项修精度检验,由技术组主修技术员在修前准备中,根据使用条件、技术状况、服役年限,参照《机械设备精度 QG/AC 标准》,提出各项精度修复技术等级及验收标准。检查可根据技术验收标准逐项验收。
- 备件图册。应能满足设备修理需要。
- 传导线路图。包括供电系统图,电缆走向坐标图,变电、配电布置平面图,压缩空气管路图,上、下水管线路图等。

- 底图、蓝图。国产设备可向制造公司索取图纸。
- 图册资料的积累。设备维修时应积极组织力量测绘。自制设备在移交时必须将全部资料、图纸归档到设备管理部门。
- 设备技术文件材料的归档时间和要求：

①随机技术文件开箱验收移交后，随即归档。

②安装、大修、维护、改造等形成的文件材料，每项工作结束后，随即整理归档。

③综合性的技术文件，年终整理归档。

- 建立独立的技术档案，做到“八防”——防火、防晒、防潮、防鼠、防虫、防尘、防盗、防霉；保证整齐、清洁、美观、安全。

5. 设备的分级管理

设备分级是企业根据生产性质和要求，明确生产中重要的设备，实行重点设备管理和维修。重点设备随着生产任务的变更以及设备的更新改造等因素而有所变化。设备等级分为Ⅰ、Ⅱ、Ⅲ、Ⅳ级。

- Ⅰ级设备，即重点设备，占主要生产设备的10%左右。Ⅰ级设备实行计划修理，定期进行精度检查、调整以及日点检，优先安排维修和技术改造，实行三级维护。
- Ⅱ级设备。实行定期定检。
- Ⅲ级设备。开展三级维护，定人定机，凭证操作，事后维修。
- Ⅳ级设备。不考核完好率，实行事后维修。

6. 设备的备件、附件管理

设备管理部门组织好维修用备品、配件的生产、供应和保管工作，编制备件储备定额，建立备件储备卡，处理积压备件，加速资金周转，保证经济合理储备。维修用备品、配件原则上采用主机公司配套产品，特殊的备品、配件经设备管理部门负责人签字后由采购员进行采购。

（1）备件的储备原则

- 使用期限不超过设备修理间隔期的全部易损零件。
- 使用期限大于设备修理间隔期，但同类型设备拥有量较多的零件。
- 生产周期长的大型、复杂的铸、锻零件，如带花键的齿轮。
- 经常摩擦而损耗较大的零件，如摩擦片、滑动轴承和传动销等。
- 多次故障证实易损坏的各种铸锻件。
- 在高温、高压及腐蚀性介质环境下工作，易发生变形、腐蚀、破裂、疲劳的零件，如热处理用底板、炉罐等。
- 需外单位协作制造的零件和需外购的标准件，如V带、链条、滚动轴承和电器元件等。
- 重点、专用、动力设备和关键数控设备的重要配件，应采取比价采购、合理储备的方式，确保生产。

（2）备件管理

备件管理的具体流程如下：

备件计划。凡有储备定额的备件，备件库应根据最低储备量提出缺件清单，报备件技术人员编制计划后统一安排，组织制造或采购。无储备定额的零部件，应由大修技术人员给予检测后，编制更换件清单，交设备管理部门安排生产或外购。车间维修所需备件，需经备件技术人员审核后，填写设备配件、材料申购单，并经设备主管人员审核后给予安排实施。设备事故造成的维修急件，由设备部门分析事故后，优先提供。

备件入库。申请计划内和订购新设备备件方能入库，其他物资一律不得入库。备件入库必须由交库人填写“备件入库单”，经检验部门验收合格后予以入库，入库备件必须有质量合格证。备件入库后应进行微机登记入账、涂油、除锈、挂上标签，并按设备型号或备件形状分类存放。

备件保管。入库的备件要保存好，维护好，定期检查涂油。备件数量应做到“三清”（规格清、数量清、材质清）、“两齐”（库容整齐、码放整齐）、“三一致”（账、物、卡一致）、“四定位”（区、架、层、号定位）、“五五”码放（一五一十地码放整齐）。

备件保管应建立分类明细表台账，凭入库单、领料单、退库单、销售单、报废单登账，做到日清、月结、季报、年终盘点。关键、精密备件应采取特殊措施进行维护和保管。备件库必须具有防火、防盗措施。

备件发放。对不同的备件，要有相应的领用办法和审批手续。备件发出后要及时登记和销账。对有回收和利用价值的备件，要以旧换新。领出备件因某种原因需退库时，应填写退库单，保管员认真检查，如不是原物、无合格证或已使用过，则应拒绝退库。

备件处理。设备外调、报废、改造后，如本企业已无此型号设备，无用的备件要及时处理销账。备件因图样错误、工艺不当、保管不良等原因不能使用时，由备件技术人员查明原因，提出防范措施后，报有关部门或领导批准报废。

六、维修设备维护与维修

维修设备要实施“定期检测、强制维护、视情修理”的原则，确保维修设备完好率。

1. 汽车维修设备的维护

汽车维修设备的维护可分为日常维护、一级维护和二级维护，见表8-3，其维护周期可根据设备的分类及使用频率确定。

表8-3　汽车维修设备的维护分类

分　类	责任分工	维护时间	维护作业内容
日常维护	维修人员（设备操作或使用人员）	每天	班前班后检查，清洁设备各部位，检查润滑部位，使设备经常保持润滑清洁；班中认真观察设备运转情况，及时排除小故障，并认真做好交接班记录
一级维护	设备使用者为主，机修人员为辅	当设备累计运行450～500小时	拆卸和检查局部或重要部位，彻底清洗设备内外，疏通油路，清洗或更换滤油器，调整各部间隙，紧固各部件
二级维护	专修维修工负责，使用者配合	当设备累计运行2 400～2 500小时	一级维护作业内容，要对设备部分解体检修，还要部分检查修理，更换或修复磨损件，局部恢复精度，润滑系统清洗、换油，电气部分检修等

汽车维修设备维护的四项基本要求：

- 整齐。工具、工件、附件放置整齐，安全防护装置齐全，线路管道完整。
- 润滑。按时加注、更换润滑油，油品正确，油具等清洁齐全。
- 清洁。设备内外清洁，各滑动面、丝杠、齿轮齿条无油污和损伤，无漏油、漏气、漏电（“三漏”）现象存在。

● 安全。实行定人定机交接班制度，熟悉设备结构，遵守操作规程。

2. 汽车维修设备的修理

根据设备修理内容和技术要求以及工作量的大小，可将设备维修分为大修、专项修、小修、事故性检修和定期精度调整等。

大修。彻底修复性修理，达到全面消除修前存在的缺陷，恢复设备的规定功能和精度的目的。

● 对设备的全部或大部分部件进行解体。

● 修复基准件，修复或更换全部不合格的零件。

● 修复和调整设备的电气及液动、气动系统。

● 修复设备的附件及翻新外观等。

专项修。对于精密设备和重要关键设备，根据其实际技术状况，需要进行有针对性的、预防性检查调整和修理，以恢复设备的使用性能和精度。如供电设备的绝缘试验、压力容器的耐压试验等。

小修。针对日常记录和定期检查发现的问题，对有关零备件进行检查、调整、更换，以恢复设备的正常功能。通常和日常设备维护同步进行实施。

事故性检修。机具设备因使用或操作的技术责任而发生异常损坏所需要的修复属于事故性检修。一旦发生，必须严加监控，按照技术责任事故及处理办法等企业的相关规定追查原因，并进行相关处理。

定期精度调整。指对精、大、稀设备的精度定期调整，使其达到规定的标准。

3. 设备维修定额

工时定额。是核定和配置维修力量，编制维修计划，开展劳动竞赛和经济核算工作的重要依据。其管理是设备维修经济管理的一项基础工作，具体可按照工种要求分为钳工工时定额、机加工工时定额、电工工时定额和其他工时定额。

修理停歇时间定额。是一个复杂系数的停歇时间，是指一台设备修理时停歇的工作日（昼夜），不考虑生产班次，节假日不包括在内。停歇时间的计算是自设备停机交付修理时起至修后安装、试车验收合格为止。在大修中同时进行设备改装时，其停歇天数应另行增加。

维修材料消耗定额。指每个复杂系数允许消耗材料的最大限批，以 kg 表示。是编制维修材料供应计划的重要论据，也是控制材料发放、分析材料利用情况的重要依据。

维修费用定额。指进行设备维修时每个复杂系数所需的费用。大修费用是在企业大修理内支付，其他维修费用在车间经费内支付。

七、维修设备台账、卡片和技术档案的建立

设备技术档案是用以反映设备技术性能和基本状况的重要资料。为便于清点、保管、统计和核对设备，汽车维修企业必须建立设备台账、卡片和技术档案，它是汽车维修企业设备管理的重要手段。

1. 设备台账的建立

设备台账是掌握企业设备资产状况，反映企业各种类型设备的拥有量、设备分布及其变动情况的主要依据。常用两种编排形式：一种是设备分类编号台账，它是以《设备统一分类及编号目

录》为依据，按类组代号分页，按资产编号顺序排列，便于新增设备的资产编号和分类分型号统计；另一种是按照车间、班组顺序使用单位的设备台账，这种形式便于生产维修计划管理及年终设备资产清点。以上两种设备台账汇总，构成企业设备总台账。如图 8-6 所示为某汽车维修厂设备资产台账。

一、类别：车床类			* *汽车维修厂设备资产台账						Q/FY G 06		
01-2013-01											
序号	设备编号	设备名称	单位	数量	规格/型号	生产厂家	出厂编号/出厂日期	购买日期	原值（万元）	状态	使用地点	备注
1	FYS01-001	数控车床	台	1	CJK6138B	台州亿发机床有限公司	0961 2013-5	2013.5		完好	冲压车间	
2	FYS01-002	数控车床	台	1	CJK6138B	台州亿发机床有限公司	0961 2013-5			完好	冲压车间	
3	FYS01-003	无极数控车床	台	1	CJK6138B	温岭市宏腾数控机床厂	00289 2007-8			完好	转子车间	闲置
4	FYS01-004	数控车床	台	1	C616	沈阳第一机床厂	1135 1971-11			完好	转子车间	普车改装
5	FYS01-005	数控车床	台	1	CJK6138B	沈阳第一机床厂	1915 1982-12			完好	转子车间	普车改装

图 8-6　某汽车维修厂设备资产台账

2. 设备卡片的建立

设备卡片是企业设备管理人员使用的，用以登记设备资产的活页卡片，一台一卡，便于查阅。设备卡片上记录有设备的简要档案，并按设备分类和编号统一顺序装夹。为了更好地掌握设备动态情况，可在设备上悬挂设备卡，并用各种卡片的材质来表示设备的类别、用颜色表示设备的状况，如红色表示设备完好、蓝色表示正修理设备等，如图 8-7 所示。

不合格品标识卡			
物料名称：			
厂商/组别：			
规　格：		编码：	
数　量：		日期：	
检验员：		备注：	

待检品标识卡			
物料名称：			
厂商/组别：			
规格：		保管：	
数量：		日期：	
状态：		备注：	

合格品标识卡			
物料名称：			
厂商/组别：			
规　格：		编码：	
数　量：		日期：	
检验员：		备注：	

特采标识卡			
物料名称：			
厂商/组别：			
特采原因：			
规格		检验员	
数量		日　期	

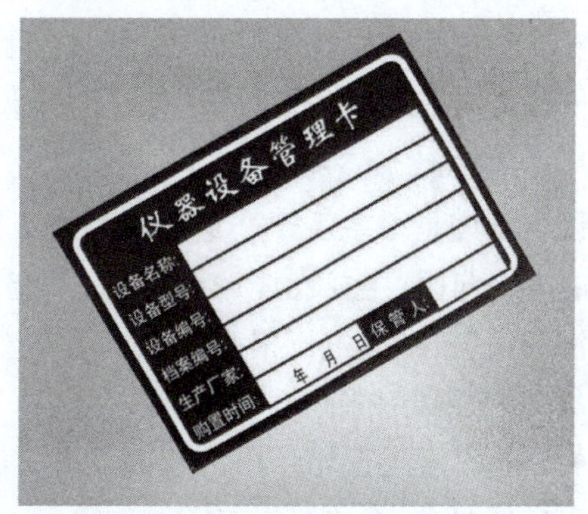

图 8-7　设备管理卡

3. 设备技术档案的建立

设备技术档案是用以反映设备技术性能和基本状况的重要资料，其内容包括：

- 设备名称、规格、型号、厂牌、出厂时间、原出厂编号、设备主要技术性能和参数。
- 原有附件、配件、随机工具、量具的名称和数量。

- 分属单位和使用、保管人。
- 维修记录和换件记录。
- 所发生过的技术责任事故或重大故障的次数、原因、责任人和处理结果等。

八、维修设备的改造、报废和更新

设备在使用过程中会产生有形磨损和无形磨损。设备的有形磨损是指由自然磨损和使用磨损引起的损耗，通常通过设备维修来局部补偿；设备的无形磨损一是由于相同结构设备再生产价值的降低而产生的原有设备的贬值，二是由于不断出现性能更完善、效率更高的设备而使原设备显得陈旧和落后所产生的“经济磨损”，它通常用设备改造来局部补偿。

1. 汽车维修设备改造

设备改造是指为适应生产的需要，应用现有的技术成果和先进经验，改变现有设备结构，给旧设备装上新部件、新装置、新附件，以改善现有设备的技术性能，使其达到或局部达到新设备的性能水平。设备改造的原则如下：

- 针对性原则。从实际出发，按照生产工艺要求，针对生产中的薄弱环节，采取有效的新技术，结合设备在生产过程中所处地位及其技术状态，决定设备的技术改造。
- 技术先进适用性原则。要重视先进适用，不要盲目追求高指标，防止功能过剩。
- 经济性原则。在制订技术改造方案时，要仔细进行技术经济分析，力求以较少的投入获得较大的产出，回收期要适宜。
- 可能性原则。在实施技术改造时，应尽量由本单位技术人员和技术工人完成。当技术难度较大，本单位不能单独实施时，可请有关生产厂方、科研院所协助完成，但本单位技术人员应能掌握相关技术，以便以后的管理与检修。

2. 汽车维修设备更新

用技术先进或性能优良的新设备代替原有设备，称为汽车维修设备更新。

当设备达到以下条件时，企业可以考虑设备更新：

- 经过大修已不能达到维修生产工艺要求的汽车维修设备。
- 技术性能落后，经济效益很差的汽车维修设备。
- 耗能大或严重污染环境，危害人身安全与健康，进行技术改造又不经济的汽车维修设备。

3. 汽车维修设备报废

设备报废是设备由于严重的有形或无形损耗，不能继续使用而淘汰。设备在生产中使用到一定的寿命年限，主要性能严重劣化，不能满足生产工艺要求，且无修复价值或者大修不如更新更经济的设备，就应进行报废处理。

(1)设备报废的依据

- 已超过规定使用年限的老旧设备，其主要结构和零部件已严重磨损，设备效能达不到工艺最低要求，无法修复或无改造价值的设备。
- 意外灾害或重大事故受到严重毁损，无法修复的设备。
- 技术改造和更新替换出的旧设备不能利用或调出者。
- 按国家能源政策规定应予以淘汰的高耗能设备。
- 因产品换型、工艺变更，而设备不宜改造利用，不能满足生产发展需要的设备。
- 严重污染环境，已超过法定标准而又无法改造治理，可引发人身安全及危害健康的设备。

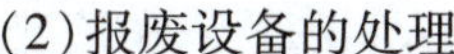

(2)报废设备的处理

- 作价转让给能继续利用的单位。
- 将要利用的零备件拆除留用,不能利用的作为原材料或废料处理。
- 按国家政策规定淘汰的设备不得转让。
- 设备报废后,其处理回收的残值应列入企业更新改造资金,不得挪作他用。

九、维修设备事故的处理

凡因非正常损坏造成设备停机或性能下降者,均称为设备事故。设备事故分为一般事故、重大事故和特大事故,处理方法如下:

- “三不放过”的原则,即事故原因分析不清不放过,事故责任者与群众未受到教育不放过,没有防范措施不放过。
- 事故发生三日内,由事故发生部门填写“设备事故报告表”报设备管理部门,审查加盖公章后,存入设备资料袋。重大事故发生后,应及时口头和书面报上级处理。

思政内涵

【思政元素】

大国工匠精神;培养学生责任意识,认真严谨的工作态度,创新精神;树立国家荣誉感和民族自豪感。

【案例】

70 年,70 人

他们是中国汽车工业的开创者,他们是纵横捭阖的企业领袖,他们是坚守一线的大国工匠,他们是中国汽车业的基石和灵魂。

“我老了,无法投身中国汽车工业的第三次创业。但是,我愿意躺在地上,化作一座桥,让大家踩着我的身躯走过,齐心协力把轿车造出来,实现我们几代人的中国轿车梦。”作为中国第一代汽车人的代表,饶斌的这番真情表白让闻者动容。燃烧自己,无私奉献,正是以饶斌为首的老一代汽车人的代表。他们是一汽、二汽的创立者,是百姓轿车生活的奠基人。他们以人格魅力为表率,为中国汽车培育出一个五彩斑斓的苗圃。老一辈汽车人,为中国汽车牵肠挂肚一辈子。新一代汽人正继往开来奋勇拼搏,他们的愿望不仅是造好中国车,更要让中国汽车跑遍全世界。

中国一汽董事长、党委书记徐留平不仅入选“中国汽车 70 人”,更是被评为 2018—2019“中国汽车年度人物”。不计个人得失,只为企业长足发展,成为徐留平一年多来在一汽大刀阔斧改革最真实的写照。展望未来,如何做好汽车,他谈到了四个关键因素:“首先是要有情怀,没有情怀,没有热爱,做不好汽车;第二要有洞见,汽车业是一个令人着迷的行业,但是需要洞见,如果没有洞见,后面或许会缺乏远见;第三,要有勇气,既然有洞见,那就去干;第四,一定要谦敬,对于消费者、对于汽车,要有一种谦卑和敬畏的感觉。对于我本人,对于一汽和红旗来讲,我们怀着情怀、希望与洞见,同时怀着决心和勇气,最后抱着谦卑和敬畏的心,做好红旗、做好一汽!”

【案例分析】

中国汽车筑梦成真,实现了从无到有、从小到大的突破;未来,一代代汽车人还将继续在奔跑中拥抱梦想、成就未来，推动汽车从大到强，从中国走向世界！中国汽车人，任重道远！“工匠精神”就是一种职业精神，工作中就是要爱岗敬业，苦心钻研，精益求精，就是不管干什么工作，执着坚韧去追求完美。

任务二　管理汽车配件

任务导入

一日系主流车型的车主，自家车有一常用零部件需更换，由朋友介绍开车到一专修日系车修理厂进行零部件更换。但该修理厂仓库没有专门的管理人员，修理人员在堆放配件的地上、货架上来回查找需更换的零部件，没有找到，需开车外出购置，让车主等候。车主碍于熟人介绍而来，耐心等候多时，待零部件购买回来后才完成更换。

配件的管理直接影响着车辆维修的服务质量和企业效益，仓库管理的规范性也是一个企业管理好坏的指标。为了从根本上提高维修企业的服务质量和经济效益，应注重维修配件的管理。

任务目标

◎掌握汽车配件的采购和入库验收、库房和出库管理。

◎了解汽车配件的分类、标志及仓库条码管理系统。

◎能组织进行汽车配件的采购。

◎能较规范地进行汽车配件入库验收、库房管理及出库管理。

相关知识

在汽车维修企业和汽车配件经营企业，通常将汽车零部件、汽车标准件和汽车材料三种类型的产品统称为汽车配件。

一、汽车配件及其分类

汽车配件的种类较为复杂，其分类方法也很多，如标准化分类、实用性分类、用途分类、使用性质分类、生产来源分类和外包装分类等。

1. 标准化分类

按照汽车零部件是否能够完成某一机构的功能或是否具有可拆卸性，可分为零件、合件、组合件和总成件等。

零件。没有采用装配工序制成的单一成品、单个之间，或有两个以上连载一起具有规定功能、不可拆卸的整体制件。它是汽车的基本制造单元，如轮胎、轮毂、活塞等。

合件。由两个以上的零件组装，起着单一零件作用的组合体称为合件。如带盖的连杆、成对的轴瓦、带气门导管的缸盖等。

组合件。也称分总成，由几个零件或合件组装，但不能单独完成某一机构作用的组合体称为组合件。如离合器压片、活塞连杆、减震器及玻璃升降器等。

总成件。由若干零件、合件、组合件装成一体，能单独起着某一机构作用的组合体称为总成件。如变速器总成和发动机总成等。

2. 实用性分类

根据我国汽车配件市场供应的实用性原则，汽车配件分为易耗件、标准件、车身覆盖件与保安件四类。

易耗件。在对汽车进行维护保养、总成大修和整车大修时，易损坏且消耗量大的零部件称为易耗件。按照汽车的结构及汽车配件的使用部位，易耗件可分为发动机易耗件、底盘易耗件、电气设备及仪表的易耗件和密封件等。如活塞环、气门弹簧、机油滤清器等。

标准件。按国家标准设计与制造，具有通用互换性的零部件称为标准件。汽车上的标准件有各种螺栓、螺母、垫片等。

车身覆盖件。为使乘员及部分重要总成不受外界环境的干扰，并具有一定空气动力学特性、构成汽车表面的板件，称为车身覆盖件。如发动机罩、散热器罩、翼子板、车顶板和门板等。

保安件。汽车上不易损坏的零部件称为保安件。如汽油箱、凸轮轴、操纵杆、转向节等。

3. 用途分类

必装件。汽车正常行驶所必需的配件称为必装件。如转向盘、发动机、底盘等。

选装件。汽车正常行驶非必需的配件，但是可以由车主选择安装以提高汽车性能或功能的配件就是选装件。如导航、倒车影像、倒车雷达等。

装饰件。为了汽车的舒适和美观加装的配件称为装饰件。一般是对汽车本身的行驶性能和功能影响不大的配件，又称精品件。如脚垫、坐垫、挂件等。

消耗件。汽车使用过程中容易发生损耗、老旧，需要经常更换的配件称为消耗件。如玻璃水、机油、制动液等。

4. 使用性质分类

消耗件。汽车运行中，一些零件会自然老化而失效，必须定期更换的配件就是消耗件。如各种皮带、胶管、密封垫、电器件、滤芯、轮胎、蓄电池等。

易损件。汽车运行中，一些零件会因磨损而失效，需要随时更换的配件就是易损件。如制动摩擦片、雨刮片、灯泡等。

维修件。汽车在一定的运行周期后，必须更换的零件就是维修件。如各种齿轮类、轴类及各种运动件的坚固件以及在使用寿命中必须更换的零件，如一些安全紧固件、正时皮带、半轴套管等。

基础件。构成汽车的一些总成零件，原则上它们应该是全寿命零件，但可能因为使用环境的特别而先期损坏，需要进行更换或维修的配件。如缸体、曲轴、变速器壳等。

另外，汽车配件按生产来源分原厂件、正厂配件、品牌件、市场实用配件、拆车件、翻新件和副厂配件（如假货），按照使用周期和库存要求可以分为常备件和非常备件，或者按照流通速度分为快流件、中流件、慢流件。

二、汽车零配件的标志

汽车零配件外包装标志，包括分类标志、供货号、货号、品名规格、数量、重量、生产日期、有效期限、生产厂名、体积、收货地点和单位、发货地点和单位、运输号码等，是为在物流过程中辨认货物而采用的必要标识，它对收发货、入库以及装车配船等环节管理起着特别重要的作用。

分类标志是表明汽车配件类别的特定符号，按照国家统计目录汽车配件分类，用几何图形和简单的文字来表明汽车配件类别，作为收、发货之间据以识别的特定符号。汽车配件常用分类标志如图 8-8 所示。

五金类标志

交电类标志

化工类标志

机械类标志

图 8-8　汽车配件常用分类图示标志

三、汽车配件的采购

汽车配件的采购是配件管理的首要环节，它不仅关系到维修生产能否正常运行，资金周转得快慢，也直接影响着维修服务质量的优劣、成本的高低和企业的盈亏。企业必须根据配件采购计划，以保证质量、适当数量、合理价格，高效率完成。

1. 采购方式

汽车维修企业在组织采购时，要根据企业的类型、各类汽车配件的采购渠道以及汽车配件的不同特点，合理安排组织采购，一般有以下 4 种采购类型。

集中采购。企业设置专门机构或专门采购人员统一采购，然后分配给各销售部（组、分公司）销售。集中采购可以避免人力、物力的分散，还可加大采购量，受到供货方重视，并可根据批量差价降低采购价格，节省其他采购费用。

分散采购。由企业内部的配件销售部（组、分公司）自设采购人员，在核定的资金范围内自行采购。

集中采购与分散采购相结合。一般是外埠采购及其他非固定采购关系的一次性采购，由各销售部（组、分公司）提出采购计划，由业务部门汇总审核后集中采购。

联购合销。由几个配件零售企业联合派出人员，统一向生产企业或批发企业采购，然后由这些零售企业分销。此类型多适合小型零售企业之间或中型零售企业、小型零售企业联合组织采购。这样能够相互协作，节省人力，凑零为整，拆整分销，并有利于组织运输，降低采购费用和成本。

2. 采购量

控制采购量是汽车维修企业确定每次采购多少数量为最佳采购量的业务活动，在采购时不能单一考虑节约某一项费用，必须综合分析，以销定进。采购量的控制方法有定性分析法和定量分析法两种，而定量计算方法又有经济批量法和费用平衡法。

（1）定性分析法确定采购量

用定性分析法确定采购量具体有如下方法：

摸清市场规律，找出销售规律，确定采购重点。配件销售具有平稳性、趋向性、周期性、季节性和随机性的特点。对于销售上升的配件，应保证常年销售不断档。对于具有平稳性、周期性、季节性的配件，应根据实际情况做出进货计划，并注意迎“季”进货，季末销完。对于随机因素影响的配件，则采取按用户预约等级及时组织进货的方法。

遵循供求规律，合理确定采购数量。 对于供大于求、销售量又不大的配件，要少进，采取随进随销、随销随进的方法。对暂时货源不足、供不应求的紧俏配件，要开辟新的货源渠道，挖掘货源潜力，适当多进，多进多销。对大宗配件，应采取分批进货的方法，使进货与销售相适应。对于高档配件，要根据当地销售情况，少量采购，随进随销、随销随进。对销售面窄，销售量少的配件，可以多进样品，加强宣传促销，严格控制进货量。

按照供货单位的远近，确定采购数量。 当地采购的，可以分批次采购，每次少进、勤进；外地采购时，适销商品多进，适当储备。

按采购周期确定采购时间。 采购周期就是每批次采购的间隔时间，采购周期的确定需要考虑的因素包括配件销售量的大小、配件种类的多少、距离供货单位的远近、配件运输的难易程度、货源供应是否正常、企业储存保管配件的条件等。

按照配件的产销特点，确定采购数量。 常年生产、季节销售的配件，应掌握销售季节，季前多进，季中少进，季末补进。季节生产、常年销售的配件，要掌握生产季节，按照企业常年销售情况，进全进足，并注意在销售过程中随时补进。新产品和新经营的配件，应根据市场需要少进试销，宣传促销，以销促进，力求打开销路。对于即将淘汰的车型配件，应少量多样，随用随进。

(2)定量分析法确定采购量

用定量分析法确定采购量具体有如下方法：

经济批量法。 指在一定时期内，采购总量不变，求得每批次进多少才能使采购费用与保管费用之和(总费用)达到最小限度。在实际运用中，经济批量法又可细分为列表法、图示法和公式法三种。

费用平衡法。 以采购费用为依据，比较保管费用累积和采购费用，当保管费用累积接近但不大于采购费用时，便可确定其经济采购量。

$$保管费用 = 销售量 \times 单价 \times 保管费用率 \times (周期 - 1)$$

四、汽车配件的入库验收

零配件入库验收依据主要是进货发票、进货合同、运货单和装箱单等单据。

1. 车辆零配件验收内容

车辆零配件验收内容主要是品种、数量和质量。

(1)品种验收

根据进货发票，逐项验收车辆零配件品种、规格和型号等，检查是否有货单和货物不相符的情况；易碎件、液体类物品应检查是否有破碎、渗漏等情况。

(2)点验数量

对照发票，先点收大件，再检查零配件包装及其标识是否与发票相符；一般对整箱整件，先点件数，后抽查细数；零星散装配件点细数；贵重零配件逐一点数；原包装零配件有异议的，应开箱开包点验细数。

(3)质量验收

一是仪器验收；二是感观验收。主要检验车辆零配件证件是否齐全，如有无合格证、保修证、标签或使用说明等;车辆零配件是否符合质量要求,如有无变质、水湿、污染和机械损伤等,验收完毕填写车辆零配件验收入库单。

2. 进口汽车配件的验收

进口配件到货后,应由外到里、由大包装到小包装、由外包装到内包装、由包装到产品标签、由标签到封签、由零件编号到实物、由产品外观质量到内在质量,逐步进行详细检查验收。

(1)外包装

原装进口配件的外包装木箱多为7层胶合板或选材较好、做工精细、封装牢固的木板箱。外表面印有用英文注明的产品名称、零件编号、数量、产品商标、生产国别和公司名称,有的则在外包装箱上贴有反映上述数据的产品标签。

(2)小包装

国外产品的小包装盒(指每个配件的单个小包装盒),一般都用印有该公司商标图案的专用包装盒。例如,日本五十铃汽车公司的纯正件均用印有白底红色"纯正部品"字样和白色的"ISUZIJ"字样及五十铃标志图案的小包装盒包装配件。

(3)产品标签

日本的三菱、尼桑、五十铃、日野等汽车公司的纯正件的标签,一般印有本公司商标,中英文纯正件字样及中英文生产公司名称,英文或日文配件名称及配件编号,并印有英文"MADE IN JAPAN"及数量的长方形或正方形标签。日本配件专业厂的配件标签无"纯正部品"字样,但一般用英文标明其适用的发动机型号或车型、配件名称、数量及规格、公司名称、生产国别。同时,标签形状也不限于长方形或正方形。

(4)包装封签

进口配件目前大多用印有本公司商标或检验合格字样的专用封签封口。例如,五十铃汽车公司纯正件的小包装封签,大同金属株式会社曲轴轴承的小包装盒封签,尼桑公司纯正件的小包装盒封签。

(5)内包装纸

日本的三菱、尼桑、五十铃、日野等汽车公司的纯正部件及配套厂生产的配件内包装纸均印有本公司标志,并且一面带有防潮塑料薄膜。

(6)配件外观质量和产品上的永久性标记

从德国、日本进口的纯正部件及配套厂的配件和专业厂生产的配件外观做工精细,铸铁或铸铝零件表面光滑、致密、无毛刺,油漆均匀光亮。而假冒产品则铸件粗糙,不光滑、不平整、有毛刺、喷漆不均匀、无光泽。尤其是真假两种配件在一起对比,差别比较明显。

(7)产品标记

原装进口配件一般都在配件上铸有或刻有本公司的商标或名称标记及配件编号。例如,奔驰汽车公司的纯正配件上都有奔驰标记及零件编号;德国WABCO(瓦布柯)公司生产的气制动阀件上均铆有铝合金标牌。

配件编号也是合同签订和验货的重要内容。各配套厂及专业生产厂都有自己所生产的配件与主机厂配件编号的对应关系资料。配件编号一般都刻印或铸造在配件上或标明在产品的标牌上,假冒产品一般无刻印或铸造的配件编号。验货时应根据合同要求的配件编号或对应资料认真进行核对。

五、汽车配件库房管理

配件的库房管理是汽车服务企业管理的一个很重要的内容。从维修管理的角度来讲，配件合理仓储是保证正常维修销售的重要部分，仓库存储越完备，配件的后备利用机会就越多。

1. 配件库房管理的目的

- 保证库房以及配件的安全有效。
- 保证配件出入库数量的准确性。
- 保证配件出入库的及时性。
- 合理利用库房空间。
- 尽量减少配件占用的周转资金。
- 给财务提供精确的依据。

2. 配件库房管理的内容

(1)仓库管理

库房的基本要求：

- 配备专用的备件搬运工具，配备一定数量的货架、货筐等，配备必要的通风、照明及防火设备器材。
- 宜采用可调式货架，便于调整和节约空间。

货架颜色宜统一，一般中货架和专用货架必须采用钢质材料，小货架不限，但必须保证安全耐用。

如图8-9所示为某汽车配件仓库的内部场景。

图8-9　汽车配件仓库

仓库布局的原则：

- 有效利用有限空间的原则。根据库房大小及库存量，按大、中、小型及长型进行分类放置，以便于节省空间；用纸盒来保存中、小型备件，用适当尺寸的货架及纸盒将不常用的备件放在一起保管；留出用于新车型备件的空间，无用备件要及时报废。
- 防止出库错误的原则。将备件号完全相同的备件放在同一纸盒内，不要将备件放在过道上或货架的顶上；备件号接近、备件外观接近的备件不宜紧挨存放。
- 保证备件质量和安全的原则。保持清洁，避免潮湿、高温或阳光直射；仓库内禁止吸烟，常规放置灭火器。

- 货物存放定位。仓库货位编号可采用“四段编号”方法,即物资存放四段编号进行合理定位,对库房按照分类区统一编号存放。库房的四段编号是库、架、层、位,第一段 1 ~ 2 位数表示库或场,第二段 3 ~ 4 位数表示架或货区,第三段 5 ~ 6 位数表示货架的层或区的排,第四段 7 ~ 8 位数表示货位。

如图 8-10 所示为某仓库的货位编码。

图 8-10　某仓库的货位编码

(2)卡账管理

车辆零配件保管卡。是根据各仓库的业务需要制定的,常见的有保管卡和货垛卡片两种形式。

如图 8-11 所示为车辆零配件保管卡。多栏式保管卡适合在同一种车辆零配件分别存放在好几个地方时使用。

<table>
<tr><td colspan="2">每件</td><td colspan="9">长　宽　高　m</td><td colspan="9" rowspan="3">货号________
品名________
规格________</td></tr>
<tr><td colspan="2">每件容量</td><td colspan="9">m^3</td></tr>
<tr><td colspan="2">每件毛重</td><td colspan="9">kg</td></tr>
<tr><td colspan="11">存货单位________　计租等级</td><td colspan="9">产地　单位</td></tr>
<tr><td colspan="2" rowspan="2">年</td><td colspan="2" rowspan="2">品证号码</td><td rowspan="3">摘要</td><td colspan="2">收入</td><td colspan="2">付出</td><td colspan="2">结存</td><td colspan="8">堆存地点</td><td rowspan="3">折合重量</td></tr>
<tr><td colspan="2" rowspan="2">数量</td><td colspan="2" rowspan="2">数量</td><td colspan="2" rowspan="2">数量</td><td></td><td></td><td></td><td></td><td></td><td></td><td></td><td></td></tr>
<tr><td>月</td><td>日</td><td>字</td><td>号</td><td></td><td></td><td></td><td></td><td></td><td></td><td></td><td></td></tr>
<tr><td></td><td></td><td></td><td></td><td></td><td></td><td></td><td></td><td></td><td></td><td></td><td></td><td></td><td></td><td></td><td></td><td></td><td></td><td></td><td></td></tr>
<tr><td></td><td></td><td></td><td></td><td>过次页</td><td></td><td></td><td></td><td></td><td></td><td></td><td></td><td></td><td></td><td></td><td></td><td></td><td></td><td></td><td></td></tr>
<tr><td colspan="20">货卡（　　）</td></tr>
</table>

图 8-11　车辆零配件保管卡

如图 8-12 所示为货垛卡片。车辆零配件储存必须根据其性能、数量、包装质量、形状等要求，以及仓库条件、季节变化等因素，采用适当方式整齐稳固地堆存，称为货垛。

货主单位：________								货位：________	
货号			品名			规格			
细数			色别			生产厂			
年		单据号码	进仓	出仓	结存	总垛	分垛 1	分垛 2	分垛 3
						货位	货位	货位	货位
月	日								

图 8-12　货垛卡片

车辆零配件保管账。如图 8-13 所示为某企业的车辆零配件保管账。保管账设计可以以保管组或仓库为单位建账，并设专人记账。

配件面积：　　m^2												品名：				
												类品种：				
换算重量：　　包装数：												规格：　　等级：				
年	凭证号码	摘要	出入库单位名称	入库		出库		结　　存								货位编号
														合计		
月日				件数	数量	件数	数量	件数	数量	件数	数量	件数	数量	件数	数量	

图 8-13　车辆零配件保管账

(3)库存盘点

库存配件的流动性很大，为及时掌握库存变化情况，避免短缺、丢失或超储积压，保持账、卡、物一致，必须进行定期和不定期的盘点工作。

盘点主要是查明实际库存量与账卡数字是否相符；盘亏、盘盈存货的品种、规格和数量；检查收发是否存在差错；检查超储积压、损坏、变质和闲置存货的品种、规格和数量等。对于盘点中发现的问题，应分析原因并及时制定相应措施。

盘点的具体要求如下：

- 库管员应随时对有出入库记录的配件进行复查。
- 配件盘点过程中，不准以任何理由虚报、瞒报或私自更改账目。
- 各经营单位每月对配件库存进行一次盘点。

- 每季度进行一次有财务管理部门参与的全面清点。盘点时应合理安排配件的出入库,以确保盘点的准确性,避免发生重、漏、错等情况。
- 盘点结束后,由盘点人员填写盘点报表,对盘盈盘亏的配件要查明原因,分清责任,作出必要的处理。季度盘点后,进行配件的报损申报工作。

合理储耗:对易挥发、潮解、溶化、散失、风化的物资,允许有一定的储耗。凡在合理储耗范围内的,由保管员填报"合理储耗单",经批准后,即可转财务部门核销。

盈亏报告:在盘点中发生盘盈或盘亏时,应反复落实并查明具体原因,明确责任,由保管员填报"库存物资盘盈盘亏报告单",经仓库负责人审签后,按规定处理。

在盘点过程中,还应清查有无多余或暂时不需要的配件,以便及时将此类配件调剂给其他需用单位。由于保管不善造成霉烂、变质、锈蚀的配件,在收发、保管过程中已损坏并已失去部分或全部使用价值的配件,以及因技术淘汰需要报废并经有关方面鉴定,确认不能使用的配件,由保管员填制"物资报废单"报经审批并按报废程序处理。

3. 汽车配件的库存分析

库存分析就是通过对库存物品的存量和流量的数据分析,找到控制采购和库存的办法。

(1)初级库存分析

初级库存分析就是观察哪些配件缺货,哪些配件库存过剩,或者有缺货与过剩的可能,以向采购部门提供采购计划的参考意见。库存分析最好是建立在计算机管理的基础之上,利用计算机相关库存分析软件来提高数据分析的效率和准确率。

(2)进阶库存分析

进阶库存分析就是通过查看直观的库存数据并结合其他信息,进行计算和分析,找到维持合理库存的有效办法,向采购部门提供补货参考。

为确保库存分析质量,在掌握初步的库存数量等基础数据之后,还要结合配件的存放时间、订货周期、可替代配件和采购金额等参数,计算出合理的补货量并形成可行的采购计划。

4. 旧件回收及管理

为加强旧件的统一管理,杜绝以旧充新现象,企业应严格执行旧件回收制度。

- 三包、修理领用配件时,配件销售人员必须在领用人交回相应旧件后才可发放新件(三包旧件交予索赔员,三包外旧件交予配件销售员)。
- 所有收回的旧件要设专人妥善保管,不得随地堆放;三包旧件要建账管理。
- 顾客索要旧件时(三包外维修),旧件管理人员要擦净、整理后交还顾客。对其他旧件,企业应定期作出处理。

六、汽车配件出库管理

配件的出库管理是指配件库向修理车间或用户转移配件的过程,它是汽车维修企业配件库存管理的最后一个环节。

配件出库时,要严格执行出库程序并办理相关出库手续。图 8-14 所示为某厂配件管理出库流程图。

配件管理出库流程说明:

- 配件批发和调拨由调度员签发出库申请单。

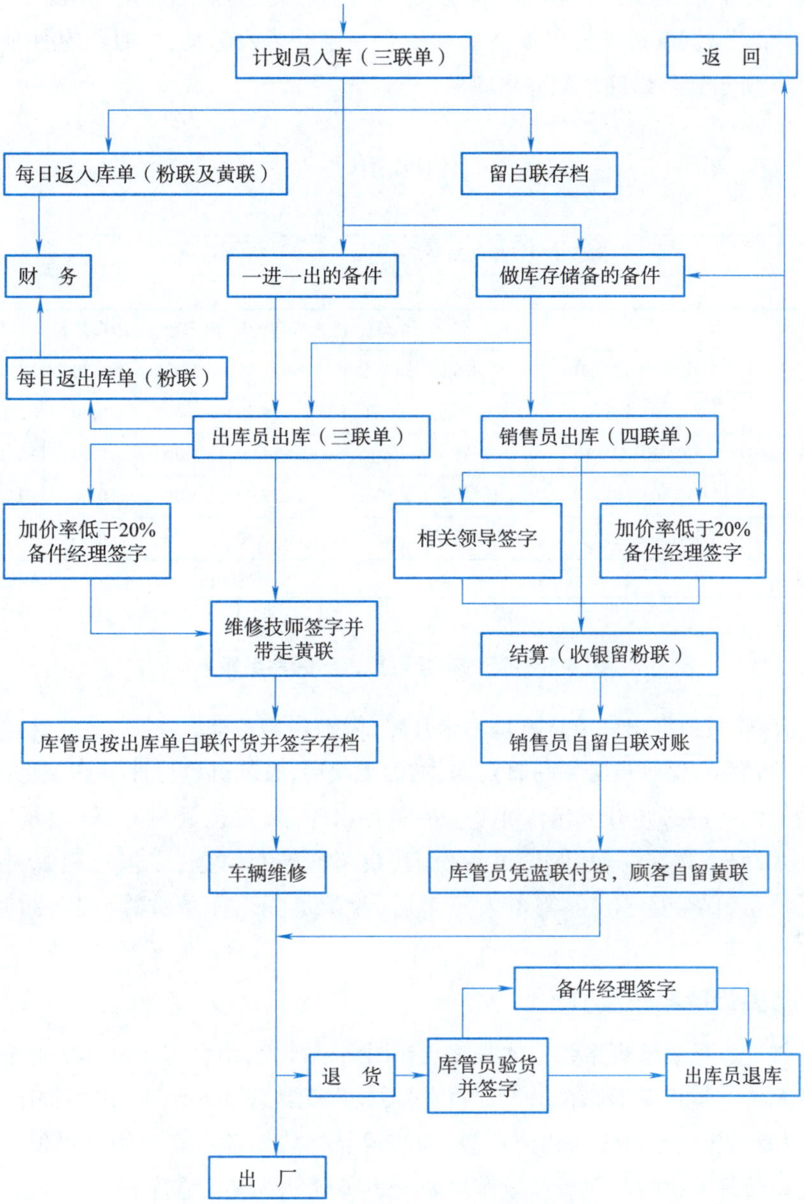

计划员入库（三联单）
返 回
每日返入库单（粉联及黄联）
留白联存档
财 务
一进一出的备件
做库存储备的备件
每日返出库单（粉联）
出库员出库（三联单）
销售员出库（四联单）
加价率低于20%
备件经理签字
相关领导签字
加价率低于20%
备件经理签字
维修技师签字并
带走黄联
结算（收银留粉联）
库管员按出库单白联付货并签字存档
销售员自留白联对账
车辆维修
库管员凭蓝联付货，顾客自留黄联
备件经理签字
退 货
库管员验货
并签字
出库员退库
出 厂

图 8-14 某厂配件管理出库程序流程图

- 库管员按调度员签发的配件出库申请单提取配件（可根据库存或提货人的要求临时调整），严禁先出货后补手续或白条发货的做法。
- 配件出库，如客户自提，调度员应协助保管员和提货人一同清点货物，并负责对货物进行适当包装后交予客户；如需配送人员发送，调度员应协助保管员和配送员一同清点货，由配送员进行包装发运，并根据调整后的配件实际出库情况补充打印出库申请单。核实无误后，三方签字认可。
- 配送员根据发运方式的不同，对易损件要合理进行包装，提高包装质量，避免运输过程中损坏配件。

● 出库单一式五份，提货人、调度员、保管员、财务各一份，月底结账用一份。配件批售业务中现金回款部分，调度员应将出库清单和现金一同给予收款员，同时签字并加盖财务印章。如图 8-15 所示为某修理厂配件出库单。

出 库 单

2021-10-16 09:01:52

出库单号：　　对应单号：A-2021××　　车型：××　　领料出库

客户名称：××　　车牌号：黑A××

序号	仓库	备件号	备件名称	单位	出库单价	出库数量	结存数量	库位	性质
1	备件	L06L 103 603 BB	油底壳	ST	1 682.00	1.00	0.00	F1_LS-0757	正常
2	备件	L06L 103 598 AD	油底壳	ST	978.00	1.00	0.00	F1_LS-0-180	正常
3	备件	L80D 407 693 B	摆臂	个	2 814.00	1.00	0.00	F1_LS-0761	正常
4	备件	L06L 105 243 AQ	减振器	ST	1 079.00	1.00	0.00	F1_LS-0790	正常
5	备件	L8WD 121 251 A	Q5L散热器	ST	1 715.00	1.00	0.00	F1_LS-0-348	正常

总金额：8 268.00　　发料人：××　　库管员：××　　领料人：××

备注：　　打印时间：2021-10-20 10:35:26

图 8-15　某汽车修理厂汽车配件出库单

● 出库后，保管员根据出库单认真填写卡片账，做到账实相符。

● 收款员、调度员、保管员必须每日对账，准确无误后，收款员填写日报单，定期送交财务。

● 所有销售的配件必须开具出库单（包括零售出库单、三包领料单、修理领用单），零售出库单一式四份，顾客一份，保管员一份，其余两份转交财务；三包修理领料单一式两份，结算员一份，保管员一份。制单人签字后，收款员凭出库单结算收款，同时签字并加盖财务印章。

七、仓库条码管理系统简介

汽车零部件仓库条码管理系统主体是建立在网络基础上，结合客户具体的业务流程，整合无线条码设备的系统。运用条形码自动识别技术，在仓库无线作业环境下，适时记录并跟踪从产成品入库、出库以及销售整个过程的物流信息，为产成品销售管理及客户服务提供支持，进一步提高企业整个仓库管理及销售的质量和效率。如图 8-16 所示为某厂仓库管理系统。

货物入库时，首先由条码采集终端记录外包装箱上的条码信息，选择对应的采购信息和仓库及货位信息，然后把数据批量传输到条码管理系统，系统自动增加相应库存信息，并记录相应的产品名称、描述、生产和采购日期。

零部件入库上架作业过程中，系统均与采集终端进行自动校对和传入，实现自动化作业流程控制，如自动生成拣货单并下载到终端、自动比对拣货数量、自动传送拣货信息到后台系统。

出库的配件可通过配件上的条码进行追溯，确定某一个配件的具体信息，企业还可以根据出入库的相关记录确定配件的使用信息，为配件的使用、索赔及鉴定等工作提供记录信息。

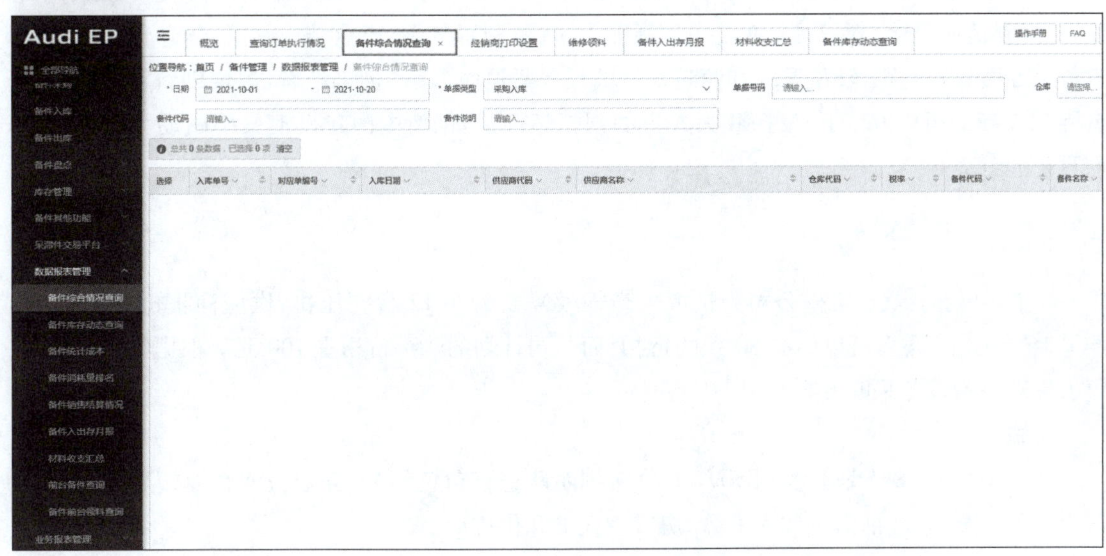

图 8-16　某厂仓库管理系统

思政内涵

【思政元素】

发扬敢为人先的创新精神；责任意识；认真严谨的工作态度。

【案例】

中国汽车发展历程中，1984 年以前，由于技术、资金、人才等很多发展的瓶颈制约着中国汽车工业的发展，年生产量不到 20 万辆，居民个人家庭普遍没有轿车。利用外资来发展我国的汽车工业在 20 世纪 80 年代被推到了历史的前台，相继一批中外合资轿车企业成立和生产，桎梏了几十年的中国轿车工业的能量开始井喷，同步逐渐富裕起来的中国人对轿车激发了强烈的购买能量，国外汽车巨头在中国取得了令人瞩目的成功，其背后是中国汽车工业自身的巨大牺牲。在中国还没有哪一个行业像汽车工业一样依赖于合资模式。由于缺乏自主品牌和关键技术，研发能力低,国内汽车的核心技术大多掌握在合资企业中,没有“话语权”。中国自主汽车品牌企业正是在这样的暗流中涌动,并成长壮大。如今,每千人均汽车拥有量已达173辆;已有众多自主品牌汽车企业,并且头部势力增强,新能源汽车优势明显;在入门车型上面,国内整车企业已经具备竞争优势;制造业中有关车身热成形冲压结构、内外饰设计、铝压铸件、轮胎、橡胶金属减震件、汽车玻璃等已经具备了行业话语权;更是成为汽车生产第一大国,年生产量超过2 500万辆,正在向汽车强国努力奋进。

【案例分析】

创新是企业走出低谷、由价值链低端走向高端的必经之路。只有掌握了核心技术,提升自主创新能力,才能摆脱其他国家无条件的压制,制造企业才能有“笑傲江湖”的资本。创新,是当代中国最鲜明的特征。尤其是改革开放以来,我国制造业持续快速发展,建成了门类齐全、独立完整的产业体系,有力推动工业化和现代化进程,显著增强综合国力,支撑世界大国地位。自中华人民共和国成立以来,中国共产党在领导人民从站起来、富起来到强起来的历史性飞跃中,发扬创新精神,不断完善中国特色社会主义制度,取得了令人瞩目的成就。然而,与世界先进水平相比,中国制造业仍然大而不强,在自主创新能力、资源利用效率、产业结构水平、信息化程度、质量效益等方面还有差距,转型升级和跨越发展的任务紧迫而艰巨“惟创新者进,惟创新者强,惟创新者胜”,在新的历史方位下,发扬敢为人先的创新精神,为创新中国建设汇聚磅礴动力,具有特殊而重要的意义。

能力训练

1. 模拟案例:汽车维修公司为扩大生产规模需要购买12台空压机,供应商报价850元/台,购买16台以上,每台可以给与80元的折扣,而公司计划的购买价格是700元。根据收集的信息,每人整理一份设备采购方案。

实施步骤:

①学生按5~8人划分实训团队,每个实训团队进行角色划分,分别扮演企业领导、设备管理部门工作人员、采购部门工作人员、库房管理人员和供应商。

②设备管理部门决定采购物料的种类和数量,并向采购部门开出请购单。

③采购部门将采购计划上交拥有审核权的企业领导。

④采购人员根据领导审批的采购计划,利用各种渠道收集供应信息,确定供应商和购买时机,研究谈判技巧和价格幅度等内容,决定物流方案、设备检验标准和采购方法等事项。

⑤与供应商签订采购合同,以询价、报价、比价的方式,决定采购价格,确定采购合同的各种条款,并以书面形式签字盖章。

⑥向供应商发送采购订单,一般要同时发给企业的会计部门、用料单位、收货部门,并保留原件备查。

⑦跟踪订单,进行进货控制,监督供应商准时交货。

⑧核对并完成采购交易行为,根据验收单或品质数量检验报告核对供应商交货情况,并对不良产品进行处理。

⑨到货后,与库房管理机构进行交接,将采购的物料入库。

2. 将班级学生分成若干组，每组 3 ~ 6 人，进行进料作业流程和物料领用管理流程的模拟训练。

（1）仓库入库作业管理

①每个实训团队组建一个模拟公司并进行角色划分，分别扮演供应商、仓库主管、入库专员。

②仓库主管接到采购部的接货通知后，按照货物到货时间、数量、品种、规格、性质等要求制订入库计划，并进行人员组织、储位设置、设备搬运、用具配置等准备工作。

③货物到达后，仓库主管安排入库专员按规定接货，并与供应商办理交接手续。

④仓库主管负责审核货物单据是否齐全，如果单据齐全无误，则对现场货物进行数量核对，并做好记录。

⑤仓库主管确认货物验收没有问题后，在收货单上签字。

⑥入库专员根据货物分类安排货物储存并进行摆放。

⑦仓库主管填写入库单，登记相关明细账。

（2）仓库出库作业管理

①每个实训团队组建一个模拟公司并进行角色划分，分别扮演仓库主管、出库专员、仓储部经理、车间主任、生产车间工作人员。

②仓库主管制定物料领用管理制度，上报仓储部经理审批后生效执行。

③生产车间根据生产需要，依照领料单标准填写领料单。

④车间主任在领料单上签字，确认领料事宜。

⑤仓库主管对出库单进行审核无误后，签发出库凭证。

⑥出库专员对物料领用和出库凭证进行审核，核对无误后开始准备发料。

⑦物料复核无误后，出库专员与领料员办理物料交接手续，并在相应的单据上签字核实。

⑧仓库主管进行明细账登记工作。

评价反馈

根据能力训练阶段完成的调研报告内容，以小组为单位进行发言和讨论，通过学生自评、小组互评和教师评价的方式，对每组的完成情况进行打分，完成表 8-4。

表 8-4　评　价　表

考核项目	评价标准	分值	学生自评	小组互评	教师评价
小组合作	和谐	15			
活动参与	积极、认真	15			
语言	礼貌、规范	10			
问题提问	专业	10			
表达能力	强	20			
沟通能力	强	10			
解决方案	正确、规范	10			
开拓能力	灵活、机动、创新	10			
合计		100			
总评（学生自评 ×20% + 小组互评 ×20% + 教师评价 ×60%）					

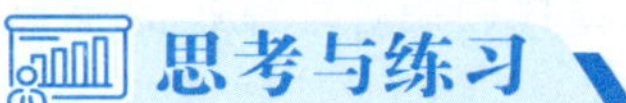

思考与练习

1. 汽车维修设备管理工作的内容是什么?
2. 汽车维修专用设备有哪些?
3. 选购维修设备的一般原则是什么?
4. 维修设备的分级管理内容有哪些?
5. 备件的储备原则是什么?
6. 简述备件管理的流程。
7. 汽车维修设备的维护分类有哪些?
8. 汽车配件分类中标准化分类有哪些?
9. 车辆零配件验收内容包括哪些?
10. 汽车配件库房管理目的是什么?
11. 汽车配件仓库布局的原则是什么?
12. 简述汽车配件库存盘点的要点。

知识拓展

服务质量承诺制度

质量是企业的效益和生命,而服务质量的优劣又在管理制度的高度和缺失上。为提高服务质量,特制定本制度:

(1)从思想上、制度上严格树立职工生产服务质量至上的观念,一切服务都要以质量优质为准。

(2)全厂职工每天上班着装统一,不准穿厂服以外的衣着生产。

(3)各车间修理场所保持干净整洁;修理工具摆放有序,不准乱丢乱放,修车地面及修车地沟干净无油水储留。

(4)修理车辆严格按维修工艺流程操作,不乱修、漏修或修理部位故障诊断不明而应付处置修理。

(5)修理维护车辆严格执行三检制度(进厂、修理过程、出厂检验),确保承修车辆质量安全。

(6)车辆维修更换零部件及总成须使用有配件合格证书的配件,严禁无合格证或质量稍次的产品及旧件更换修理。所换配件进行登记归还车主,若不归还按配件原价处罚当事人。

(7)车主急需车辆修复使用的,应及时修理或加班修理,保证用户用车。

(8)车辆维修完毕,经试车员或主修技工签字后,到服务台结算,开具修理工料明细单结账后放开,严禁乱收私收维修费。

(9)车辆维护修理完毕后,将车辆清理干净,调试好,交予用户。

(10)车辆出厂后,对车辆基本情况进行登记,作反馈回访和修理质量依据需要。

项目九
汽车维修企业人力资源管理

学习目标

知识目标

(1)掌握人力资源的含义、特点及构成。

(2)掌握人力资源管理的含义与职能。

(3)掌握员工招聘程序、类别和原则。

(4)掌握员工绩效考核的概念和内容。

(5)掌握员工薪酬的概念、主要内容和制度的作用。

能力目标

(1)熟悉人力资源管理的内容。

(2)熟悉组织设计的具体内容。

(3)掌握编制人力资源规划的流程。

(4)掌握员工培训的分类和培训形式、员工薪酬激励的特点。

思政目标

(1)把培育和践行社会主义核心价值观作为立德树人的根本任务,落实到教育教学和管理服务各环节。使学生牢固树立"爱国、敬业、诚信、友善"的价值取向和行为规范。增强爱国情怀、文化自信,成为爱岗敬业、责任担当、公平竞争、不断进取的优秀人才。

(2)按照以人为本、公平公开公正的原则,科学聘用、大胆使用、发挥每个员工的作用,积极开展不同层次的培训,使员工增强责任感,保证企业始终充满活力。

(3)通过企业员工绩效考核的学习,使员工增强主人公责任感,将个人的发展融入企业的发展之中,一荣俱荣,一损俱损,增强自信,明确方向,不断提升协作精神、团队意识,为企业发展贡献力量。

(4)在当前的市场经济浪潮中,由于价值观念的变化,思想政治教育变得尤为重要,在教育过程中,必须找到合适的切入点,增强学生爱国情怀、文化自信,成为爱岗敬业、责任担当、公平竞争、不断进取的优秀人才。

学习方案

掌握人力资源管理的内容和规划流程,明确各岗位职责和合理的薪酬规划。

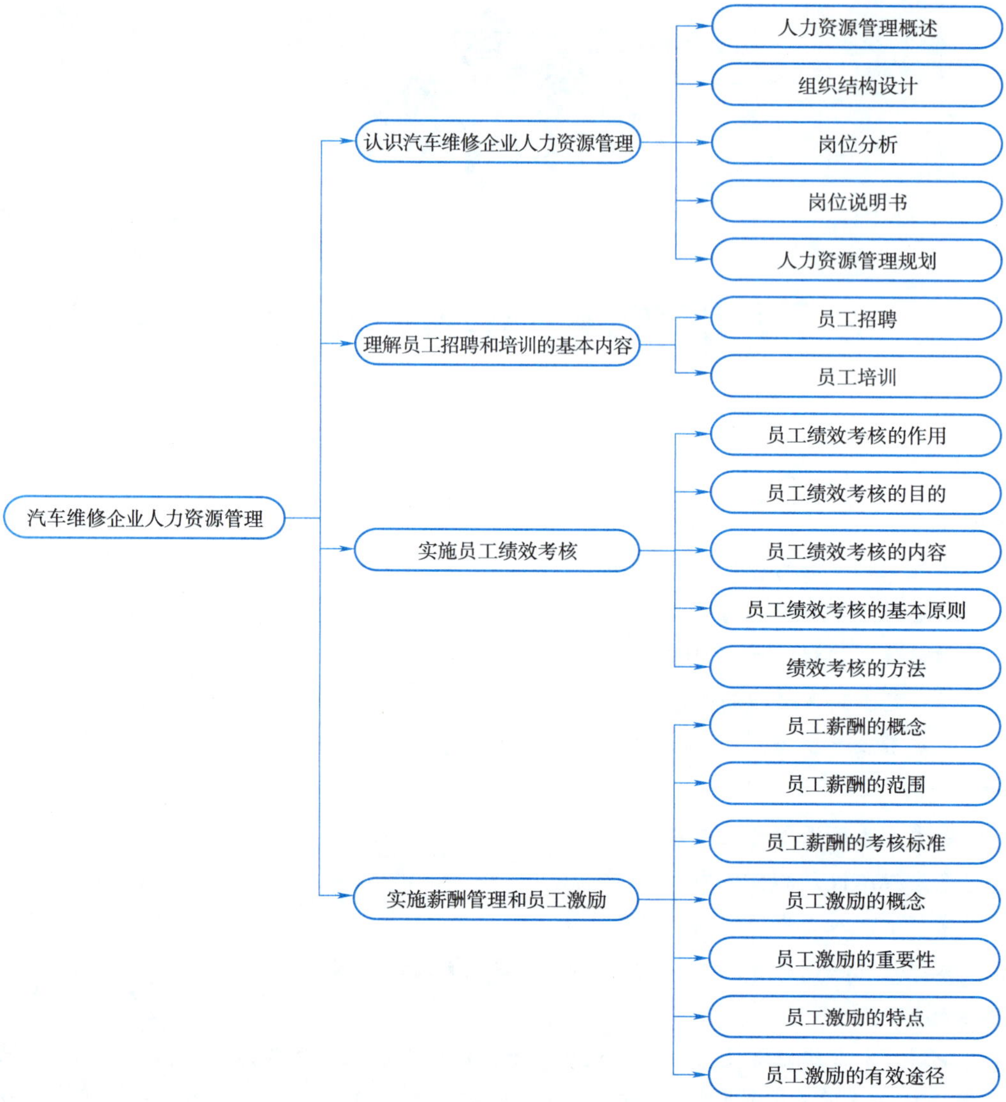

- 汽车维修企业人力资源管理
  - 认识汽车维修企业人力资源管理
    - 人力资源管理概述
    - 组织结构设计
    - 岗位分析
    - 岗位说明书
    - 人力资源管理规划
  - 理解员工招聘和培训的基本内容
    - 员工招聘
    - 员工培训
  - 实施员工绩效考核
    - 员工绩效考核的作用
    - 员工绩效考核的目的
    - 员工绩效考核的内容
    - 员工绩效考核的基本原则
    - 绩效考核的方法
  - 实施薪酬管理和员工激励
    - 员工薪酬的概念
    - 员工薪酬的范围
    - 员工薪酬的考核标准
    - 员工激励的概念
    - 员工激励的重要性
    - 员工激励的特点
    - 员工激励的有效途径

任务一　认识汽车维修企业人力资源管理

任务导入

汽车维修企业人力资源管理是企业中最重要、最昂贵的资源之一。所谓“谋事在人”，如果没有高素质的员工，企业的运转就难以有效开展。对人力资源的有效利用是汽车维修企业不断提高竞争力，保持竞争优势和不败，始终高质量发展的必要条件。

任务目标

◎掌握人力资源的含义、特点及构成。

◎掌握人力资源管理的含义与职能。

◎熟悉人力资源管理的内容。

◎熟悉组织设计的具体内容。

◎熟悉组织设计的步骤。

◎掌握编制人力资源规划的流程。

一、人力资源管理概述

1. 人力资源的含义

人力资源(Human Resource,HR)是指能够推动社会经济和文化发展的具有劳动能力的人们的总称。人力资源在宏观意义上以国家和地区为单位,在微观意义上以部门和企事业为单位。人力资源最基本的方面,包括体力和智力;完整的概念包括体力、智力、知识和技能等多方面。

2. 人力资源的特点

物质性。人力资源物质性是指有一定的人口,才有一定的人力;一定的人力资源必然表现为一定的人口数量。

能动性。人不同于自然界其他生物,具有主观能动性,能积极主动、有目的、有意识地采取行为手段,获取一定的结果。这是指人力资源所具有的劳动能力随着时间的推移不断积累、延续和增强。

智力性。人不仅具有主观能动性,而且还是知识的载体,这是人力资源区别于其他资源的特性。人可以通过自己的整理,使自身能力无限扩大;人的知识还可以传播、深入,即能有目的地进行改造外部世界的活动。这一特点使人力资源具有实用价值。

再生性。人口再生产是人口不断增加,人类自身得以延续和发展的过程。人力资源的再生不同于一般生物的再生性,除了遵守一般的生物学规律之外,还受人类意识的支配和人类活动的影响。

时效性。人力资源的形成、开发和利用都会受到时间方面的限制。从个体角度来看,作为生物有机体的人,有其生命的周期,如幼年期、青壮年期、老年期等,各阶段的劳动能力和生产能力各不相同;从社会角度来看,人才的培养和使用也有培训期、成长期、成熟期等。因此,人力资源的开发必须遵循其内在的规律,使人力资源形成、开发、配备和使用处于一种动态平衡。

增值性。人力资源是一切资源中最为宝贵的资源,人力资源的再生产过程是一种增值的过程。随着人口的不断增多,劳动者人数会不断增多;随着教育的普及和提高、科技的进步和劳动实践经验的积累,人力资源会不断增值。

两重性。人力资源既是生产者,又是消费者,具有两重性。人力资源要求我们既要重视人口数量的控制,又要重视人力资源的开发和培养。充分利用和开发现有的人力资源,是降低人力资源成本,获取人力资源收益的基本途径。

生物性和社会性双重属性。一方面,人力资源存在于人体之中,是一种“活”的资源,与人的自然生理特征相联系这就是它的生物性,也是人力资源最基本的特点;另一方面,人力资源还具有社会性。

3. 人力资源管理的任务

人力资源管理工作的主要任务，就是为实现企业发展战略的需要，做好企业人员招聘与培训管理、岗位设计与培训、薪酬管理、绩效管理、劳动关系管理以及人力资源规划等相关工作，调动员工的积极性和主动性，保证各部门协调高效运转，实现企业发展目标。

人力资源管理任务具体体现在以下几个方面：

保证一支高素质的员工队伍。人力资源是企业发展的第一要素，通过规划、组织、调配和招聘等方式，保证一定数量和质量的劳动力和各种专业人员加入并配置到企业生产经营活动中，满足企业发展的需要。

实现企业与员工共同发展。将企业发展目标与团队职能、员工岗位相连接，使每个员工明确任务和努力的方向。开展有针对性的技术培训，激发员工学习专业技术和文化知识的主动性。把企业的兴衰与个人发展相联系，做好薪酬、福利等与个人利益相关的工作。

建立健全各项管理制度。制定岗位说明书、人事管理制度、财务管理制度、设备及零配件购置制度、绩效考核制度、劳动纪律等制度，使每个员工自觉遵章守纪。

开展各项监督考核。组织各项管理制度的日常检查和考核，在监督考核中维护制度的严肃性，激励先进带动后进，同时在考核过程中对已有的制度不断修改完善。

4. 人力资源管理的内容

人力资源管理活动主要包括以下几个方面。

职务分析与设计。对企业各个工作职位的性质、结构、责任、流程，以及胜任该职位工作人员的素质、知识、技能等，在调查分析所获取相关信息的基础上，编写出职务说明书和岗位规范等人事管理文件。

人力资源规划。把企业人力资源战略转化为中长期目标、计划和政策措施，包括对人力资源现状分析、未来人员供需预测与平衡，确保企业在需要时能获得所需要的人力资源。

员工招聘与选拔。根据人力资源规划和工作分析的要求，为企业招聘、选拔所需要的人才，并录用安排到一定岗位上。为了保护双方的合法权益，有必要就员工的工资、福利、工作条件和环境等事宜达成一定协议，签订劳动合同。人力资源的选拔应遵循平等就业、双向选择、择优录用等原则。

绩效考评。对员工在一定时间内在企业中的贡献和在工作中取得的绩效和业务能力、工作表现及工作态度等进行考核和评价，及时做出反馈，以便提高和改善员工的工作绩效，并为晋升、接受奖惩、发放工资、接受培训等人事决策提供有效依据。

薪酬福利管理。包括对基本薪酬、绩效薪酬、奖金、津贴以及退休金或养老保险、医疗保险、失业保险、工伤保险、节假日和相关福利等薪酬结构的设计与管理，提供必要的培训教育、良好的劳动工作条件等，以激励员工更加努力地为企业工作。

员工激励。采用激励理论和方法对员工的各种需要予以不同程度的满足或限制，引起员工心理的变化，以激发员工向企业所期望的目标努力。

培训与提高。组织开展不同层面员工的定期或不定期培训，根据不同阶段就企业的发展状况、新技术新技能、职业道德、企业管理和组织纪律、劳动安全卫生、员工权益及工资福利状况等相关内容进行培训。通过培训提高员工个人、群体和整个企业的知识、能力、工作态度和工作绩效，进一步开发员工的智力潜能，以增强人力资源的贡献率。

职业生涯规划。鼓励和关心员工的个人发展，帮助员工制订个人发展规划，以进一步激发员工的积极性、创造性。

人力资源会计。与财务部门合作，建立人力资源会计体系，开展人力资源投资成本与产出效益的核算工作，为人力资源管理与决策提供依据。

劳动关系管理。协调和改善企业与员工之间的劳动关系，进行企业文化建设，营造和谐的劳动关系和良好的工作氛围，保障企业经营活动的正常开展，并负责员工的个人档案管理。

二、组织结构设计

1. 组织结构设计的概念

组织结构设计是指在企业的组织中，对构成企业组织的各要素进行排列、组合，明确管理层次，分清各部门、各岗位之间的职责和相互协作关系，并使其在企业的战略目标过程中获得最佳的工作业绩。

2. 组织结构设计的具体内容

职能设计。亦称劳动分工，是指企业的经营职能和管理职能的设计。企业作为一个经营单位，要根据其战略任务设计经营、管理职能。如果企业的有些职能不合理，就需要进行调整，对其弱化或取消。

框架设计。亦称部门化，是企业组织设计的主要部分，运用较多。框架设计内容简单来说就是纵向的分层次、横向的分部门。部门化主要有四种类型：功能部门化、产品或服务部门化、用户部门化和地区部门化。

协调设计。亦称协调方式的设计。框架设计主要研究分工，有分工就必须有协作，协调方式的设计就是研究分工的各个层次、各个部门之间如何进行合理的协调、联系、配合，以保证它们高效率地运转，发挥管理系统的整体效应。

规范设计。亦称管理规范的设计。管理规范就是企业的规章制度，它是管理的规范和准则。企业结构设计最后要落实并体现为规章制度。管理规范保证了各个层次、部门和岗位按照统一的要求和标准进行配合和行动。

人员设计。亦称管理层次为管理人员的设计，是指一位管理人员所能有效地直接领导和控制的下级人员数，管理层次是指企业内纵向管理系统所划分的等级数。企业结构本身设计和规范设计都要以管理者为依托，并由管理者来执行。因此，按照组织设计的要求，必须进行人员设计，配备相应数量和质量的人员。

激励设计。授权组织中各类人员需承担的完成任务的责任范围，并赋予其使用企业资源所必需的权力。授权发生在企业中两个相互连接的管理层次之间，责任和权力都是由上级授予的。设计激励制度，对管理人员进行激励，包括正激励和负激励。正激励包括工资、福利等，负激励包括各种约束机制，也就是所谓的奖惩制度。激励制度既有利于调动管理人员的积极性，也有利于防止一些不正当和不规范的行为。

3. 组织结构设计的基本原则

任务与目标原则。组织结构是实现组织战略目标的有机载体，组织的结构、体系、过程、文化等均是为完成企业战略目标服务的，达成战略目标是组织设计的最终目的。

专业分工和协作原则。现代企业管理工作量大,专业性强,分别设置不同的专业部门,有利于提高管理工作的质量与效率。应充分考虑专业化分工与团队协作。特别是对于以事业发展、提高效率、监督控制为首要任务的业务活动,应以此原则为主,进行部门划分和权限分配。

有效管理幅度原则。管理层级与管理幅度的设置受到企业规模的制约,在企业规模一定的情况下,管理幅度越大,管理层级越少。管理层级的设计应在有效控制的前提下尽量减少管理层级,精简编制,促进信息流通,以保证管理工作的有效性。

责权一致原则。职责和职权必须对等,是企业正常运行的基本要求。权责不对等对组织危害极大,有权无责容易出现瞎指挥的现象;有责无权则会严重挫伤员工的积极性,也不利于人才的培养。因此,在结构设计时,应着重强调职责和权利的设置,使企业能够做到职责明确、权力对等、分配公平。

适度与优化原则。组织结构设计应综合考虑企业的内、外部环境,企业的理念与文化价值观,企业当前以及未来的发展战略等,以适应企业的现实状况。随着企业的成长与发展,组织结构应有一定的拓展空间。组织结构应与企业目标相适应。组织设计应简化流程,有利于信息畅通、决策迅速、部门协调;充分考虑交叉业务活动的统一协调和过程管理的整体性。

稳定性与适应性结合原则。企业应该强调并贯彻这一原则,应在保持稳定性的基础上进一步加强和提高组织结构的适应性。

均衡性原则。指同一级机构、人员之间的工作、职责、职权等方面应大致平衡,不宜偏多或偏少,避免苦乐不均、忙闲不均等不良现象。

4. 组织结构设计的程序

企业组织结构的设计只有按照正确的程序进行,才能达到组织设计的高效化,具体的设计程序如下。

组织结构设计的时机和提出。提出组织结构设计的时机包括企业或公司成立分公司或成立新部门;原有组织机构经评审存在较大问题,需要重新进行设计;公司战略目标进行调整;公司组织结构需要局部调整和完善。

资料的收集和分析。公司或部门组织结构设计申请批准后,由人力资源部经理安排收集与组织相关的文件和资料,了解公司战略目标和工作任务,原有组织、部门及各级人员职责和权限、管理制度等信息。对收集的资料、信息进行分析、归类,对目前工作进行划分,确定工作性质和类别。

规定岗位的输入、输出和转换。岗位是工作的转换器,就是把输入的业务,经过加工转换为新的业务输出。通过输入和输出,能从时间、空间和数量上把各岗位纵横联系起来,形成一个整体。

岗位人员的定质与定量。定质就是确定本岗位需要使用的人员的素质,人员素质的要求主要根据岗位业务内容的要求来确定。定量就是确定本岗位需用人员的数量,人员数量的确定要以岗位的工作业务量为依据,同时也要以人员素质为依据。人员素质与人员数量在一定条件下成反比。定量是在工作业务量和人员素质平衡的基础上确定的。

工作流程的管理制度。是指按照流程的连续程度和工作量的大小来确定岗位形成的各级组织结构。岗位是保证整个流程实施的基本环节,应该先有优化流程,后有岗位。必须经过反复的综合平衡,不断地修正,才能获得最佳效果。

5. 常见的企业组织结构类型

企业组织结构的类型主要有以下几种。

(1)直线制

直线制是企业发展初期一种最简单的组织结构,如图 9-1 所示。

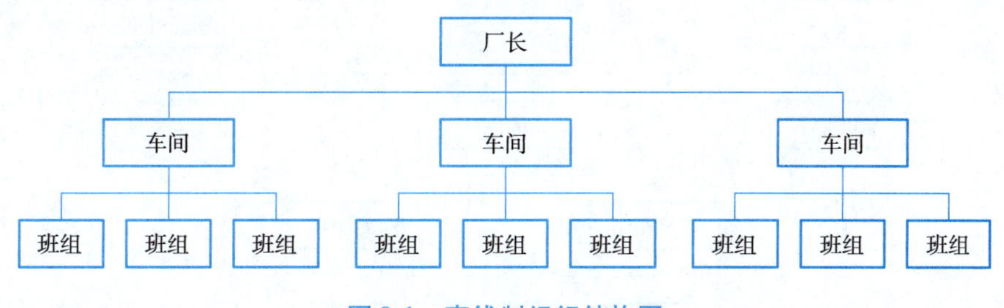

图 9-1　直线制组织结构图

特点:由企业各级主管一人执行,上下级权责关系呈一条直线。下属单位只接受一个上级的指令。

优点:结构简化,权力集中,命令统一,决策迅速,责任明确。

缺点:没有职能机构和职能人员当领导的助手。在规模较大、管理比较复杂的企业中,主管人员难以具备足够的知识和精力来胜任全面的管理工作,因而不能适应日益复杂的管理需要。横向协调难。

直线制组织结构形式适用于产销单一、工艺简单的小型企业。

(2)职能制

职能制组织结构与直线制恰恰相反,它的组织结构比较复杂,如图 9-2 所示。

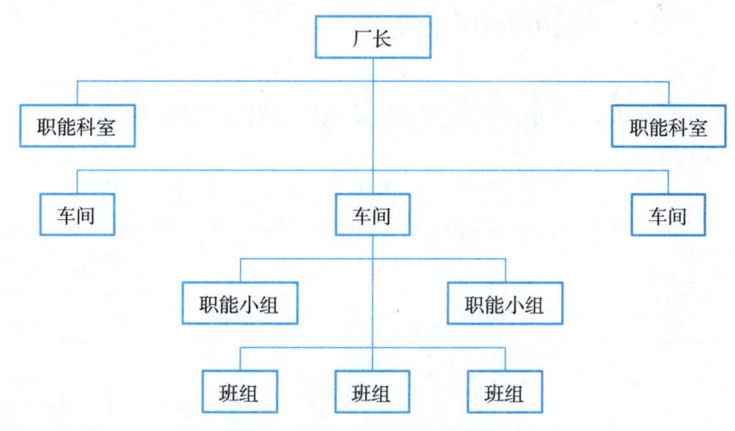

图 9-2　职能制组织结构图

特点:以工作方法和技能作为部门划分依据。

优点:管理分工细化,任务专业化,有利于专业化的管理。

缺点:政出多门,多头领导,管理混乱,协调困难,导致下属无所适从;上层领导与基层脱节,信息交流不畅。

职能制组织结构形式适用于市场稳定的企业。

(3)直线职能制

直线职能制吸收了以上两种组织结构的长处而弥补了它们的不足,如图9-3所示。

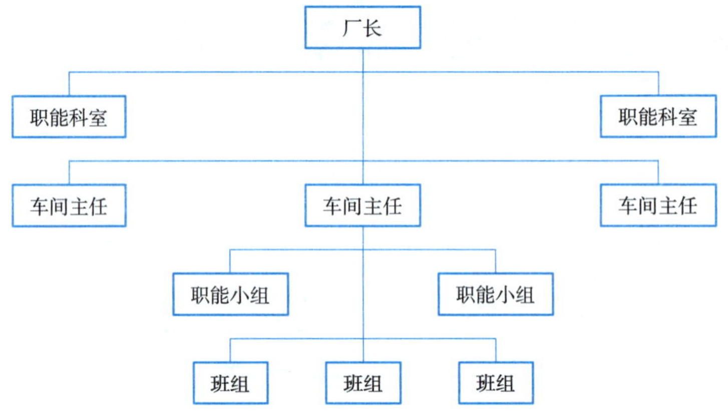

图9-3　直线职能制组织结构图

特点:企业的全部机构和人员可以分为两类,一类是直线机构和人员;另一类是职能机构和人员。兼具职能制和直线制的特点,统一指挥与职能参谋相结合组织结构形式。

优点:各级直线领导人员都有相应的职能机构和人员作为参谋和助手,因此能够对本部门进行有效的指挥,以适应现代企业管理比较复杂和细致的特点;而且每一级又都是由直线领导人员统一指挥,满足了企业组织的统一领导原则。

缺点:职能机构和人员的权利、责任究竟应该占多大比例,管理者不易把握。直线职能制在企业规模较小、产品品种简单、工艺较稳定且联系紧密的情况下,优点较突出;但对于大型企业,由于生产或服务品种繁多、市场变幻莫测,这种管理模式就显得不适应了,信息反馈慢。

直线职能制组织结构形式适用于中小企业。

(4)事业部制

事业部制是目前国外大型企业通常采用的一种组织结构,如图9-4所示。

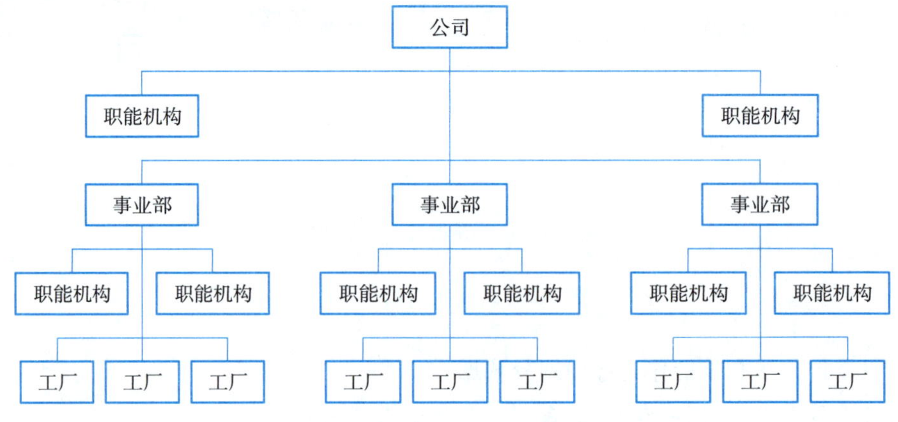

图9-4　事业部制组织结构图

特点:集中政策,分散经营。把企业的生产经营活动按照产品或地区的不同,建立经营事业部。每个经营事业部都是一个利润中心,在总公司领导下独立核算,自负盈亏。

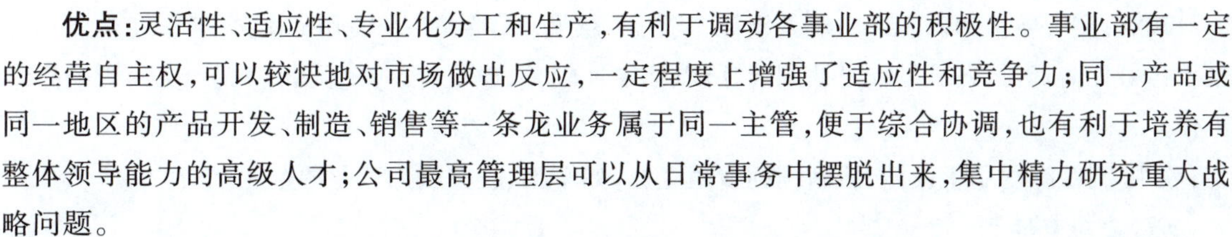

优点：灵活性、适应性、专业化分工和生产，有利于调动各事业部的积极性。事业部有一定的经营自主权，可以较快地对市场做出反应，一定程度上增强了适应性和竞争力；同一产品或同一地区的产品开发、制造、销售等一条龙业务属于同一主管，便于综合协调，也有利于培养有整体领导能力的高级人才；公司最高管理层可以从日常事务中摆脱出来，集中精力研究重大战略问题。

缺点：增加管理层次和成本，本位主义，分散主义。各事业部容易产生本位主义和短期行为；资源的相互调剂会与既得利益发生矛盾；人员调动、技术及管理方法的交流会遇到阻力；企业和各事业部都设置职能机构，机构容易重叠，且费用增大。

事业部制组织结构适用于具有复杂产品类别或较广泛地区分布的大型企业。

(5)模拟分散管理制

模拟分散管理制又称模拟事业部制，是介于直线职能制与事业部制之间的一种组织结构。

特点：它并不是真实地在企业中实行分散管理，而是进行模拟式独立经营、单独核算，以达到改善经营管理的目的。具体做法是：按照某种标准将企业分成许多“组织单位”，将这些单位视为相对独立的“事业”，它们拥有较大的自主权和自己的管理机构，相互之间按照内部转移价格进行产品交换并计算利润，进行模拟性的独立核算，以促进经营管理的改善。

优点：简化了核算单位，在一定程度上能够调动各组织单位的积极性。

缺点：各模拟单位的任务较难明确，成绩不易考核。

模拟分数管理制一般适用于生产过程具有连续性的大型企业，如钢铁联合公司、化工公司等，这些企业由于规模过于庞大，不宜采用集权的直线职能制，而其本身生产过程的连续性又使经营活动的整体性很强且不宜采用分权的事业部制。

(6)矩阵制

矩阵制组织结构如图9-5所示。

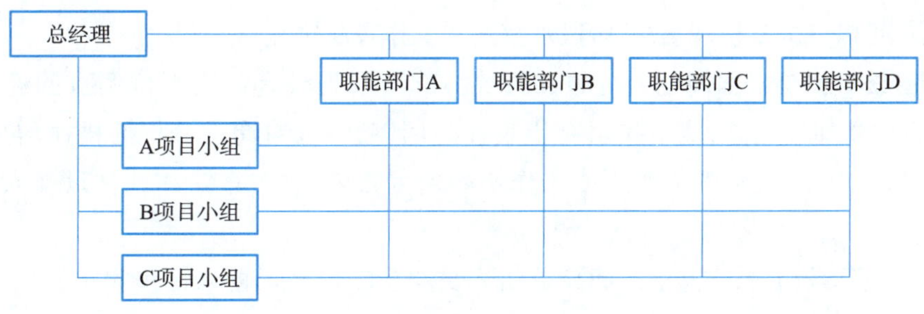

图9-5　矩阵制组织结构图

特点：既有按照管理职能设置的纵向组织系统，又有按照规划目标(产品、工程项目)划分的横向组织系统，两者结合形成一个矩阵。横向系统的项目组所需工作人员从各职能部门抽调，这些人既接受本职能部门的领导，又接受项目组的领导，一旦完成某一项目，该项目组就撤销，人员仍回到原职能部门。

优点：纵横结合、利于沟通、机动灵活、集各家之长。加强了各职能部门间的横向联系，便于集中各类专门人才加速完成某一特定项目，有利于提高成员的积极性。在矩阵制组织结构内，每个人都有更多机会学习新的知识和技能，因此有利于个人发展。

缺点:实行项目和职能部门双重领导,当两者意见不一致时令人无所适从;工作发生差错时也不容易分清责任;人员是临时抽调的,所以稳定性较差;成员容易产生临时观念,从而影响正常工作。

矩阵制组织适用于设计、研制等创新型企业,如军工、航空航天工业的企业。

(7)多维立体制

多维立体制组织结构是在矩阵型组织结构的基础上发展起来的。

多维立体制组织结构是系统理论在管理组织中的一种应用,它主要包括以下机构:

- 按产品划分的事业部——产品事业利润中心。
- 按职能划分的专业参谋机构——专业成本中心。
- 按地区划分的管理机构——地区利润中心。

通过多维立体结构,可以把产品事业部经理、地区经理和总公司参谋部门这三者较好地统一和协调成管理整体。

多维立体制组织结构形式适用于规模巨大的跨国公司或跨地区公司。

三、岗位分析

岗位分析是指通过系统地收集获取目标岗位的有关信息,对目标职位的工作性质、任务、职责、相互关系以及任职工作人员的知识、技能、条件进行系统调查和研究分析,并对以上内容做出科学性描述的过程,并由此制定出岗位规范、工作说明书等人力资源管理文件。

1. 岗位分析的方法

岗位分析的方法有很多种,下面重点介绍几种常用的岗位分析方法。

观察法。是指职位分析人员通过对员工正常工作的状态进行观察,获取工作信息,并通过对信息进行比较、分析、汇总等方式,得出职位分析成果的方法。观察法适用于体力工作者和事务性工作者,如搬运员、操作员、文秘等职位。由于不同的观察对象的工作周期和工作性质不同,所以观察法具体可以分为直接观察法、阶段观察法和工作表演法。

问卷调查法。就是根据岗位分析的目的、内容等,事先设计一套岗位调查问卷,由被调查者填写,再将问卷加以汇总,从中找出有代表性的回答,形成对岗位分析的描述信息。问卷调查法适用于脑力工作者、管理工作者或工作不确定因素较大的员工,如软件设计人员、行政经理等。

面谈法。也称采访法,它是通过职位分析人员与员工面对面的谈话来收集职位信息资料的方法。访谈对象包括该职位的任职者,对工作较为熟悉的直接主管人员,与该职位工作联系比较密切的工作人员,任职者的下属。为了保证访谈效果,一般要事先设计访谈提纲,事先交给访谈者做准备。访谈法分为个体访谈和群体访谈。

典型事件法。如果员工太多,或者职位工作内容过于繁杂,应该挑选具有代表性的员工和典型的时间进行观察,从而提高职位分析的效率。

参与法。是指岗位分析人员直接参与某一岗位的工作,从而细致、全面地体验、了解和分析岗位特征及岗位要求的方法。

工作日志法。是让员工以工作日记或工作笔记的形式记录日常工作活动而获得有关岗位工作信息资料的方法。

交叉反馈法。即由工作分析专家与从事被分析岗位的骨干人员或其主管人员交谈、沟通，按企业经营需要，确定工作岗位；然后由这些主管人员或骨干人员根据设立的岗位按预先设计的格式，草拟工作规范初稿；再由工作分析专家与草拟者和其他有关人员一起讨论，并在此基础上起草出二稿，最后由分管领导审阅定稿。

专家讨论法。是指请一些相关领域的专家或者经验丰富的员工进行讨论，以此进行职位分析的一种方法。

材料分析法。职位分析人员手头有大量的职位分析资料，比如类似的企业已经做过的相应职位分析，比较适合采用的方法，这种方法适用于新创办的企业。

2. 岗位分析的步骤

- 制定岗位分析方案。明确岗位分析的目的、方法、步骤和完成时限。
- 组建分析工作小组。明确牵头部门人员、参与及配合部门，必要时进行相关培训。
- 组织开展各项工作。收集背景资料、采取相应方法汇集信息，集中整理。
- 形成岗位说明书。

四、岗位说明书

1. 岗位说明书的内容

岗位说明书的编制是对工作分析的结果加以整合，以形成具有企业法规效果的正式文本的过程。岗位说明书不存在标准格式，每个企业的岗位说明和内容都不相同，但是都应说明清楚所执行的工作、职务的目的和范围。

基本信息。对职位的基本情况进行介绍，包括单位、职位名称、所在部门、任职人姓名、直接主管、直接下属、间接下属、职位编号、说明书编号、编制日期、批准日期等。

岗位概要。说明设置这个岗位的主要目的、该岗位的主要职责以及企业运行过程中所起的作用。

工作内容与绩效标准。工作内容根据该岗位所在部门或单位的职能分解来确定。绩效标准对应每项工作内容提出考核标准，最好能够量化。

责权范围。包括汇报工作、督导责任、培育责任、成本责任、保密责任、奖罚责任等。

工作关系。指该岗位在公司内、外部的沟通关系。

任职资格。包含教育程度、工作经验、资格证、上岗证、专业情况等。

2. 岗位说明书编写方法

岗位说明书具体内容的编写牵涉面广、工作量大，是一项文件整理汇编工作。岗位说明书的一种模板见表 9-1。

表 9-1　岗位说明书

<table>
<tr><th colspan="6">岗位说明书</th></tr>
<tr><td>岗位名称</td><td></td><td>所在部门</td><td></td><td>岗位定员数</td><td></td></tr>
<tr><td>岗位编号</td><td></td><td>部门编号</td><td></td><td>薪酬等级</td><td></td></tr>
<tr><td>直接上级</td><td colspan="2"></td><td>直接下级</td><td colspan="2"></td></tr>
<tr><td>工作综述</td><td colspan="5"></td></tr>
</table>

<table>
<tr><th colspan="7">岗 位 职 责</th></tr>
<tr><th>序号</th><th colspan="2">工作项目</th><th colspan="2">具体职责</th><th>工作权重/%</th><th>绩效指标</th></tr>
<tr><td>1</td><td colspan="2"></td><td colspan="2"></td><td></td><td></td></tr>
<tr><td>2</td><td colspan="2"></td><td colspan="2"></td><td></td><td></td></tr>
<tr><td>3</td><td colspan="2"></td><td colspan="2"></td><td></td><td></td></tr>
<tr><td>4</td><td colspan="2"></td><td colspan="2"></td><td></td><td></td></tr>
<tr><td>5</td><td colspan="2"></td><td colspan="2"></td><td></td><td></td></tr>
<tr><td>6</td><td colspan="2"></td><td colspan="2"></td><td></td><td></td></tr>
<tr><td>7</td><td colspan="2"></td><td colspan="2"></td><td></td><td></td></tr>
<tr><td>8</td><td colspan="2"></td><td colspan="2"></td><td></td><td></td></tr>
<tr><td rowspan="2">工作协作关系</td><td colspan="2">内部</td><td colspan="4"></td></tr>
<tr><td colspan="2">外部</td><td colspan="4"></td></tr>
<tr><td rowspan="9">任职资格</td><td colspan="2">任职资格项目</td><td colspan="4">要求</td></tr>
<tr><td colspan="2">教育程度</td><td colspan="4"></td></tr>
<tr><td colspan="2">专业(工种)</td><td colspan="4"></td></tr>
<tr><td colspan="2">工作经验</td><td colspan="4"></td></tr>
<tr><td colspan="2">知识要求</td><td colspan="4"></td></tr>
<tr><td colspan="2">上岗证/资格证</td><td colspan="4"></td></tr>
<tr><td colspan="2">对身体健康要求</td><td colspan="4"></td></tr>
<tr><td rowspan="2">专业技能</td><td>技能</td><td colspan="4"></td></tr>
<tr><td>级别</td><td colspan="4"></td></tr>
<tr><td colspan="3">需求程度的级别</td><td colspan="4">1. 无要求;2. 一般;3. 较强;4. 强;5. 很强</td></tr>
<tr><td rowspan="3">其他</td><td colspan="2">工作环境</td><td colspan="4"></td></tr>
<tr><td colspan="2">工作时间</td><td colspan="4"></td></tr>
<tr><td colspan="2">使用主要工具设备</td><td colspan="4"></td></tr>
<tr><td>述职签字</td><td>任职人</td><td></td><td>任职人上级</td><td></td><td>人力资源部</td><td></td></tr>
</table>

编写岗位说明书可以分为以下几个步骤来进行。

(1)准备阶段

组建编写小组。该小组负责具体编写工作和协调相关事宜。

组建领导小组。该小组负责审核编写的结果和解决编写中出现的问题,主要由企业资深的高层管理人员组成。

(2)编写阶段

设计框架。由编写小组成员设计出适合本企业的岗位说明书框架,包括岗位说明书的样式及相关内容,并提交领导小组审定。

组织培训。针对岗位说明书的框架,由编写小组的成员组织全体员工进行岗位说明书编写技能与技巧的培训。

编写。编写小组辅导或者帮助任职人员进行岗位说明书的编写,并完成初稿,提交部门负责人进行审核与修订。

(3)审核与修订

部门负责人对岗位说明书的初稿进行初步审核,及时提出审核中发现的问题;编写小组提供岗位说明书的审核技术和办法,负责审核的过程辅导,解决项目小组审核中遇到的技术问题,并负责收集审核意见和修订。

(4)定稿

编写小组将已初步修订的岗位说明书提交企业领导小组。领导小组对所有的岗位说明书进行综合性的全面审核,提出审核意见,并就审核中发现的问题与编写小组共同探讨,最终确定修订的办法,经编写小组再次修订后,将岗位说明书定稿。

岗位说明书定稿后,通过一定的程序即可下发执行。

五、人力资源管理规划

1. 人力资源规划的概念

人力资源规划(Human Resource Planning,HRP)是一项系统的战略工程,它以企业发展战略为指导,以全面核查现有人力资源、分析企业内外部条件为基础,以预测组织对人员的未来供需为切入点,内容包括晋升规划、补充规划、培训开发规划、人员调配规划、工资规划等,基本涵盖了人力资源的各项管理工作。人力资源规划还通过人事政策的制定对人力资源管理活动产生持续和重要的影响。

人力资源规划具体包括四个层面的含义:

- 人力资源规划的制定必须依据组织的发展战略、目标。
- 人力资源规划要适应组织内外部环境的变化。
- 制定必要的人力资源政策和措施是人力资源规划的主要工作。
- 人力资源规划的目的是使组织人力资源供需平衡,保证组织长期持续发展和员工个人利益的实现。

2. 人力资源规划的内容

战略规划。即人力资源战略规划,是根据企业总体发展的战略目标,对企业人力资源开发和利用的大政方针、政策和策略的规定,是各种人力资源具体计划的核心,是事关全局的关键性规划。

组织规划。是对企业整体框架的设计,主要包括组织信息的采集、处理和应用、组织结构图的绘制、组织调查、诊断评价、组织调整,以及组织机构的设置等。

制度规划。是人力资源总规划目标实现的重要保证,包括人力资源管理制度体系建设的程序、制度化管理等内容。

人员规划。是对企业总量、构成、流动的整体规划,包括人力资源现状分析、企业定员、人员需求与供给预测、人员供需平衡等。

费用规划。是对企业人工成本、人力资源管理费用的整体规划,包括人力资源费用预算、核算、审核、结算,以及人力资源费用的控制。

3. 人力资源规划的编制流程

根据企业的整体发展战略目标和任务来制定其本身的人力资源计划。一般来说,一个企业组织的人力资源计划的编制要经过五个步骤。

预测和规划本组织未来人力资源的供给状况。通过对本组织内部现有各种人力资源的认真测算,并对照本组织在某一定时期内人员流动的情况,即可预测出本组织在未来某一时期内可能提供的各种人力资源状况。对本组织内现有的各种人力资源进行测算,分析组织内人力资源流动的情况。

对人力资源的需求进行预测。根据组织的战略目标来预测本组织在未来某一时期对各种人力资源的需求。对人力资源需求的预测和规划可以根据时间的跨度相应地采用不同的预测方法。

进行人力资源供需方面的分析比较。对本组织人力资源需求的预测数与在同期内组织本身仍可供给的人力资源数进行对比分析,从比较分析中可测算出对各类人员所需的数量。

制定有关人力资源供需方面的政策和措施。在经过人力资源供给测算和需求预测比较的基础上,组织制定相应的政策和措施,并将有关的政策和措施呈交最高管理层审批。制定解决人力资源需求的政策与措施,制定解决内部资源过剩的办法与措施。

审核认为自由计划的效益。制定审核标准,对其效益进行评估。

思政内涵

【思政元素】

使命感、敬业精神、献身精神;宽广的胸怀、全球化视野和结构化思维能力;实事求是、自我管理、自我批评;培养责任感,竞争力;培养奉献精神,提升团队凝聚力;增强学生的文化自信和爱国思想。

【案例】

优秀的传统文化中有优秀的人才思想。

诸葛亮的知人七法:问之以是非而观其志,穷之以辞辩而观其变,咨之以计谋而观其识,告之以祸难而观其勇,醉之以酒而观其性,临之以利而观其廉,期之以事而观其信。诸葛亮从语言和行为两个方面去了解人,是一种很实用的知人方法。

史学家司马光在《资治通鉴》里对德与才有精辟的论述:“夫聪察强毅之谓才,正直中和之谓德。才者,德之资也;德者,才之帅也。”“是故才德全尽谓之圣人,才德兼亡谓之愚人,德胜才谓之君子,才胜德谓之小人。”

《淮南子》记述:天下的东西没有毒过附子这种草药的,但是高明的医生却把它收藏起来,这是因为它有独特的药用价值。麋鹿上山的时候,善于奔驰的大獐都追不上它,等它下山的时候,牧童也能追得上。这就是说,在不同的环境中,任何才能都会有长有短。比如胡人骑马方便,越人乘船方便,形式和种类虽然都不同,但彼此都觉得很方便,然而一旦换过来去做,就显得很荒谬了。如果让韩信当谋士,让董仲舒去打仗,让于公去游说,让陆贾去办案,他们大概都不会创立那些广为人知的功勋,也就不会有今天这样的美名。所以,“任长”的原则,不能不仔细研究。

诸葛亮说:“老子善于养性,但不善于解救危难;商鞅善于法治,但不善于施行道德教化;苏秦、张仪善于游说,但不能靠他们缔结盟约;白起善于攻城掠地,但不善于团结民众;伍子胥善于图谋敌国,但不善于保全自己的性命;许子将善于评论别人的优劣好坏,但不能靠他来笼络人才。”这就是用人之所长的艺术。

【案例分析】

人力资源管理虽是西方首先提出的概念，但是中国传统文化中的人才思想甚至早于西方。可以说中国传统文化中的思政要素都可以无缝对接地运用到人力资源管理专业教学中。主张中国情境下的高职人力资源管理专业课程理念的渗透和构建，在介绍西方先进的管理经验中融入中国传统文化，“守初心，担使命”。教师通过讲解这些思想，不仅能增强学生的文化自信和爱国思想，而且也能培养学生好的言行。

“选”是人力资源管理的首要环节，就是选择合适的人到合适的岗位。在以往的课程中学生可以学到各种测评工具与方法，帮助我们从知识、能力、态度等多方面鉴别人才，但却忽略了招聘人才时应该更看重知识、技能，还是更看重品德方面的引导。在“课程思政”的教学中，强调在组织选拔人才的过程中，尤其是在干部的选拔时，更应该注重一个人的品德与修养。这些都是我们在“选”人环节进行“课程思政”改革重点要思考的部分。

如何发挥个人的效能为组织所“用”，是人力资源管理中“用”之所在。人不是工具，在组织中应该被尊重和公平对待，组织要在管理上多体现人文关怀。另外，比如在干部队伍建设方面，要建立“能者上、平者让、庸者下”的机制，干部的作风好坏远比知识、技能的高低对组织的影响更大。形式主义、官僚主义、独断专等干部的不良作风，对组织危害非常大。而思想政治教育在干部作风建设上起着重要作用。

人才的正常流动对企业来说并非一件坏事，然而频繁的人才流失，尤其是重要人才的流失会对组织造成较大的负面影响。情感留人，就是要建立良好的组织环境、和谐的企业文化，培养员工忠诚度和使命感；事业留人，就是为每位员工提供公平公正的发展机会，建立多元化的职业发展渠道。另外，在员工关系的处理上，要避免矛盾与冲突，多关心员工，建立畅通的沟通渠道，比如领导开放日、心理咨询室、工会活动等，让员工及时排解压力和负面情绪，体现人文主义关怀，提高员工满意度。

任务二　理解员工招聘和培训的基本内容

任务导入

19 世纪末 20 世纪初，卡内基钢铁公司已成为世界上最大的钢铁企业。它拥有 2 万多员工以及世界上最先进的设备，它的年产量超过了英国全国的钢铁产量，它的年收益额达 4 000 万美元。卡内基是公司最大的股东，但他并不担任董事长、总经理之类的职务。他的成功在很大程度上取决于他招聘任用了一批懂技术、懂管理的人才，并对员工进行企业文化、先进理念的培训。时至今日，人们还常常引用他的一句名言：“如果把我的厂房设备、材料全部烧毁，但只要保住我的全班人马，几年以后，我仍将是一个钢铁大王。”

任务目标

◎了解员工招聘类别和原则。

◎掌握员工招聘程序。

◎掌握员工培训分类和培训形式。

相关知识

一、员工招聘

1. 员工招聘的类别

(1)网络招聘——最常用的招聘方式

网站招聘:招聘网站有很多,如黑龙江人才热线、58同城、赶集网、招聘网、智联招聘、前途无忧、英才网等。在各招聘网站招聘时,招聘信息可以定时定向投放,发布后也可以随时管理,费用相对低廉,通过各招聘网发布招聘信息可以快捷、海量地接收求职者的信息。各网站提供的简历模板和格式邮件可以降低简历筛选的难度,加快处理简历的速度,这种形式对于招聘管理和技术型人才尤为实用。在发布招聘信息的同时也同步对公司形象进行宣传。为了吸引更多的求职者,以及进一步宣传公司形象,在进行网络招聘时可以详细介绍一下企业文化和企业实力。及时定期更新网络招聘信息,及时筛选收到的简历,第一时间对合适应聘者约定面试时间。

网站招聘的优势:可以随时发送招聘信息;发布后管理方便;受众面广;周期长、简历数量大;花费较低。

网站招聘的劣势:不太适合招聘资深专业人员和高级管理岗位人员;应试率比较低,岗位针对性不强。

微信招聘:当今微信全民普及时代,如何借助微信平台尤为关键,无论是公司自身宣传、公司活动推广以及公司人员招聘,都可以借助朋友圈转发相关信息,或通过专业微信中介平台发布招聘信息。

校园招聘:校企合作的模式已经是各类企业储备人才的高效之路,可以在各大院校的招生就业办或学校内部招聘专栏发布招聘信息,增加与学校师生的交流,通过学校内的活动及项目大奖发现和挖掘有实力和能力的优秀人才。

校园招聘的劣势:应聘者缺少工作经验,培训所需时间较长,并需要有较长的适应期。

(2)网猎招聘——招聘中高层管理及高级技术人才

通过猎头公司招聘的人员工作经验比较丰富,在管理或专业技能上有着特殊之处,在行业中和相应职位是比较难得的人才。“猎头”公司在北京、上海和沿海地区较为普遍,且现在的“猎头”公司已经不仅瞄准高级特殊人才,也为企业提供高、中、初各种层次的服务。

网猎招聘的劣势:费用较高,原则上是被猎取人才年薪的20%~30%。

(3)报刊招聘——招聘受众面局限

随着互联网的高速发展,年轻人已经很少购买和阅读传统报纸杂志,因此报刊招聘已经慢慢退出历史舞台。

(4)招聘告示——以前广泛采用的方式

目前在中小企业、服务行业、劳动力招聘时采用得比较多。这种招聘方式的特点是简单易行,能满足文化层次不高,经济条件一般的人员求职需求。主要针对劳务人员。

(5)现场招聘——人才交流中心、洽谈会或直接到企业面试

这种人才招聘效率较高,可以快速淘汰不合适的人选,并且能有效控制应聘者的人数和质量。

现场招聘的劣势:很难能招聘到高级人才。

(6)员工推荐——公司招募新员工渠道之一

内部员工推荐在现实生活中很常见,对招聘专业人才比较有效。

员工推荐的优势:招聘成本比较低,应聘人员可靠性高;新员工进入企业后离职率低,工作满意度较高,工作效率较好。另一方面,公司内部对被推荐者较为熟悉,会根据岗位要求考虑他们是否具备相应条件,进入公司后能更快地融入工作,短时间内可能会有较好的表现。

员工推荐的劣势:应注意一些负面影响,避免形成小团体,严重影响公司正常的组织架构和运作。

(7)公司内部晋升——内部提拔人才

通过健全的内部晋升制度及考核机制,激发员工工作的积极性,有利于企业内部人员的调动、轮岗,减少优秀人才的流失。

2. 员工招聘的原则

以岗定员原则。根据维修企业实际工作需要和岗位空缺情况进行人员招聘,并根据岗位对任职者的资格要求对应聘人员进行考核,考核合格者方可录用。

公开、公平、公正原则。对招聘信息、招聘方法进行提前公示,并接受大众媒体的监督。既保证招聘工作的公开性,又能吸引大量应聘者。在招聘过程中,严格按照招聘制度进行,保证每一位应聘者能够获得平等的机会。

效率优先原则。效率优先是指维修企业在招聘人员的过程中,尽量做到用最低的成本录用最合适的应聘者。

择优录取原则。招聘过程中,应针对应聘者的思想道德、业务能力、心理素质等方面进行全面、综合考核,并对考核成绩进行排序,择优选拔录用员工。

3. 员工招聘流程

汽车维修企业对外招聘包括三个阶段:前期准备阶段、现场招聘阶段和信息反馈阶段。

前期准备阶段主要是企业人力资源部门在充分了解用工市场的前提下,根据各岗位需求情况,制定招聘计划,确定具体招聘时间、招聘岗位和人数,编写招聘信息,并通过网络、媒体等多种形式发布招聘信息,接收应聘者的申请。

现场招聘阶段主要是对应聘者进行初步甄选和面试,既考核应聘者的专业素质,又要注重考查其职业素养和应变能力等。面试一般包括初试和复试,对复试合格者发放录用通知单。

信息反馈主要是在录用者试用期满,对拟录用为正式员工者的考核情况进行公示,尤其是员工所反映的问题,进行及时补救,最终录用试用合格的员工为正式员工。

具体的招聘流程如图 9-6 所示。

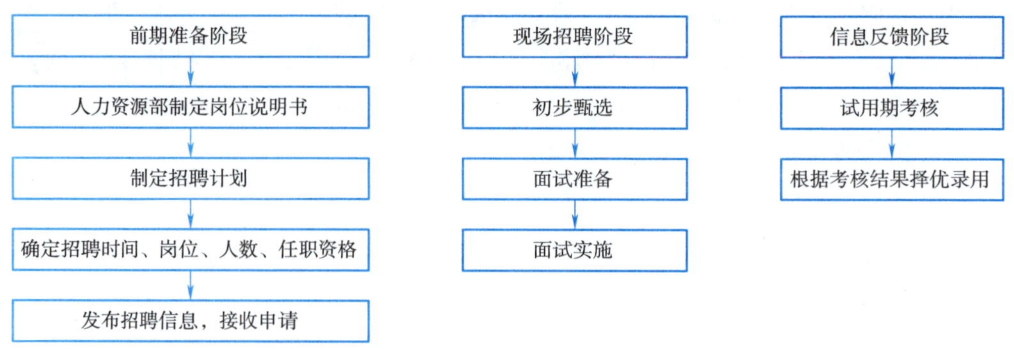

图 9-6　员工招聘流程

二、员工培训

“工欲善其事,必先利其器”。新招聘的员工入职企业后,若想成为优秀员工,就必须接受一系列的员工培训,通过培训提高个人职业技能和创新能力。汽车维修企业要定期或不定期开展企业战略发展目标、员工业务能力提升、知识文化素养等各类培训活动。

1. 员工培训的必要性

汽车技术飞速发展,尤其是近年来随着电动汽车和混合动力汽车逐渐进入大众家庭,新能源技术已成为每一位维修技术人员必须了解和掌握的信息。对随之孕育而生的新的维修技术、新工艺、新材料和新设备,要求每个员工不断学习培训,以便及时掌握运用。

随着汽车维修企业数量的增加和规模的不断扩大,消费者在对车辆进行维修和保养时,已不仅仅局限于4S店了。因此,为了满足消费者的需求,吸引顾客,无论是维修企业一线技术人员还是管理人员,都要不断提升自身素质,提高维修技术水平和管理能力。

目前,我国汽车维修市场上的维修技术人员普遍存在学历较低、技术水平出众的人较少的现象。为了提高技术人员的文化程度和技术水平,要求企业必须定期对员工进行培训。

2. 员工培训的分类

(1)根据培训目的分类

可分为职业技能培训、岗位培训、学历培训三类。

职业技能培训:是以提高员工职业素养和车辆维修技能为目的的培训。这类培训的针对性较强,而且员工在短期内的提升速度快。职业技能培训主要与目前快速发展的汽车新技术相结合,对车型的结构特点或企业的运营模式、管理模式进行培训。

岗位培训:是针对某些岗位,对企业员工进行专业培训,提升员工的技术能力。通过培训还可以从横向和纵向对不同岗位的专业和技术要求有深入全面的理解,有利于企业内部岗位之间的协调和对管理意图的理解执行。

学历培训:通常是员工自行完成的培训。员工利用工作之余,接受更高程度的教育,全面实现自我提升。

(2)根据培训内容分类

可分为初级培训、中级培训和高级培训三类。

初级培训:主要是针对新入职员工进行的一般性知识培训和技术方法培训。

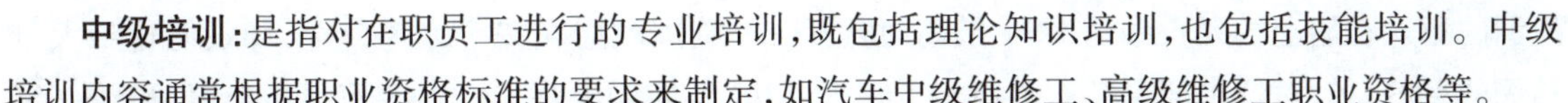

中级培训：是指对在职员工进行的专业培训，既包括理论知识培训，也包括技能培训。中级培训内容通常根据职业资格标准的要求来制定，如汽车中级维修工、高级维修工职业资格等。

高级培训：一般以短期培训和研讨会的形式实现，培训内容主要是汽车行业的新技术和新趋势。

思政内涵

【思政元素】

《孟子·离娄上》："……不以规矩，不能成方圆。"企业要根据实际需求，制定切实可行的人才招聘工作实施方案以及相应的培训计划，按照"公开、公平、公正"的原则，择优录取。招聘与培训是企业用人的两个方面，要用其所长，补其所短。

【案例】

"说操筑于傅岩兮，武丁用而不疑。吕望之鼓刀兮，遭周文而得举。宁戚之讴歌兮，齐桓闻以该辅。"这是屈原《离骚》中所例举的贤主用人的典故。美国通用电气公司（GE）的前总裁杰克·韦尔奇说过，"只顾企业的短期利益，任何人都能做到，只顾长期利益，任何人也都能做到，如何平衡这两者最难，能妥善地平衡这两者的管理者才是最好的管理者。"杰克·韦尔奇在回顾他的前任领导琼斯选拔人才时说，"琼斯用7年的时间培养了一批优秀的候选人，而我仅仅是他们中的一个。"在人力资源管理中，选拔人才的科学管理方法是最重要的。通用电器公司的选拔人才分三个阶段：第一阶段，由EMS（公司选聘专业委员会）负责人员进行初评和筛选，并向总裁汇报。第二阶段，由总裁亲自对被圈定在小范围内的候选领导进行面试、笔试等综合测评，内容包括意志力、应变力、聪明才智、自信心、变革意识、自我管理能力、同情心、吃苦耐劳精神等15个测评项目。第三阶段，将EMS制作的"成就分析报告"和总裁的测评意见提交董事会，由董事会最后作出裁决。通用电气公司的这个选聘程序反映了西方大企业成熟和模式化的选拔人才方法，一丝不苟的琼斯坚持挑选总裁必须对每个候选人作长期的考察，最后理性地确定最有资格的人选，这个结果成为企业史上继承规划的最佳典范，也显示了独具慧眼的琼斯作为管理决策者的过人才智和美德。

【案例分析】

通过上面的案例可以看出，选聘人才既要注重才能，更重要的是考察其德行，要做到德才兼备，这是当今大学生要重点培养的素质。招聘是企业用人的头道关口，通过审阅入职申请、笔试和面试，初步确定试用人选，再在试用期间进一步考核。伟大的思想家、教育家孔子在两千多年前就提出了因材施教的思想。因此在完成招聘录用后，要根据企业的发展规划，结合不同岗位，针对不同员工，开展系统或专题培训，让人才在合适的岗位最大限度地发挥作用。

任务三　实施员工绩效考核

任务导入

18世纪末期，英国政府决定把犯了罪的英国人发配澳洲。一些私人船主承包从英国去往澳洲运送犯人的工作。英国政府按上船时犯人人数支付船主费用。3年以后，英国政府发现，运往澳洲的犯人在船上的死亡率达12%,最高时达37%。英国政府花费了大笔资金,却没能达到大批移民的目的。针对这种情况英国政府想了很多办法,每艘船上都派一名政府官员监督,再派一名医生负责犯人医疗卫生,对犯人在船上的生活标准做了硬性的规定。但是,死亡率还是居高不下。

一位英国议员提出一个新的酬金支付办法:以到澳洲上岸的犯人人数为准计算报酬。问题迎刃而解,船上犯人的死亡率降到了1%以下。

这个故事告诉我们,绩效考核的导向作用很重要,企业的绩效导向决定了员工的行为方式,如果企业认为绩效考核是惩罚员工的工具,那么员工的行为就是避免犯错,而忽视创造性,忽视创造性,就不能给企业带来战略性增长,那么企业的目标就无法达成;如果企业的绩效导向是组织目标的达成,那么员工的行为就趋于与组织目标保持一致,分解组织目标,理解上级意图,并制定切实可行的计划,与经理达成绩效合作伙伴,在经理的帮助下,不断改善,最终支持组织目标的达成。

任务目标

◎掌握员工绩效考核的概念。

◎掌握员工绩效考核的内容。

◎熟悉员工绩效考核制度的意义。

◎能依据考核制度在企业人事资源部门人员指导下,对员工进行量化考核。

相关知识

绩效考核是一项系统工程,涉及战略目标体系、目标责任体系、指标评价体系、评价标准及评价方法等内容,其核心是促进企业获利能力的提高及综合实力的增强,其实质是做到人尽其才,使人力资源作用发挥到极致。根据岗位需要把任务目标分解到各部门、各员工,并对完成目标情况进行跟踪、记录、考评的过程就是绩效考核。也就是说每个人都有任务,绩效考核就是对企业人员的考核。

一、员工绩效考核的作用

1. 绩效考核利于优化人员配置

在管理过程中,应将员工安排在恰当的位置上,既要让岗位适合人,又要让人适合岗位,这样才能创造出巨大的利益。要想合理配置人员,就要对人员有一定的了解,而这依赖于考核的实施。

2. 绩效考核利于人力资源规划实施

绩效考核本质上是一种过程管理,它是将中长期目标分解成年度、季度、月度指标,不断督促员工实现、完成的过程。借助于对员工绩效、技能的考核,可以发现企业中人力资源缺失的情况,从而正确地调整员工的招聘、使用和配置,通过绩效考核以达到实现企业发展目标作用。绩效考核体现在整个绩效管理环节,包括绩效目标设定、绩效要求达成、绩效实施修正、绩效面谈、绩效改进、再制定目标的循环,也是一个不断发现问题、改进问题的过程。

3. 绩效考核利于管理薪资与人员的变动

为了激发员工的工作积极性和主动性,目前国内很多企业在设计薪酬体系时都采用了岗位工资加绩效工资的做法，将工资收入与工作业绩相挂钩。这种情况下，对员工的绩效考核就显得越发重要，没有有效的绩效考核，就无法对员工的工作业绩做出正确的衡量；没有对于业绩的考核，就无法合理地进行工资的发放；工资发放不合理，就会导致员工产生各种不满情绪，从而影响员工队伍的稳定。

4. 绩效考核保证企业和员工双赢

绩效考核的最终目的并不是单纯地进行利益分配，而是促进企业与员工的共同成长。通过考核发现问题、改进问题，找到差距进行提升，最后达到双赢。绩效考核的应用重点在薪酬和绩效的结合上。薪酬与绩效在人力资源管理中是两个密不可分的环节，在设定薪酬时，一般已将薪酬分解为固定工资和绩效工资，绩效工资正是通过绩效予以体现的，而对员工进行绩效考核也必须表现在薪酬上，否则绩效和薪酬都失去了激励的作用。绩效考核能够很好地实现奖优汰劣，可以根据绩效考核的结果请业绩不良的员工离职，例如企业规定连续两年绩效考核结果不合格的员工，公司有权与其解除劳动合同。

二、员工绩效考核的目的

1. 个人方面

对员工的工作表现给予客观的评价。绩效考核从业绩、能力、态度三个大部分十几个小方面进行评估，各方面好与不好都有可量化或可区分的标准，通过与个人的实际表现相对照，评价结果就比较客观公正。

对员工的提薪、晋升和奖励提供客观的依据。员工的提薪、晋升和奖励需要客观的依据，对表现优秀的员工如何奖励、奖励多少，绩效考核结果可以作为参考。

公司对员工在工作中各方面提出明确的要求。任何企业都需要认真工作、爱岗敬业的员工，这就需要明确一个标准要求，绩效考核就明确了相关标准。

通过相关的标准评核让员工认知自身不足。通过考核能让员工了解到自身哪些方面不符合“优秀”的标准，以便积极地去改善和提高。

2. 企业方面

从目标到责任人。绩效考核不是孤立事件，它与企业人力资源管理、经营管理、组织架构和发展战略都具有相关联系，企业战略目标通过目标责任体系和组织结构体系分解到各个事业单元，与对应的责任人挂钩。

从出发点到终点。因目标不是独立部门可以完成的，从任务出发点到终点，通过企业每一环节的优秀业绩，保证整体业绩的最优。因此应根据业务流程图，明确部门间的协作关系，并对协作部门相互间的配合提出具体要求。

对目标责任的一致认可。对工作目标的分解，要组织相关责任人多次研讨，分析可能性，避免执行阻力，直到目标由考核者和被考核者达成一致，这时以责任书的形式统一发布，并明确奖惩条件，由责任书发出者与责任书承担者双方签订责任书的形式确定。

三、员工绩效考核的内容

绩效考核主要是考核员工的业绩、行为和能力三个方面，我们从以下案例来具体理解员工绩效考核的内容。

某汽车维修企业制定了 21 项定性指标，其中行为与态度指标 7 项，能力指标 14 项，全公司统一执行。定性指标的分值等级用“行为定位等级评价法”确定，即通过行为定位等级评价表定义各种水平具体行为等级及考评标准。0 ~4 分代表“缺乏满足客户需求的愿望和态度；个人生活的独立性差，思考问题总是从个人利益出发；交谈或办事可能常常表现出不耐烦或急躁，缺乏热情”。5 ~8 分代表“基本能够做到沉稳应对各种客户及紧急事件；思考、处理各种问题能够站在公司的角度出发”。9 ~10 分代表“了解客户的潜在需求，并为客户的利益发展提供建议；把发展客户与给予服务作为一种价值取向来要求自己，并成为一种职业习惯和行为”。

四、员工绩效考核的基本原则

- 公开公正原则。让被考评者了解考核的程序、方法和时间等事宜，提高考核的透明度。
- 全面客观原则。以事实为依据进行评价与考核，避免主观臆断和个人情感因素的影响。
- 开放沟通原则。通过考核者与被考评者的沟通，解决被考评者工作中存在的问题与不足。
- 差别灵活原则。对不同类型的人员进行考核内容要有区别。
- 常规制度原则。将考核工作纳入日常管理，成为常规性管理工作。
- 发展成长原则。考核的目的在于促进人员和团队的发展与成长，而不是惩罚。

五、绩效考核的方法

图尺度考核法。图尺度考核法是最简单、运用最普遍的绩效考核技术之一，一般采用图尺度表填写打分的形式进行。

交替排序法。交替排序法是一种较为常用的排序考核法，其原理是在群体中挑选出最好的或者最差的绩效表现者，较之于对其绩效进行绝对考核要简单易行得多。因此，交替排序的操作方法就是分别挑选、排列“最好的”与“最差的”，然后挑选出“第二好的”与“第二差的”，这样依次进行，直到将所有的被考核人员排列完为止，从而以优劣排序作为绩效考核的结果。交替排序在操作时也可以使用绩效排序表。

配对比较法。配对比较法是一种更为细致的通过排序来考核绩效水平的方法。它的特点是每一个考核要素都要进行人员间的两两比较和排序，使得在每一个考核要素下，每一个人都和其他所有人进行了比较，所有被考核者在每一个要素下都获得了充分的排序。

强制分布法。强制分布法是在考核进行之前就设定好绩效水平的分布比例，然后将员工的考核结果安排到分布结构里去。

关键事件法。关键事件法是一种通过员工的关键行为和行为结果来对其绩效水平进行绩效考核的方法，一般由主管人员将其下属员工在工作中表现出来的非常优秀的行为事件或者非常糟糕的行为事件记录下来，然后在考核时点上（每季度或者每半年）与该员工进行一次面谈，根据记录共同讨论，对其绩效水平做出考核。

行为锚定等级考核法。行为锚定等级考核法是基于对被考核者的工作行为进行观察、考核，从而评定绩效水平的方法。

目标管理法。目标管理法是现代更多采用的方法，管理者通常着重强调利润、销售额和成本这些能带来成果的结果指标。在目标管理法下，每个员工都有若干具体的指标，这些指标是其工作成功开展的关键目标，它们的完成情况可以作为评价员工的依据。

叙述法。在进行考核时，以文字叙述的方式说明事实，包括以往工作取得了哪些明显的成果，工作中存在的不足和缺陷是什么。

思政内涵

【思政元素】

培养企业员工在企业中的使命感和敬业精神；在企业运行中明确员工以及团队对企业的贡献，帮助员工提高工作胜任力，从而决定劳动报酬和任用；更加有针对性地进行培训，使企业在用人上做到人尽其才。

【案例】

绩效考核就是要对员工的任务目标、工作过程和最终效果进行系统的评价。每个人责任感不同，工作目标、工作态度和达到的业绩也不同。有一则寓言故事很能说明这个道理：一条猎狗将兔子赶出窝，并一直追赶它，但追了很久仍没有抓到。牧羊人看到此种情景，不解地问猎狗："为什么你竟然追不上小兔子？"猎狗回答说："我们两个跑的目的是完全不同的！我仅仅是为了一顿饭而跑，而兔子却是为了性命而跑呀。"

【案例分析】

这则寓言言简意赅，兔子奔跑的目标是救自己的性命，而猎狗的目标只是为了一餐饭，同样是在奔跑，它们的目标不一样，动力不一样，所得到的结果也不一样。换句话说，兔子的目标就像员工把个人的荣辱与企业的存亡视为一体，而猎狗的目标就像员工仅仅为每月或每年的报酬而已。这两者的责任感、主观能动性也就截然不同了。企业就是通过绩效考核清楚了解哪些员工属于"兔子型"，哪些员工属于"猎狗型"，从而有针对性地设置合理的目标，通过培训、企业发展远景及企业文化建设，使大家目标一致，发挥每个员工的能动性和责任感，让企业员工和团队发挥最大能力。

任务四　实施薪酬管理和员工激励

任务导入

春秋时期，一天管仲对齐桓公说："去年有四万两千金租税收入，我恳请大王把这些钱预付给各位将士，作为杀敌立功的奖金。"齐桓公同意了，于是管仲召集全军将士说，战争早晚会爆发，现在能预约杀敌立功者，可以马上领赏。将士们纷纷报名，约定拿下敌人大将首级者给千金，杀敌兵一人者给十金。四万两千金很快发放完毕，将士们兴高采烈、斗志昂扬地散去。齐桓公担心将士们拿到钱会白白浪费掉。管仲回答："不会的。将士们拿到钱会让家人过上舒服的日子，一旦上了战场，他们自然会为保全名誉、报答国恩而拼命一战，只要士气高昂，就一定能打败敌人。以四万两千金赢得一场战争的胜利，岂不太便宜了。"果然半年之后，齐国与蔡国发生战事，不出管仲所料，那些领了奖的将士的父母、兄弟和妻子都叮嘱他们受到这样的恩泽，理应报效，一定要遵守约定，奋勇杀敌。齐军受家人激励，士气大增，战场上他们奋勇作战，一举击败蔡军，最后蔡国割地赔款请和。

这个故事告诉我们激励的重要性。企业激励的对象是员工，要保持他们昂扬斗志的还有他们背后的家人。

任务目标

◎掌握员工薪酬的概念。

◎掌握员工薪酬的主要内容。

◎掌握员工激励制度的作用。

◎分析不同汽车维修企业员工薪酬和激励机制的特点。

相关知识

一、员工薪酬的概念

员工薪酬,是指企业为获得员工提供的服务而给予其各种形式的报酬以及其他相关支出。

员工是指与企业签订劳动合同和未与企业签订劳动合同的所有人员,含全职、兼职和临时员工。

二、员工薪酬的范围

员工薪酬包括以下几个方面:

基础薪酬:企业按照一定的时间周期,定期向员工发放的固定报酬。基础工资主要反映员工所承担职位的价值或者员工所具备的技能或能力的价值,分别是以职位为基础的基础工资和以能力为基础的基础工资。在我国大多数企业中,提供给员工的基础工资往往以月薪为主,即每月按时向员工发放固定工资。

绩效薪酬:绩效工资是根据员工年度绩效、季度绩效或月度绩效完成结果而确定的在基础工资之外增加的部分,它是对优秀员工工作的一种奖励。

奖金:是根据员工的工作效益或专项工作的一种一次性的奖励,可以是员工个人奖励,也可以是团队奖励。

津贴:是对特殊工作或超出员工正常工作量范围的额外补偿,如特殊工种津贴、夜班津贴、出差补助等。津贴一般不是薪酬的核心部分,它在员工薪酬中占比较小。

福利:也是经济性薪酬中十分重要的组成部分,而且在现代企业薪酬中占据越来越重要的位置。福利对于企业吸纳和保留人才具有重要的意义。如带薪休假、健康计划、养老保险、医疗保险、失业保险、住房公积金、节假日非货币形式的物质补贴等。

三、员工薪酬的考核标准

制定薪酬体系考核的目的是为了企业全体员工能一起分享企业经营带来的收益,提高员工工作的积极性、主动性和能动性,并将短期收益和长期收益与持续发展相结合,把薪酬管理合理化、标准化、制度化。考核不以惩罚、禁锢员工为目的,而是激励员工的一种手段,增强团队战斗力、凝聚力。通过考核,让每位员工把工作做得更精细,充分展现自身才华,提高工作效率,杜绝偷奸耍滑、事不关己高高挂起的工作态度,要勇于承担责任,从而取得合理的回报,推动企业更好的发展。

综合考虑这些因素,可以确定薪酬的五大指标:岗位工作的价值、员工的能力、相关岗位人力市场的需求情况、当地最低工资标准、企业人力资源成本。

岗位工作的价值。指企业中每个岗位的工作价值,即每个岗位间的相对重要性,或每个岗位

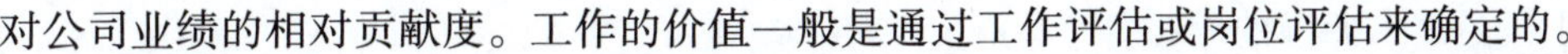

对公司业绩的相对贡献度。工作的价值一般是通过工作评估或岗位评估来确定的。

员工的能力。指员工具备的工作技能和与工作相关的知识。员工的相对价值通常根据员工的职务达成能力或职责掌握能力来确定。

相关岗位人力市场的需求情况。企业中不同岗位在当地人力市场的情况，主要是指人力市场上各职位的薪金水平情况。市场薪金水平是通过薪酬调查确定的。

最低工资标准。当地最低工资标准规定了当地员工维持一定生活水平所需要的生活费。我国许多地方政府都规定了城市居民的最低生活费，企业在考虑员工生活成本时，可将其作为一个参考。

企业人力资源成本。一方面受人力资本投入产生的价值、带来的利益的影响，另一方面也决定员工的生产力、公司的资本结构、用于再投资金额、经济状况和竞争能力等。

四、员工激励的概念

员工激励是指通过各种有效手段，对员工的各种需要予以不同程度的满足或者限制，以激发员工的需要、动机、欲望，从而使员工形成某一特定目标并在追求这一目标的过程中保持高昂的情绪和持续的积极状态，充分挖掘潜力，全力达到预期目标的过程。

五、员工激励的重要性

(1)激励可以调动员工工作的积极性，鼓舞士气提高企业绩效

企业有效地运用激励手段，想方设法调动员工在工作中的主动性、积极性是管理的基本途径和重要手段。作为员工，希望自己的能力得以施展，工作业绩得到认可；希望在一个公平公正的环境中竞争；希望工作、生活得富有意义。

(2)激励可以挖掘人的潜能，提高人的主观能动性

激励之所以有效，原因在于人们在遇到与自己切身利益相关的事情时，就会对事情的成败分外关注，而趋利避害的本能会使面临的压力变为动力。只有需要得到满足，员工才有积极性。有专家研究发现，在缺乏激励的环境中，人的潜力只能发挥20%～30%；如果受到充分激励，他们的能力可以发挥到80%～90%。

(3)激励能够加强一个组织的凝聚力

行为学家通过调查和研究发现，对于一种人体行为的激励会导致或消除某种群体行为的产生。激励是保持和谐稳定劳动关系的重要因素。

六、员工激励的特点

激励是对员工潜能的开发，它与自然资源和资本资源的开发完全不同，无法用精确的计算进行预测、计划和控制。员工激励有以下特点。

(1)激励的结果不能事先感知

激励是以人的心理作为激励的出发点，激励的过程是人的心理活动的过程，而人的心理活动不可能凭直观感知，只能通过其导致的行为表现来感知。

(2)激励产生的动机行为是动态变化的

从认识的角度来看，激励产生的动机行为不是固定不变的，受多种主客观因素的制约，不同的条件下，其表现不同。因此，必须以动态的观点认识这一问题。

(3)激励手段是因人而异的

从激励的对象来看,由于激励的对象是有差异的,人的需要也千差万别,从而决定了不同的人对激励的满足程度和心理承受能力也各不相同。因此,要求对不同的人采取不同的激励手段。

(4)激励的作用是有限度的

从激励的程度来看,激励不能超过人的生理和能力的限度,应该讲究适度的原则。激励的目的是使人的潜力得到最大限度的发挥。但是,人的潜力不是无限的,它受到生理因素和自身条件的限制。所以,不同的人发挥的能力是不同的。

七、员工激励的有效途径

1. 创造激励性的薪酬机制

薪酬是员工在企业中工作获得收入的主要来源,它与员工的工作表现直接关联,具有稳定员工队伍、激励员工奉献企业的作用。企业依据员工对企业贡献的大小,即表现的优劣来确定薪酬。能够明显量化的工作岗位,可将工作效率作为薪酬的重要依据,制定效率与薪酬紧密挂钩的政策,激发员工的工作热情。

2. 营造良好的人文环境

建立公平公正的竞争机制。企业在制定各种政策、制度时,应以不断提高企业的凝聚力、促进企业的发展为出发点,综合考虑各方面因素来制定有效的激励条款。应当分别建立管理人员、技能人员以及销售人员的专门管理制度,认真考虑薪酬激励的具体实施,鼓励人才充分发挥作用,为员工提供一个良好的工作环境和发展空间。

3. 设立个性化的激励方案

人的需求有若干层次,当一种需求得到满足后,就会转向其他需求。管理者应针对员工的具体情况进行个性化的奖励。如优秀员工提供额外的福利;为员工设定工作目标;组织团队活动;通过岗位轮换丰富工作内容、增加挑战性;组织教育培训等。

4. 精神与情感激励

应适当对员工予以表扬和称赞,注意沟通与指导,注重关心与尊重,注重带动与引领等。

思政内涵

【思政元素】

激励机制的核心是激发员工的需要、动机、欲望,使之成为特定目标的行动,并在追求目标的过程中培养和提升团队意识、创新意识,实现个人价值、团队力量和企业发展。

【案例】

春秋时期,秦国有一个名叫孙阳的人,非常善于识别马匹的优劣。而在神话传说中掌管天马的星名叫伯乐,因此,人们为了表示对孙阳的尊敬,就称他为伯乐。传说有一次伯乐路过虞坡,看见一匹骨瘦如柴的老马,拉着一大车盐巴走向太行山。它走得非常吃力,尾巴无力地下垂,蹄子全磨破了,浑身汗水淋漓,嘴里流出的口水滴在地面的尘土里。盐车拉到半山坡,这匹马再也走不动了,赶车的车夫只得让马停下来。伯乐看到这样一匹千里马竟然屈就在这里拉盐车,感到非常惋惜,他连忙从自己的车子上跳下来,脱下身上穿的麻布衣袍盖在马的身上。这匹马遇到了知音,便低下头,依偎在伯乐的胸前喘着气,接着它又仰起头来放声嘶鸣,声音洪亮,直冲云天,像金

石一般铿锵有力。这便是“伯乐识马”成语的由来,而伯乐识马也常用来比喻善于发现、识别和任用人才。

韩愈的《马说》:世有伯乐,然后有千里马。千里马常有,而伯乐不常有。故虽有名马,祇辱于奴隶人之手,骈死于槽枥之间,不以千里称也。马之千里者,一食或尽粟一石。食马者,不知其能千里而食也。是马也,虽有千里之能,食不饱,力不足,才美不外见,且欲与常马等不可得,安求其能千里也?策之不以其道,食之不能尽其才,鸣之而不能通其意,执策而临之,曰:“天下无马!”呜呼,其真无马耶?其真不知马也!

《马说》是通篇托物寓意的杂文,借伯乐和千里马为喻,抨击那些糟蹋“名马”的“食马者”,抒发自己怀才不遇的愤懑之情。

【案例分析】

“伯乐识马”用来比喻善于发现、识别和任用人才。韩愈的《马说》又从发现人才的“世有伯乐,然后有千里马”,埋没人才的“辱于奴隶人之手,骈死于槽枥之间,不以千里称也”,施展才能的“马之千里者,一食或尽粟一石”,糟蹋才能的“食不饱,力不足”,摧残人才的“策之不以其道,食之不能尽其才,鸣之而不能通其意”,到最后发出感叹的“其真无马耶?其真不知马也”。对于企业而言,员工相当于千里马,企业管理者、健全的激励机制相当于伯乐,通过适当的薪酬、完善的激励机制,而使员工“才美外见”达到“其能千里”的目的。

能力训练

1. 训练一

(1)结合所学内容,走访相关企业,加深了解人力资源管理的主要任务和职能、人力资源规划、岗位说明书、员工信息管理等。

(2)组织召开企业人力资源管理座谈会,提取企业不同层面对人力资源管理的意见。

(3)分成3个小组,分别编制人力资源规划、岗位说明书、员工信息管理规范。

(4)能力训练。

调查当地的一家大中型企业,了解该企业人力资源部经理与直线经理的职责分工的不同特点。步骤如下:

①全班按照5~10人一组进行分组,每组选出组长。

②编制调查问卷。

③由班组组织进行入企调查,撰写调查报告。

2. 训练二

(1)针对某汽车维修企业绩效考核的内容、考核方法、考核效果进行分析。

(2)召开企业经营者、考核人员和被考核员工参加的研讨会,完善绩效考核。

(3)设定岗位、目标、任务验收,模拟开展一次绩效考核,提出绩效工资的分配方案。

(4)能力训练。

学生分组进行调研,每组3~4人一组,到本地的汽车维修企业、4S售后服务部门了解他们的员工绩效考核制度,完成《关于××汽车维修企业的员工绩效考核制度的研究》的调查报告。要求如下:

①分析本汽车维修企业员工绩效考核制度的特点。

②比较本汽车维修企业员工绩效考核制度存在的优点和缺点。

③针对本企业员工绩效考核制度存在的不足,提出相应的改正措施。

3. 训练三

(1)组织编写企业招聘实施方案,模拟开展一次招聘实践,完成此次招聘总结。

(2)组织编写企业培训实施方案,模拟组织一次新入职员工培训,完成培训总结。

(3)能力训练。

分组练习:假设你是某汽车维修企业人力资源部的工作人员,现企业需要进行校园招聘,想通过招聘扩大维修企业一线技术人员和维修服务人员队伍。请根据具体岗位要求撰写招聘信息,并制定试用期培训计划。

通过查阅企业相关资料,了解企业的基本财务制度,通过财务制度深入认识企业相关的财务管理内容和流程,并撰写报告。

步骤如下:

①每班按照5~8人进行分组,每组通过上网查询、图书馆查阅等方式搜集相关企业招聘资料。

②每组成员对搜集到的资料进行归纳、整理、讨论和总结。

③撰写报告。

④对报告进行点评。

评价反馈

根据能力训练阶段完成的调研报告内容,以小组为单位进行发言和讨论,通过学生自评、小组互评和教师评价的方式,对每组的完成情况进行打分,完成表9-2。

表9-2 评价表

考核项目	评价标准	分值	学生自评	小组互评	教师评价
小组合作	和谐	15			
活动参与	积极、认真	15			
语言	礼貌、规范	10			
问题提问	专业	10			
表达能力	强	20			
沟通能力	强	10			
解决方案	正确、规范	10			
开拓能力	灵活、机动、创新	10			
合计		100			
总评(学生自评×20%+小组互评×20%+教师评价×60%)					

思考与练习

1. 员工薪酬包含哪些方面?

2. 企业激励机制有什么作用?

3. 外部招聘的实现途径有哪些？

4. 简述人力资源的概念及特点。

5. 人力资源管理的内容包括哪些？

6. 简述常见的企业组织结构类型及其优缺点。

7. 员工绩效考核制度应遵循哪些原则？

我国汽车产业中长期人才发展规划

我国要发展成为世界汽车产业强国，人才是根基。在我国汽车强国的筑梦之旅中，如何建设一支强大的汽车人才队伍是永远绕不开的话题。2017 年我国汽车人才高峰论坛期间，诸多行业领袖、专家以及国家顶层设计者针对新形势下的人才发展进行了深入探讨，以下是我国汽车人才研究会执行副理事长兼秘书长朱明荣在会议上的演讲实录。

当前，我国汽车产业正处于转型升级的关键时刻，处于由大到强的关键期，人才强则产业强，人才新则产业新。“我国汽车产业中长期人才发展规划研究”力求从战略高度理清汽车人才发展思路，为推动汽车人才的发展，推动汽车产业的进步，建设汽车强国，贡献力量。

一、规划研究的背景

1. 深入贯彻国家战略

2010 年 4 月，中共中央、国务院《国家中长期人才发展规划纲要（2010—2020 年）》指出，根据实际，编制地区、行业系统以及重点领域的人才发展规划，形成全国人才发展规划体系。

2016 年 3 月，中共中央《关于深化人才发展体制机制改革的意见》指出，围绕实施国家“十三五”规划，编制地区、行业系统以及重点领域人才发展规划。

2. 全面对接产业发展

2015 年 5 月，国务院《中国制造 2025》特别指出，要加强制造业人才发展统筹规划和分类指导，加强产业人才需求预测，完善各类人才信息库，构建产业人才评价水平制度和信息发布平台。

与《中国制造 2025》配套的《制造业人才发展规划指南》，已于 2017 年 2 月，由教育部、人社部、工信部联合发布。

2017 年 4 月，工信部《汽车产业中长期发展规划》指出，要加强对汽车人才队伍建设的统筹规划和分类指导，开展汽车人才培养及管理模式等专项研究，构建具有国际竞争力的人才制度，构建汽车产业人才供需对接、互动交流、成长服务等专业特色平台。

3. 前期主要工作

（1）启动研究

2016 年 8 月，受国家工信部委托，在付于武理事长的指导下，中国汽车工程学会与中国汽车人才研究会牵头，联合中国人事科学研究院、清华大学汽车产业与技术战略研究院、同济大学、中国汽车人才研究会名师工作室等单位与机构，组成了 20 多人的研究团队，列了 9 个专题启动研究“汽车产业中长期人才发展规划研究”。

（2）推进研究

2017 年上半年，课题组对全国 40 多个主要的整车企业、零部件企业，进行了问卷调查和走访调研。7 月中旬,9 个专家组对课题研究情况进行了中期交流、讨论,整个课题研究工作到年底结束,最终将会形成一个总报告和 9 个专题报告。

二、几个重点问题的思考

1. 发展现状与面临形势

汽车产业是推动新一轮科技革命和产业革命的重要力量。我国是汽车大国,但还不是汽车强国,汽车强国的核心是技术,关键是人才,人才是建设汽车强国的“新能源”。

通过走访调研,我们发现现阶段汽车人才发展面临以下六大问题。

(1)人才总量问题

企业普遍反映,人才短缺是汽车行业的常态,原因是汽车产业发展太快,人才培养的速度跟不上产业发展的需要。《制造业人才发展规划指南》中指出,我国规模以上的制造业人才总量是 809 万,其中,十大重点领域之一的节能与新能源汽车人才是 17 万,需求预测数据显示,2025 年要达到 120 万,缺口有 103 万。《中国汽车工业年鉴》2016 年年报显示,2015 年年底我国汽车工业从业人员共 360 万,其中技术人员 49. 3 万,研发人员 33. 8 万,我国汽车产业现有人才总量合计共 83. 1 万,人才总量与产业大国的发展现状不匹配,是当前面临的第一个问题。

(2)人才的流动问题

企业普遍反映,最近几年在人才流动上,呈现无序恶意挖人的状态,车企人才之争日益白热化。根据近三年中国汽车人才研究会行业对标数据统计,汽车行业离职率呈逐年递增态势,且离职率最高的两个岗位分别是研发与销售。研发岗位的离职率 2016 年比 2014 年增加 15%,销售岗位增加 30%。其中合资乘用车企业研发人员的离职率 2016 年比 2014 年增加了 85%。

那么什么才是合理的人才流动率?企业普遍认为,5% 左右是正常合理的流动率。但人才的流动又有许多主、客观因素,产业发展的环境、企业的用人制度、人才自身的发展需求,这些也是当前所面临的热点问题。本次年会通过的《中国汽车行业人才健康发展倡议书》就是在这样的背景下发布的。

(3)人才的结构问题

企业普遍反映,随着新一轮技术革命到来,电动化、智能化、网络化、共享化,这些新趋势迫使汽车人才需求面进一步扩大。汽车人才的短缺不仅仅是传统汽车人才缺,新能源、智能网联方面的人才更缺,产业的跨界、融合,汽车人才的知识结构更加多样、更加复杂。

这里面引发了一个新的问题,什么是汽车人才?对汽车人才需要重新定义。以往,我们说到汽车人才,多半会想到《中华人民共和国职业分类大典》中所定义的从事汽车产品、工艺、汽车商务研发、设计,指导汽车产品生产和再制造的工程技术人员。

《汽车产业中长期发展规划》,随着能源革命和新科技、新一代信息技术的不断突破,汽车产品加快向新能源、轻量化、智能和网联的方向发展,汽车不再是简单的交通工具,汽车成为大型移动智能终端,是存储单元,是数字空间。

(4)人才的体制机制改革问题

我们一直在讲深化体制机制改革,政府简政放权。2016 年中央 9 号文件《关于深化人才体制机制改革的意见》,核心就是为人才松绑放权,但我们的央企、国企仍然存在一些问题。不少国企业领导提到,特别是央企国企实行经营者限薪制度后,市场配置人才的决定性作用没有完全发挥

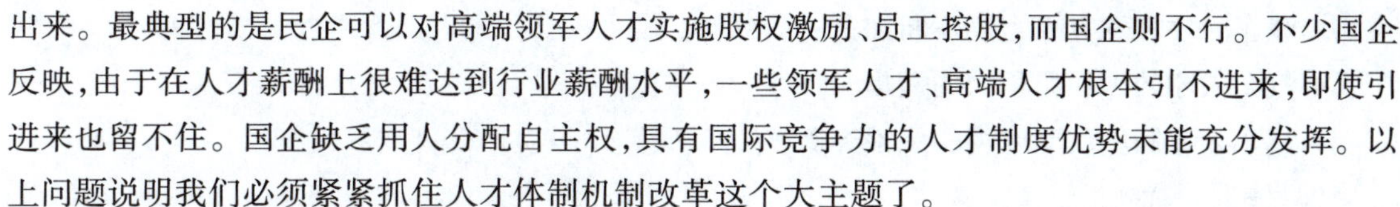

出来。最典型的是民企可以对高端领军人才实施股权激励、员工控股，而国企则不行。不少国企反映，由于在人才薪酬上很难达到行业薪酬水平，一些领军人才、高端人才根本引不进来，即使引进来也留不住。国企缺乏用人分配自主权，具有国际竞争力的人才制度优势未能充分发挥。以上问题说明我们必须紧紧抓住人才体制机制改革这个大主题了。

(5)人才的国际化问题

人才国际化素质不高，引进海外高层次人才的力度不大，对企业已有人才的国际化培训不足。同时，我国现有的海外人才政策还相对保守，包括吸引国际海外优秀人才来华工作等，离“聚天下英才而用之”的距离较远。我们必须紧紧瞄准人才国际化这个大趋势。

(6)人才的精神体系建设问题

相比航天、高铁等行业，汽车产业的核心价值没有很好形成，汽车产业的精神存在缺失。必须建立汽车精神的大系统。

2. 指导思想与基本原则

(1)指导思想

全面贯彻党的十八大、十九大精神，牢固树立创新、协调、绿色、开放、共享的发展理念，紧紧围绕《中国制造 2025》和《汽车产业中长期发展规划》的战略部署，努力践行习近平总书记的人才思想。

以创新人才发展体制机制为动力，以深化汽车人才与产业的深度融合为主线，以引进、培养汽车产业高端人才和急需紧缺人才为重点，对接汽车强国建设战略任务和重点领域，推动行业内外协同发展。

构建、完善科学规范，开放包容、运行高效、环境优化的人才发展治理体系，形成具有国际竞争力的汽车人才制度优势，建设一支规模宏大，多层次、多类型、优结构、强能力的汽车人才队伍，为实现由汽车大国向汽车强国转变提供坚实的人才支撑。

(2)基本原则(把握大方向)

- 以习近平人才思想为指导；
- 以人才优先发展战略为导向；
- 以服务汽车强国战略为需求；
- 以优化三支队伍建设为重点；
- 以创新人才体制机制建设为动力；
- 以提升人才创新能力与国际竞争力为核心。

3. 发展目标与主要指标

(1)总体目标

到 2020 年，形成与汽车产业发展需求相适应的人才资源建设格局，培养和造就一支数量充足、结构合理、素质优良、富有活力的汽车产业人才队伍，基本确立建设汽车强国的人才优势。

到 2025 年，汽车人才培养体系和管理制度更加完善，在重点领域形成汽车人才国际竞争优势，进入世界汽车人才强国行列。

(2)具体目标

- 汽车人才资源总量稳步增长；
- 汽车人才供给能力显著提高；

- 汽车人才开发投入力度不断加大；
- 汽车人才的国际竞争力明显提升；
- 汽车人才制度改革取得实质性突破。

(3)主要指标

按2015年、2020年、2025年三个时间节点，构建以下指标体系：

- 汽车产业人才总量；
- 汽车产业人才在从业人员中的占比；
- 工程技术、研发人才在人才中的占比；
- 高技能人才在技能劳动者中的占比；
- 研发经费在主营业务收入中的占比；
- 从业人员受过高等教育的比例；
- 从业人员平均受教育年限；
- 产业人才贡献率等八项指标。

4. 人才发展主要任务

- 提定位：全面提高汽车人才工作的地位、作用，牢固树立人才优先发展的战略布局。
- 调结构：全面调整汽车人才队伍的素质结构，建立一支世界一流的汽车人才队伍。
- 重改革：全面深化汽车人才制度改革，优化人才发展的生态环境。
- 促开放：全面推进汽车人才国际化进程，增强汽车人才的国际竞争力。
- 推创新：全面加大汽车产业"聚天下英才而用之"的引才力度，大力提高汽车人才创新、创造的能力与水平。
- 强精神：全面倡导汽车产业精神，营造中国汽车人的核心价值体系。

5. 人才建设重点工程

根据《制造业人才发展规划指南》和《汽车产业中长期发展规划》所提出的推动产业发展的重点平台建设，汽车产业中长期人才发展规划研究应突出中国汽车产业人才强国工程建设。主要包括以下七个重点人才建设工程。

(1)海外高端汽车人才引进工程

- 率先建立适应国际化的人才管理制度，以企业需求为导向进行海外高端引才。
- 在中央、国家有关部门、地方分层次、有计划引进一批能够突破关键技术、发展智能网联、新能源等核心领域的战略科学家和创新创业领军人才。
- 建设一批海外高层次人才创新创业基地。

(2)企业家人才扶持工程

- 培育创业良好环境、发挥市场机制、激发企业家能动性。
- 到2025年，培养一批具有世界眼光、战略思维、创新精神和既懂技术又有经营能力的企业家。

(3)新业态重点领域紧缺人才集聚工程

- 集聚智能网联、新能源、节能等领域紧缺人才，立足于国家发展战略，加快此类人才的集聚。
- 制订智能网联、新能源、节能等领域紧缺人才目录清单，通过多种途径引进紧缺人才。

(4)创新人才支持工程

- 建立部门协调联动创新机制,支持研发人员加强核心技术攻关,试点建立首席工程师制度,研究制定国有企事业单位人才股权激励政策。
- 瞄准世界汽车科技前沿,在汽车科研领域设立100个科学家工作室,每年重点支持和培养一批具有发展潜力的中青年科技创新领军人才。

(5)大国工匠开发和技术人才培养工程

- 打造"工匠精神",培育"坚韧、执着、专注、极致"的汽车工匠文化。建立技能大师工作室、劳模工作室,发挥高技能人才引领作用。
- 实施多元化人才培养,实现培养与产业需求精准结合。
- 建立国际互认的职业资格制度,促进汽车人才合理理性流动。

(6)跨界人才集成工程

- 跨界培养人才,培养跨界人才。
- 坚持跨界融合、开放发展,坚持互联网与汽车产业深度融合。
- 加快与汽车产业相关的智能制造、后市场及服务业、环保节能等领域跨界人才的培养。

(7)加强汽车人才国际化开发工程

- 结合教育改革试点,率先推进汽车人才教育培训的国际化,鼓励有条件的高等院校与国外高校合作办学,结合"一带一路"倡议,加强国际化汽车服务和经营人才的培养。
- 建立全球性的汽车人才市场,建设全球性的人才数据库。

综上所述,我国在当前产业转型变革阶段,汽车人才面临六大问题,汽车人才规划的研究要把握六条基本原则,在未来5～10年,中国汽车人才发展应确立五大发展目标,六项主要任务,建设七个重点工程。

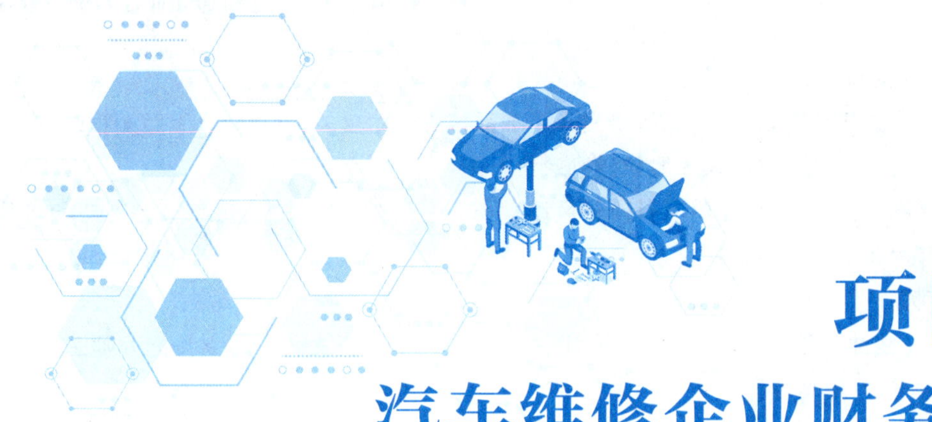

项目十 汽车维修企业财务管理

学习目标

知识目标

(1)掌握财务基础知识和基本内容。

(2)了解企业资金筹集的意义和基本原则。

(3)掌握汽车维修企业营业收入、费用与利润分配的相关知识。

能力目标

(1)能够提升自我约束和自我管理能力。

(2)能够自主学习,强化专业技能。

思政目标

(1)形成正确的消费观,培养良好的个人品德。

(2)塑造诚实守信的品质,说老实话、做老实事。

(3)培养敬业精神,热爱自己的工作岗位。

(4)培养学生的职业道德和职业素养,提高业务水平。

学习方案

了解并掌握财务基础知识、内容和注意事项。

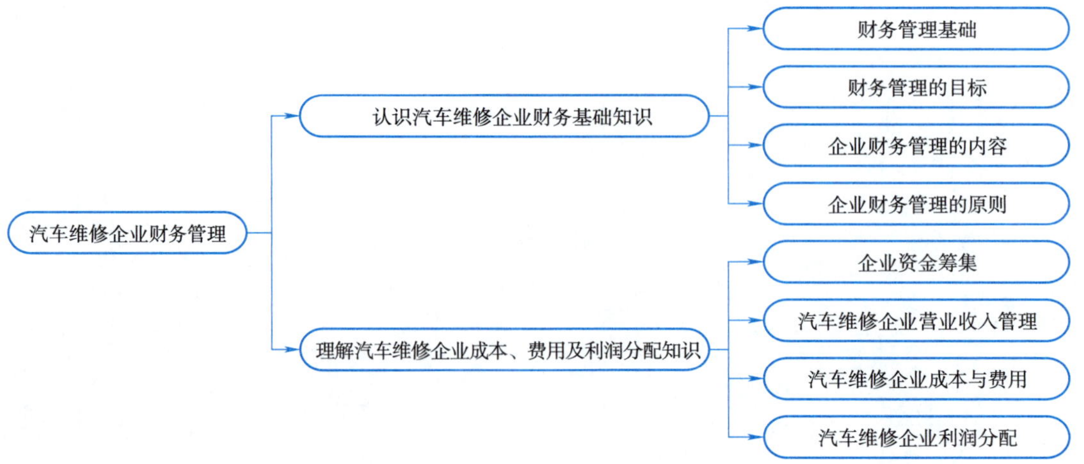

任务一　认识汽车维修企业财务基础知识

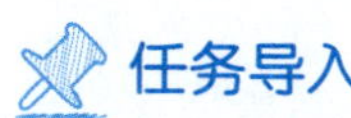

任务导入

现代企业经营的目的是生存、获利和发展，作为企业管理系统的一个子系统，财务管理是企业管理的重要组成部分，是企业管理的核心，财务管理的目的是使企业价值达到最大化。汽车服务企业是现代企业的重要组成部分，要有效地提高汽车服务企业的经济效益，必须注重和加强企业的财务管理工作。

思考以下问题：

(1)如果你是一个理性的投资者，想对企业（或公司）进行投资，你想了解这个企业（或公司）哪些方面的信息？

(2)如果你是一个管理者，你想了解企业哪些方面的信息？

(3)如果你是一个债权人，你想了解企业哪些方面的信息？

任务目标

◎掌握财务基础知识。

◎了解企业管理的目标。

◎掌握企业财务管理的内容。

◎掌握企业财务管理的原则。

相关知识

一、财务管理基础

财务管理是在一定的整体目标下，关于资产的购置（投资）、资本的融通（筹资）、经营中现金流量（营运资金）以及利润分配的管理。

财务管理是企业管理的一个组成部分，它是根据财经法规制度，按照财务管理的原则，组织企业财务活动，处理财务关系的一项经济管理工作。简单地说，财务管理是组织企业财务活动，处理财务关系的一项经济管理工作。

1. 会计要素

会计要素是对会计对象，即资金进行的基本分类，是会计核算对象的具体化，是会计报表内容的基本框架。企业的会计要素有资产、负债、所有者权益、收入、费用和利润。

2. 财务活动

企业的财务活动包括投资、资金营运、筹资和资金分配等一系列行为。

3. 财务关系

财务关系是指企业在组织财务活动过程中，与有关各方所发生的经济利益关系。有关各方包括：

- 政府。企业必须按照税法规定向中央和地方政府缴纳各种税款，是一种强制和无偿的分配关系。

- 投资者。企业利用资本进行运营，实现利润后，应该按照出资比例或合同、章程的规定，向其所有者支付报酬。
- 债权人。企业向债权人借入资金，并按借款合同的规定按时支付利息和归还本金所形成的经济关系。
- 受资者。企业同其被投资单位的财务关系。
- 职工。是企业向职工支付劳动报酬过程中所形成的经济关系。
- 债务人。是指企业将其资金以购买债券、提供借款或商业信用等形式出借给其他单位所形成的经济关系。
- 企业内部各部门。是指企业内部各部门之间在生产经营各环节中相互提供产品或劳务所形成的经济关系。

二、财务管理的目标

财务管理的目标决定了财务管理的内容和职能，以及它所使用的概念和方法。财务管理是企业管理的一部分，是有关资金的获得和有效使用的管理工作。财务管理的目标，取决于企业的总目标，并且受财务管理自身特点的制约。

三、企业财务管理的内容

财务管理是指企业以货币为主要度量形式，在企业的生产经营活动过程中组织财务活动、处理财务关系的一系列经济管理活动的总称，它是企业管理的一个重要组成部分。可以说，只要有资金运动的地方，就必然有财务管理活动，企业的财务活动是由筹资、投资、营运、分配四方面引起的，所以财务管理的内容包括筹资管理、投资管理、营运资金管理和利润分配管理。

1. 筹资管理

筹资也称融资，筹资管理是要解决如何取得企业所需资金，它主要解决以下四方面的问题。

筹集多少资金。筹资是为生产经营服务的，筹资数量的多少要考虑投资的需要。企业应根据经营计划和投资计划预测出一定时期的资金缺口量，以确定筹资量。

向谁取得资金。目前企业的筹资渠道较广，企业可从企业内部筹资，也可从企业外部筹资。国家、法人、个人都可成为企业资金的提供者，针对不同的提供者采取不同的筹资方式。

什么时候取得资金。资金取得的时间应与资金的使用时间相匹配。资金到位不及时，会影响项目进度、交货期等，进而带来不能及时抓住市场机会的直接损失和失去信誉的间接损失。

获取资金的成本是多少。不同渠道、不同方式获取的资金，其付出的成本是不同的。企业在及时、足额地保证资金需要的前提下，应努力降低资金成本，尽可能使企业价值最大化、筹资成本最小化。

2. 投资管理

投资是指以收回现金并取得收益为目的而发生的现金流出。企业投资主要有两方面：一方面是进行长期投资，即对固定资产和长期有价证券的投资，也称资本性投资；另一方面是进行短期投资，即对短期有价证券、存货、应收账款等流动资产进行的投资，流动资产投资属于营运资金投资。由于长期投资的风险大、时间长，决策时应重视资金的时间价值和投资的风险价值，合理确定投资规模、投资方向和投资方式等，使投资收益较高而风险较低。

3. 营运资金管理

营运资金是指企业在生产经营活动中占用在流动资产上的资金。营运资金管理是在综合考虑成本、收益和风险的前提下，为保证企业日常经营活动而对资金产生的管理活动。营运资金管理主要包括合理确定流动资产的占用水平、加强流动负债的管理、研究流动资产与流动负债的合理配置、制定合理的营运资金政策等。

4. 利润分配管理

利润分配是指在企业赚得的净利润中，有多少作为股利发给股东，有多少留在企业用于再投资。利润分配政策直接影响着企业的内部筹资能力。过高的股利支付率会减少企业的内部积累，进而影响企业未来的获利能力；过低的股利支付率甚至不做分配，可能引起股东不满，也会影响企业未来的获利能力。因此，企业应科学分析影响利润分配的各种因素，确定最佳分配政策。

除上述四部分内容外，企业设立、合并、分立、改组、解散、破产等事项的管理也是财务管理的内容，它们构成了财务管理不可分割的统一体。

四、企业财务管理的原则

财务管理的原则是企业组织财务活动，处理财务关系时遵守的准则。它是从企业财务管理实践中抽象出来的，并在实践中证明是正确和规范的，它反映了企业财务活动的内在要求。为确保实现财务管理的总体目标，在实际工作中应贯彻财务管理的基本原则。

1. 成本效益原则

成本效益原则中的“效益”泛指收入、收益、所得，甚至是“有用性”在内的多方位、多层次概念，而“成本”泛指与效益相关的各种耗费和价值牺牲。该原则是市场经济条件下财务管理必须坚持的首要基本原则。要结合特定的经济目的进行投入产出的对比分析或价值工程分析，力争耗费一定的成本后取得尽可能大的效益，或在效益既定的条件下最大限度地降低或控制成本。

2. 风险与收益均衡原则

由于企业内外环境的复杂多变，要获取收益往往伴随着各种风险的发生。因此，为趋利避害，做到既降低或控制风险，又能得到较高收益，企业应按照风险与收益均衡的原则，决定采取何种方案。

3. 资金合理配置原则

资金合理配置就是要通过对资金运动的组合和调节来保证各生产经营环节的生产经营要素具有最优化的结构。具体而言，就是要合理确定固定资产和流动资产的比例构成，货币性资金和非货币性资金的比例构成，材料、在产品和产成品的比例构成等，使企业的资金合理地配置在生产经营的各个阶段上，保证各种形态资金占用适度，实现企业资金的优化配置。

4. 利益关系协调原则

利益关系协调原则是指企业财务在组织实施管理中兼顾和协调好债权人和债务人、所有者和经营者、投资者和受资者之间的各种利益关系的原则。坚持利益关系协调原则，要求企业在税金的缴纳、利益的支付、股利的分配、工薪福利的发放等方面应公平合理，切实维护有关各方的正当合法权益，不断促进企业财务状况和经营成果之间长期、稳定的良性运行。

思政内涵

【思政元素】

培养正确的社会主义核心价值观、个人消费观、个人品德;树立诚信的做事准则:守信、诚实、说老实话、做老实事。

【案例】

2019 年 5 月 17 日,瑞幸咖啡在美成功上市,一举刷新全球最快 IPO 纪录,从创立到 IPO,仅仅花了 17 个月时间。与之相比,星巴克从成立到上市花了 21 年,麦当劳花了 25 年。作为资本市场的宠儿,瑞幸咖啡上市首日便大涨 20%,随后股价横盘整理,在 11 月中旬公布三季度财报后,股价迅速攀升,并在 2020 年 1 月 17 日一度创下 51.38 美元的历史新高,市值一度超过 120 亿美元。

2020 年 2 月 1 日,著名调查机构浑水抛出一份长达 89 页的做空报告,直指瑞幸咖啡正在捏造公司财务和运营数据。瑞幸随后坚决否认报告中的所有指控,并表示报告中的论证方式存在缺陷,报告中包含的所谓证据无确凿事实依据,且报告中的指控均基于毫无根据的推测和对事件的恶意解释。而市场似乎选择相信了瑞幸,做空报告后其股价并未发生明显下跌,3 月份的一波跌势也主要是因为疫情原因,全球市场整体下挫。

故事的转折发生在 4 月 2 日,瑞幸咖啡晚间突然自曝财务造假丑闻,称 COO 及其部分下属员工从 2019 年二季度起从事某些不当行为,与伪造交易相关的销售额约为 22 亿元。而其去年二、三季度营收分别为 9.09 亿元和 15.4 亿元,共计才 24.5 亿元,且一直处于亏损状态。消息公布后,瑞幸咖啡盘前股价闪崩,一度跌超 80%。美股开盘后一度暴跌 81%,刷新历史新低至 4.9 美元,6 度触发熔断,市值瞬间蒸发逾 300 亿元,换手率高达近 200%,当日最终收跌逾 75%。在随后两天继续暴跌逾 30% 后,瑞幸咖啡 4 月 7 日起停牌,最后的股价落在 4.39 美元,市值仅剩 11.05 亿美元,较最高时蒸发 90%。

【案例分析】

一、社会主义核心价值观教育

企业筹资方式之一的银行借款,是企业最常用的筹资方式,但是向银行借款是有信用条件的,要求有抵押品作保证。个别企业为了利益,以欺骗手段取得银行或者其他金融机构贷款、票据承兑、信用证、保函等,给银行或者其他金融机构造成重大损失,这属于恶意骗贷。“民无信不立”,企业要想发展壮大,走得长远,信誉是保证。引申出无论是个人还是经营企业,诚信都是立足之本,这也是社会主义核心价值观的重要内容。

二、品德教育

一是大局意识。具体表现:财务管理就是组织财务活动,处理财务关系的一项经济管理工作。通过企业资金流程图的讲解,总结出企业资金运动的规律是蕴藏在社会总资金运动中的。这说明资金运动不是存在于一个封闭系统,财务管理的视野也不应局限在公司内部,而应该从系统论角度全局考虑,站位更高,看得更远。引申出个人行为也要脱离狭隘,考虑到对所处大环境的影响,树立大局意识。

二是社会责任感。具体表现:财务管理目标有三种代表性观点,其中之一是利润最大化。这个目标有其可取之处,可以量化,反映经营成果。但是为了“最大化”,个别企业会不择手段,出现

短期行为，比如污染环境、破坏生态、违法乱纪等。优秀的企业能够提供优质的产品和服务，但是伟大的企业不仅能够提供优质的产品和服务，还会竭尽全力使这个世界变得更美好。引申出企业不应只注重经济利益，还要关注社会效益，增强社会责任感。融资租赁是除了银行借款之外最受欢迎的融资方式，在我国的发展也是方兴未艾，因为它能够迅速获得资金，限制条件较少，使用期限较长，粉饰财务报表。但是缺点也很突出，资金成本高，也就是使用资金的人付出的代价较大。这对于具有公益性的医疗机构和医药企业，在使用融资租赁的时候要考虑这种方式的高成本会不会转嫁到消费者身上，老百姓的承受能力如何，注重社会责任的履行。

任务二　理解汽车维修企业成本、费用及利润分配知识

任务导入

王大海建立了一家汽车维修企业，在开业之初，虽逢全球金融危机，但在国家一系列政策措施的积极作用下，我国汽车行业仍保持较快的增长势头，王大海的汽车维修企业人员负担轻，所以期初发展良好。但是最近企业出现了经营困境，王大海参加 EMBA 学习后，意识到公司的账都交给记账公司这种做法不利于企业发展，应该为企业招聘财务经理，帮助他管理企业，正确进行企业的收支运转。

如果你是应聘的财务经理，该怎样和王大海交流，以便更好地进行工作?

任务目标

◎了解企业资产筹集的意义和方式。

◎掌握汽车维修企业营业收入的计算方法。

◎掌握汽车维修企业营业收入管理内容和费用利润分配。

相关知识

一、企业资金筹集

1. 企业资金筹集的意义

企业筹资是指企业根据其生产经营、对外投资和调整资本结构的需要，通过筹资渠道和资金市场，运用筹资方式经济有效地筹措资金的过程。资金筹措是企业资金运动的起点，如果没有资金的筹措，企业的服务活动将难以开展。

企业资金筹措的意义如下：

- 企业通过多渠道和合理的方式进行筹资，可以弥补自身资金的不足。
- 有利于满足汽车维修服务需求波动性对资金的需要，如汽车维修需求临时增加等。
- 有利于保证企业技术进步和扩大服务范围，以及企业的设备更新和工人技术培训等资金的需要。
- 可以促进企业以最低的筹资成本保证企业的资金需要。汽车维修服务企业的筹资渠道和方式是多样化的，哪种方式和渠道风险最小、成本最低，企业应当科学地选择。

2. 企业筹资的渠道和方式

筹集资金的渠道是指企业取得资金的来源,筹集资金的方式是指企业取得资金的具体形式。资金从哪里来和如何取得资金,既有联系,又有区别。同一渠道的资金可以采用不同的方式取得,而同一筹资方式又往往适用于不同的资金渠道。

(1)企业筹资渠道

国家渠道。国家是全民企业投资的主体,对于汽车维修企业,采用这个渠道考虑的是税务部门的减免税政策或税前还贷等。

银行渠道。汽车维修企业通过银行可获得各种借款。

社会筹资。社会集资主要是指通过发行股票、债券等方式,把个人、企事业单位闲置不用的资金集中起来,用于生产经营。这一方式是企业日后筹资的主要方式,但是对于目前的汽车维修企业,其现实意义不大,不过规模大的汽车服务企业可进行这方面的尝试。

内部积累。企业内部积累是企业筹资的重要来源,企业的税后利润如职工福利费和奖励金等,可视为一种资金的积累。另外,折旧金中当年未使用的部分也可以视为企业的一种积累。

利用外资。汽车维修企业可通过发展中外合资、联营企业等方式来吸收外来资金。

(2)企业的筹资方式

目前,企业在国内的筹资方式主要有吸收直接投资、发行股票、长期借款、发行债券、租赁筹资、商业信用、短期借款等。

吸收直接投资。是指企业在生产经营过程中,投资者或发起人直接投入企业的资金。

发行股票筹资。发行股票是股份制企业筹集权益资本的最重要的方式。股票是股份制企业为筹集自有资本而发行的有价证券,是股东按其所持股份享有权利和承担义务的书面凭证,它代表持股人对股份公司的所有权。根据股东承担风险和享有权利的不同,股票可分为优先股和普通股两大类。

银行贷款筹资。银行贷款是指银行按一定的利率,在一定的期限内,把货币资金提供给需要者的一种经营活动。银行贷款筹资是指企业通过向银行借款以筹集所需资金。

租赁筹资。租赁是一种以一定费用借贷实物的经济行为,即企业依照契约规定通过向资产所有者定期支付一定量的费用,从而长期获得某项资产使用权的行为。

商业信用。是指企业之间的赊销赊购行为。

3. 企业的筹资决策

由于存在众多的筹资渠道和方式,就不可避免地会产生众多的矛盾,如筹资成本的高低、风险的大小等,企业在筹资过程中要权衡利弊,选择合适的筹资方式,做出正确决策。筹资管理的关键在于决策。

(1)筹资决策的基本程序

汽车维修企业的筹资程序与其他企业相同,也分为筹资准备阶段和筹资阶段。

(2)筹资方式的比较

筹资方式的选择,首先要了解各种筹资方式的优缺点,并对它们加以比较。评价不同方式的优劣,主要从以下两方面入手:

- 资金成本的高低。是指汽车维修企业取得资金和使用资金应负担的成本,不同筹资方式,其资金成本是不一样的。

● 还本付息风险大小。还本付息风险的大小可以从企业违约是否导致投资者采取法律行为，是否导致企业破产这两点来表现。另外，它还与筹资期长短有关，在相同条件下，企业偿还债务的时间越短，风险越大。

二、汽车维修企业营业收入管理

1. 汽车维修企业营业收入管理的内容

营业收入是汽车维修企业最重要的经济指标之一，它直接反映企业的经济状况，是企业现金流入的主要来源，是衡量企业经营成果的重要标志。

汽车维修企业的营业收入是指企业在生产经营中通过销售汽车零配件、提供汽车维修劳务等所取得的收入，一般分为主营业务收入（汽车维修收入）和副营业务收入（其他业务收入）。

（1）主营业务收入

汽车维修收入是指企业提供汽车维修劳务等所得的营业收入，它可以根据规定的工时定额、材料消耗总额和其他项目收入计算确定。主营业务收入由汽车维修工时收入、材料配件收入和其他收入三部分组成。

（2）副营业务收入

副营业务收入是指各类主营业务收入以外的不独立核算的副营业务所取得的收入，如从事汽车配件零售与批发等营业活动取得的收入。

主营业务和副营业务内容的划分是相对的，会因企业经营项目的多元化发生变化，因此，应根据企业的实际情况进行确定。

2. 汽车维修企业收入的计算

（1）汽车维修企业营业收入的确认

企业应在发出商品和提供劳务的同时收讫或取得索取价款的凭据，确认企业的营业收入。其基本标志为：企业的商品已发出或劳务已提供；企业已收到价款或收到收取价款的凭据。据此可以确认汽车维修企业的营业收入。如果客户采取交款提车的方式进行结算，则当车辆已维修完毕，并开出发票，收取了款项，便可将此款项确认为营业收入；如采用预收款项的办法，在车辆已经维修完毕，发票已经开出后，则证明汽车维修劳务已经提供完毕，在发票单已开出和提走被维修车辆时，便可确认营业收入已经实现。

（2）汽车维修收入的计算

汽车维修费用主要由两部分组成：一是维修企业维修车辆，提供汽车维修技术和劳务取得的收入；二是维修企业在维修车辆过程中，由于更换汽车零部件，消耗各种材料和辅助材料的收入。

汽车维修技术和劳务费的收入，主要为汽车维修工时费的收入。汽车维修工时费是按照汽车维修行业的工时定额和工时单价作为计算价格的依据，其基本计算公式为：

$$汽车维修工时费 = 工时单价 \times 工时定额$$

工时单价和工时定额是根据交通部的规定，由各省级行业主管部门和价格主管部门根据不同类型的维修企业或维修车辆的成本核算予以确定的。

汽车维修工时单价由各省级行业主管部门和价格主管部门根据当地经济发展情况制定，一般为最高限价。

汽车维修材料费的收入。汽车维修材料费是指汽车维修过程中消耗的外购件(包括汽车配件、材料、油料等)费用、自制配件和辅料费用。

其他业务收入。汽车维修企业除了汽车维修业务之外,还存在其他的经营业务,其他经营活动所取得的收入称为其他业务收入。如企业零星销售配件取得的收入、出租固定资产所取得的收入以及出售废旧物资所取得的收入等都属于汽车维修企业的其他业务收入。这些收入通过列支“其他业务收入”,单独核算。

汽车维修费用结算方法。如前所述,汽车维修费用主要包括工时费用、材料费用和其他费用,公式为:

汽车维修费用 = 工时费用 + 材料费用 + 其他费用

三、汽车维修企业成本与费用

1. 汽车维修企业的经营成本

成本是企业在生产经营管理活动中为取得营业收入而直接耗费的各种价值的货币支出量的总和。

汽车维修企业的经营成本,是指汽车维修企业为汽车销售与维修业务需要而发生的生产经营管理费用;它需要在车辆销售或维修完成并实现收入后才能转化的、可以按车辆归属的,但并不一定能按会计期划分的费用。

汽车维修企业的经营成本包括直接成本和间接成本两类。

(1)汽车维修企业的直接成本

汽车维修企业的直接成本是指汽车维修过程中直接消耗的材料费用和人工费用,包括:

- 直接材料费用,指企业在汽车维修过程中所实际消耗的汽车配件费、汽车维修辅助材料费,以及燃料费、动力费、包装费、废品损失费等。
- 直接人工费用,指企业直接从事汽车维修的生产人员工资、奖金、津贴和补贴。
- 其他直接费用,指直接从事汽车维修的生产人员的职工福利费等(汽车维修企业的职工福利费通常是按照生产人员工资的 14% 计提的)。

(2)汽车维修企业的间接成本

汽车维修企业的间接成本是指在汽车维修过程中间接发生的材料费用及人工费用、车间经费及企业管理费,包括:

- 企业非直接生产人员(包括管理人员)的办公费、差旅费、工资、奖金、津贴及补贴、福利费、保险费、劳动保护费。
- 生产厂房使用维修费、取暖费、水电费、运输费、停工损失费、固定资产的租赁费、折旧费与大修理费、物料消耗费及低值易耗品费以及其他费用等。倘若企业内设有辅助性机修车间,还包括该机修车间所发生的各种费用。

由于汽车维修企业的企业规模一般较小,除了将直接消耗的汽车配件费作为企业维修该车辆的直接成本外,其他费用(如汽车维修人员的工资、维修辅助材料费及与维修相关的其他费用)均可作为企业的间接成本,并直到期末后才分配到各维修车辆上,再计算各维修车辆的单车成本。

2. 汽车维修企业的期间费用

汽车维修企业的期间费用是难以认定其车辆归属,因而暂不能计入企业经营成本,但可与当

期收入配合,按其发生的当期,计入当期企业损益的费用。

汽车维修企业的期间费用包括经营费用、管理费用和财务费用。

经营费用是指汽车维修企业在生产经营过程中所发生的费用,如配件的采购费用、运输费用、销售费用、储存费用和盘亏、保险费、展览费、广告费,以及经营人员的工资、福利费、业务费等。在小型汽车维修企业,企业经营费用通常合并于企业管理费用。

企业管理费是指企业的行政管理部门为管理和组织企业的生产经营活动而发生的各项费用,例如公司经费、办公费、差旅费、招待费、工会经费、教育费、劳动保险费、绿化排污费、税金、土地费、技术转让费、无形资产摊销、管理人员工资及福利费以及其他管理费用。为了控制企业管理费用,汽车维修企业通常制定有《费用报销管理条例》。

财务费用是指企业财务活动所发生的各项费用,包括企业在生产经营期间发生的利息损益、汇兑损益、金融机构所收取的手续费、坏账损失费,以及企业为筹集资金所发生的其他费用。

四、汽车维修企业利润分配

1. 企业利润的计算

汽车维修企业的利润计算公式为:

利润总额 =(营业利润 + 投资净收益 + 营业外收支净额)- 营业外支出

(1)营业利润

营业利润是指汽车维修企业税后营业的业务利润(由汽车维修劳务所取得的基本业务利润和其他业务利润组成)扣除汽车维修中的企业管理费用和财务费用后所取得的经营成果。计算公式为:

营业利润 =(汽车维修利润 + 其他业务利润)- 管理费用 - 财务费用

其他业务利润 = 其他业务收入 - 其他业务支出

其中:

汽车维修利润 = 汽车维修收入 +(汽车维修成本 + 汽车维修经营费用 +
汽车维修营业税及附加费)

(2)投资净收益

投资净收益是指汽车维修企业的投资收益扣除投资损失后的净值(税后数额)。计算公式为:

投资净收益 = 企业投资收益 - 投资损失

其中,企业投资收益包括企业在对外投资(入股或债券)中所分得的利润或利息、投资到期收回或者中途转让后所取得的净增值等。投资损失包括企业对外投资(入股或债券)在到期收回或者中途转让时出现的损失,以及按照股权投资比例所应分担的亏损额。

(3)营业外收支净额

营业外收支净额是指与企业的主营业务无直接关联的额外收入,即营业外收入减去营业外支出后的余额,例如固定资产的盘盈或出售的净收入、罚款收入、教育附加费返还等。营业外支出是指与企业的主营业务无直接关联的额外支出,例如固定资产盘亏和报损、非正常原因的停工损失费、救急和捐赠、赔款与违约金等。

2. 企业利润的分配

(1)分配原则

汽车维修企业在一定的经营期内所获得的利润,在分配时要正确处理国家、集体、个人三者间的利益关系。

按照现行税法规定,按企业所得利润额与所得税率(企业利润的33%),向国家缴纳所得税。

在缴纳所得税后的税后利润中,按照下列次序和原则实行分配:①支付被没收财产损失,支付滞纳金和罚款;②弥补企业以前的亏损;③提取法定公积金和法定公益金;④向投资者分配利润。

(2)税后利润的分配及注意事项

在财务报告中应分项列示其利润构成和利润分配项目,并按税后利润减去弥补亏损和扣除有关费用后的余额,计提10%的法定盈余公积金、10%的任意盈余公积金、5%~10%的法定盈余公益金,这三项资金的使用权由总经理掌握。

在计算税后利润分配时应注意以下问题:

- 若企业以前年度亏损未弥补完的,不得提取盈余公积金和盈余公益金。
- 提取的盈余公积金用于弥补公司亏损、扩大生产,或转为公司资本转增资本金。但转增资本金后,企业的法定盈余公积金一般不得低于注册资本的15%。提取的盈余公积金可以用于职工集体福利设施。
- 提取法定盈余公积金及任意盈余公积金后,所剩利润再按股权比例分配。但当所提取的法定盈余公积金已达到注册资本50%时不再提取。当公司法定盈余公积金不足以弥补上年度亏损时,在提取法定盈余公积金及盈余公益金之前应先用当年利润弥补亏损,不得向投资者分配利润。
- 企业以前未分配利润可以并入本年度的利润分配。
- 企业在向投资者分配利润前,经董事会决定,可以提取任意盈余公积金。但若企业当年无利润时不得向投资者分配利润。

(3)影响财务收益分配的因素

法律因素。为了保护债权人权益,我国法律对财务收益的分配做了如下规定:

- 资本保全,即不得用资本发放股利;
- 企业积累,规定企业必须提取法定盈余公积金用以企业积累;
- 净利润,企业只有净利润时才能进行收益分配,并且必须先弥补亏损。

股东因素。有些股东希望有稳定收益,而另一些股东希望能避税,但大多数股东为了获得较大收益而希望发放更多股份,其结果却影响了控制权。

企业因素。就企业经营需要而言,盈余的稳定性越高,企业分配政策也就越稳定;资产的成本越低或债务越少,收益分配的可能性及分配比例可能越大。

(4)汽车维修企业的收益分配政策

汽车维修企业的收益分配政策主要有以下三种:

剩余股利的分配政策。预先确定企业的资本结构,在先满足资本结构需要的前提下倘若还有剩余,再进行收益分配。这是一种能满足企业发展需要的收益分配政策。

固定或持续增长的分配政策。将盈余按照一定比例或一定增长比例发放股利。这种分配政

策有利于稳定人心并获得市场认可，但需要与收益脱钩，否则多盈多分可能会造成企业不稳定。

低于正常股利加额外股利的分配政策。 每年保持一个较低正常股利，当盈余额较高时再额外加发部分股利。这种政策具有较大的灵活性，有利于吸收股东投资。

思政内涵

【思政元素】

培养学生树立正确的消费观，理性消费；提高自身的精神境界；培养优秀的个人品德；诚实守信。

【案例】

案例一：贷款学生并非都能掌握好"尺度"

武汉某高校大四学生马彦（化名）是同学眼中的"购物达人"，他从高中起就在淘宝等购物网站购买商品，是支付宝的深度用户。在分期付款流行的当下，他也不甘落后，很早就开始使用京东白条、蚂蚁花呗等工具。

马彦使用分期付款功能很大程度上是把它当作信用卡，如今使用京东白条、蚂蚁花呗等付款还能在京东、淘宝上享受一定的购物优惠，且京东白条30日之内还款或蚂蚁花呗在下月10号之前还款都是不需要利息的。

2019年，马彦在京东打了24次"白条"，共4 180元，在支付宝使用蚂蚁花呗共消费约2 000元。"贷款消费很容易让我产生一种错觉，可以随时购买我想要的东西，但还款时却会吃惊自己欠款这么多。"马彦说。

值得注意的是，并不是所有大学生都能很好地掌控自己消费的"尺度"。《每日经济新闻》记者在某个大学生贷款QQ群里发现，大部分同学并不打算还款，不少同学都有因逾期而被各贷款平台通知父母或学校的经历。

《每日经济新闻》记者发现，该QQ群内很多同学都是因为经不住诱惑步入分期贷款的死循环，"拆东墙补西墙"的现象很常见，而一旦逾期，贷款平台各种催款方式层出不穷，给自己和家人带来很大影响。

多数同学分期付款都是购买手机、电脑等电子产品，有同学表示，自己在某平台分期付款购买了一台iPhone手机，目前已经还款16期，已还近7 000元，但是还差3 000多元未还。而令他愤怒的原因是，贷款时并没有仔细计算过最终还款利息，如今还款额已经远超当时的购买价格，心理上产生了极度的不平衡。

实际上，对于逾期情况，贷款平台除通过父母及学校解决外，情况严重的还会诉诸法律。2015年，趣分期平台就将一名欠款、违约金、滞纳金合计逾3万元的大学生告上了法庭。

案例二：借款800元，一周利息就要10%

大三学生小杨曾有过一次"难忘"的借贷经历。2020年12月，他迷上了一款手机游戏，为了购买装备、充游戏币，三天内他不知不觉就消费了近800元。当他取钱充饭卡时才发现银行卡里只剩100元了，此时距父母汇生活费还有两周时间。一向"好面子"的小杨便想起了校门口的借贷"小广告"。

小杨说，对方要求他提供学信网登录截图及辅导员和家长的手机号码，签了一份类似借款的协议后，就借到了800元。一周后，小杨便开始接到借贷平台的催款电话。

“借钱时没搞明白‘一周10个点’是什么意思，他们还骗我说还不上可以分期还，我当时快崩溃了，哪有钱还。”小杨说，此时他才弄明白，“10个点”即一周利息10%，更可恶的是，第二周还没还，就会利滚利。

“那时我每天都会接到催债电话，对方还威胁，一周内再不还就打电话给辅导员和家长，找他们要钱。”小杨说，受不了这种惊吓，他只好向父母老实交代，立即把钱还了。

案例三：校园网贷，挖的“坑”不少

不少学生喜欢向网贷平台借钱。据了解，目前市场上校园网贷产品大致分为三类：专门针对大学生的分期购物平台，如趣分期、任分期、优分期等，部分提供较低额度的现金提现；P2P贷款平台，用于大学生助学和创业，如投投贷、名校贷等；阿里、京东、淘宝等传统电商平台提供的信贷服务。

其中大部分专门针对大学生分期购物的借贷平台，借贷门槛都很低，对借款人资质审核非常宽松。在某平台上借1 000元，只要注册，然后在网上填写自己的身份证、校名、银行卡号、同学以及辅导员的姓名、电话即可；借款5 000元以上则要求录一段视频，发一段念自己身份证号、家庭地址的语音，签一份电子版合同，即可轻松搞定。

另外，“零首付、零利息”也是这些平台的噱头。然而，这些吹嘘的“低息”却经不起推敲，且审核程序、条款明细等方面存在不少漏洞。一业内人士透露，这里面猫腻很多，这些平台都会隐瞒或模糊实际资费标准、逾期滞纳金、违约金等，等真正签约借钱或产生了逾期后，借款人才会意识到问题的严重性。

一旦发生逾期，这类网贷平台的违约金都不低，比如“名校贷”会收取逾期未还金额的0.5%/天作为违约金，“趣分期”则要收取贷款金额的1%/天。而且不少网贷平台以低分期利率吸引学生，实际上，部分平台的分期费率比银行分期高许多。以趣分期平台的“趣白条”为例，借款3 000元，借款期限1个月、3个月、6个月、12个月对应的年利率分别为24.0%、17.5%、15.4%、13.5%；“e时贷”发布的许多贷款期限均为1月，贷款金额从百元至千元不等，最高利率达24%。而目前银行信用卡分期的月利率普遍在0.6%~0.72%，实际年化利率为13%~15.6%。

【案例分析】

大家应当树立正确的消费观念，在充分认识贷款风险的前提下，根据自己的合理需求和实际经济能力谨慎使用“校园贷”。

一、别轻易相信借贷广告

一些P2P网络借贷平台利诱大学生注册、贷款，文案上写着帮助解决学生在校学习时基本学习和生活的困难，实际上，这样的高利贷、诱导贷款、提高授信额度等易导致学生陷入“连环贷”陷阱。

二、树立正确的消费观

大学生要充分认识网络不良借贷存在的隐患和风险，增强金融风险防范意识；树立理性科学的消费观，养成艰苦朴素、勤俭节约的优良品质；积极学习金融和网络安全知识，远离不良网贷行为。

三、提高自我保护意识

保护好个人身份信息，切勿将个人身份信息借给他人借款或购物，学会用正当手段或者动用

法律武器保护自己。

四、学会求助

出现问题，可以及时与辅导员和老师沟通，向学校或者家庭求助。

大家要以学习为重，不铺张消费，不以任何理由进行网贷；如确实需要贷款，务必与家长协商，选择生源地、校园地国家助学贷款，或到正规银行机构、信用社机构办理商业贷款；按时还款，培养信用意识和契约精神；理性消费，拒绝攀比；不轻信未经批准在校园内宣传推广信贷业务的任何借贷平台和个人；发现外来人员或本校学生张贴网贷小广告，开展校园网贷、非法集资业务的，应主动予以制止或立即报告辅导员老师或学院保卫处。

能力训练

通过查阅企业相关资料，了解企业的基本财务制度，通过财务制度深入认识企业相关的财务管理内容和流程，并撰写报告。

步骤：

1. 按照每组 5 ~ 8 人进行分组，每组通过上网、图书馆等方式搜集查阅企业相关财务资料。
2. 每组成员对搜集的资料进行归集、整理、讨论、总结。
3. 撰写报告。
4. 报告的点评。

评价反馈

根据能力训练阶段所完成的调研报告内容，以小组为单位进行发言和讨论，通过学生自评、小组互评和教师评价的方式，对每组的完成情况进行打分，完成表 10-1。

表 10-1　评价表

考核项目	评价标准	分　值	学生自评	小组互评	教师评价
总体设计	严谨、合理	30			
小组合作	和谐、积极、认真	30			
内容	全面	20			
表达能力	强	10			
开拓能力	灵活、机动、创新	10			
合计		100			
总评(学生自评 ×20% + 小组互评 ×20% + 教师评价 ×60%)					

思考与练习

1. 汽车维修企业利润包括哪些方面？如何进行计算？

2. 汽车维修企业筹资方式有哪些?

3. 财务管理包括哪些基本要素?

财务主要票据

一、支票

支票是出票人签发的,委托办理支票存款业务的银行在见票时或持票人的票据,支票无金额起点。

1. 支票的种类

支票按支付方式,可无条件支付确定金额给受款人,包括以下两种类型:

- 现金支票。支票上印有"现金"字样的支票,它只能用于支取现金。
- 转账支票。支票上印有"转账"字样的支票,它只能用于转账,不能支取现金。

2. 填写支票的方法

(1)填写要求

签发支票应使用墨汁或碳素墨水填写。为了防止编造票据的出票日期,必须用中文大写。

(2)填写日期

填写日期时,月为壹、贰和壹拾的,日为壹至玖和壹拾、贰拾、叁拾的,应在其前加"零"。日为拾壹至拾玖的,应在其前加"壹"。填写日期时填写位置要规范,不得出现错位、挤压现象,否则就是无效支票。

(3)金额

大写:用正楷或行书填写。大写填写时应紧接"人民币"字样填写,不得留有空白。数字到"元"为止的,在"元"之后必须加"整";数字到"角""分"为止的,"角""分"后不可以加"整"。

小写:使用阿拉伯数字填写时,均应在小写数字前填写人民币符号"¥"。

3. 支票的有效期

支票自出票日起10日内有效,超出有效期的支票为无效支票,银行不予以受理。

4. 支票的背书

支票的背书要求如下:

- 持票人向其开户行提示付款的,不需做委托收款背书(又称主动付款,出票人主动到自己的开户行送交支票,付款给收款人)。
- 委托收款背书。被背书人栏填写收款人开户银行的名称;签章栏填写委托收款字样并签章。
- 支票转让背书。背书应当连续,也就是指在转让中,转让支票的背书人与受让支票的背书人在支票上的签章,依次前后衔接。

5. 有效支票

出票日期、受款人名称和出票金额,这三项记载缺一不可。否则支票为无效支票,银行不予以受理。图10-1所示为现金支票和转账支票示例。

6. 禁止单位签发的支票

禁止单位签发的支票包括以下三种情况:

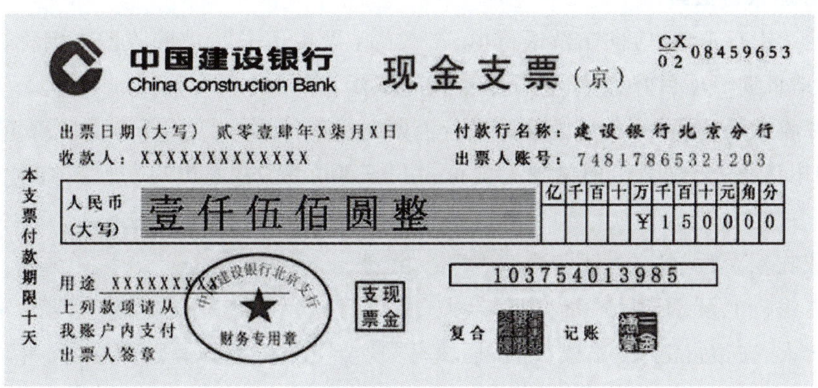

中国建设银行 China Construction Bank　现金支票（京）　CX 02 08459653

出票日期（大写）　贰零壹肆年X柒月X日　　付款行名称：建设银行北京分行

收款人：XXXXXXXXXXXXX　　出票人账号：74817865321203

本支票付款期限十天

人民币（大写）	壹仟伍佰圆整	亿	千	百	十	万	千	百	十	元	角	分
							¥	1	5	0	0	0	0

用途　XXXXXXX　　103754013985

上列款项请从我账户内支付

出票人签章　　中国建设银行北京支行 财务专用章　　支现票金　　复合　　记账

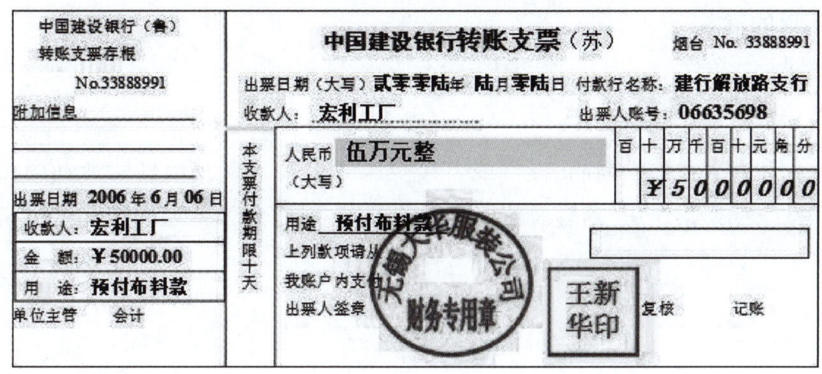

中国建设银行（鲁）转账支票存根 No.33888991

附加信息

出票日期 2006年6月06日

收款人：宏利工厂

金　额：¥50000.00

用　途：预付布料款

单位主管　会计

中国建设银行转账支票（苏）　烟台 No. 33888991

出票日期（大写）贰零零陆年 陆月零陆日　付款行名称：建行解放路支行

收款人：宏利工厂　　出票人账号：06635698

本支票付款期限十天

人民币（大写）	伍万元整	百	十	万	千	百	十	元	角	分
		¥	5	0	0	0	0	0	0	

用途　预付布料款

上列款项请从我账户内支付

出票人签章　　无锡大华服装公司 财务专用章　　王新华印　　复核　　记账

图 10-1　支票示例

- 签发支票的金额不得超过付款人实有的存款金额（空头支票）。
- 支票的出售人预留银行签章是银行审核支票付款的依据。因此，出票人不得签发与其预留银行签章不符的支票。
- 银行还可以审核与出票人约定的使用支付密码，出票人不得签发密码错误的支票。

以上三种情况即签发空头支票、印鉴不符和密码错误，根据规定，银行应予以退票，并收取票面金额的5%，但不低于1 000元的罚款。

二、银行汇票

1. 银行汇票的含义

银行汇票是出票银行签发的，由其在见票时按照实际结算金额无条件支付给收款人或者持票人的票据。银行汇票的出票银行为银行汇票的付款单位和个人任何款项结算，均可采用银行汇票。银行汇票可以用于转账，也可以填写“现金”字样的银行汇票用于支取现金。

2. 银行汇票的要素

要标明“银行汇票”字样、出票金额、付款人名称、收款人名称、出票日期、出票人签章、无条例支付的承诺等，欠缺诸要素之一的银行汇票无效。

3. 银行汇票的有效期

自出票日起1个月内有效。持票人超过付款期限提示付款的，代理付款不予以受理。

4. 如何办理银行汇票

申请人使用银行汇票,应向出票银行填写“银行汇票申请书”,填明收款人名称、汇票金额、申请人名称、申请日期等项目并签章,要预留银行的签章。

申请人和收款人均为个人,需要使用银行汇票向代理付款人(兑付行)支取现金的,申请人须在“银行汇票申请书”上注明代理付款人名称,在“汇票金额”栏先填写“现金”字样,后填写汇票金额。

申请人或收款人为单位的,不得办理“现金”汇票。

签发转账银行汇票,不得填写代理付款人(兑付行)名称;签发现金银行汇票,申请人和收款人必须均为个人,在银行汇票“出票金额”栏填写“现金”字样,后填写出票金额,并填写代理付款人名称。

5. 银行汇票的背书

与支票相同。

三、发票

发票是单位和个人在购销商品、提供或者接受服务以及从事其他经营活动中,开具、取得的收付款凭证。发票根据其作用、内容及使用范围的不同,可以分为普通发票和增值税专用发票两大类。

参 考 文 献

[1] 崔政敏,王婷. 汽车维修企业管理[M]. 北京:机械工业出版社,2019.

[2] 栾琪文. 汽车维修企业管理[M]. 北京:人民邮电出版社,2015.

[3] 陈昌建,王忠良. 汽车维修企业管理[M]. 北京:北京邮电大学出版社,2013.

[4] 王一斐. 汽车维修企业管理[M]. 3 版. 北京:机械工业出版社,2015.

[5] 骆孟波,钱淑丽. 汽车维修企业管理[M]. 北京:清华大学出版社,2014.

[6] 沈树盛,安国庆. 汽车维修企业管理[M]. 北京:人民交通出版社,2004.